THE CALLIGRAPHY AND PAINTING GALLERY OF THE PALACE MUSEUM · *PART IX*

故宫书画馆·第九编

故宫博物院　编

故　宫　出　版　社
The Forbidden City Publishing House

前 言

中国书法与绘画艺术源远流长。它们同起源于原始符号，同在华夏文明的土壤中滋长，使用相同的笔墨纸砚，均以线条为基础的造型手段，追求共同的笔墨技巧和抒情写意的审美意趣。虽然尔后它们发展为两个独立的艺术门类，前者更侧重抒写性情，后者更强调传神写照，但二者数千年来始终相互借鉴，共同发展。书中有画，画中有书，相辅相成，相得益彰。也正因此，书画艺术在诸多中国传统艺术门类中，至今仍历久不衰，欣欣向荣。中国书法与绘画艺术以其悠久的历史、独特的表现方法和审美意趣，在世界美术之林中占有重要的地位。

晋唐宋元时期是中国书画艺术构建体系、创造经典的重要时期。晋代王羲之天才的创作实践大大提高了汉字新兴书体的艺术品位，成为后世书法审美的基准坐标。以顾恺之为代表的人物画创作也已达到很高的水平。隋唐画坛在人物画继续发展的同时，山水楼阁、鞍马走兽等画科也相继繁荣，阎立本、展子虔、韩滉等人的名作无不呈现一派恢弘富丽的盛世气象。唐代欧阳询、虞世南、褚遂良、薛稷、颜真卿、柳公权等楷书大家所确立的汉字结体用笔规范，影响深远，沿用至今。

五代两宋绘画更趋成熟完备，山水、人物、花鸟名家辈出，风格崇尚写实，精能高雅。这与当时皇家设置画院、奖掖人才的措施以及文人士大夫阶层对艺术创作的广泛参与有很大关系。宋元的文人书家，强调在“守法”的前提下张扬个性，表现“书卷之气”，书法在实用的基础上被赋予更深厚的文化内涵，“宋四家”和元代鲜于枢、赵孟頫皆为代表人物。同样，“元四家”高张“文人画”旗帜，提倡抒写性情，不求形似，为明清绘画的发展开辟了广阔天地。

明代是中国书画史上承前启后、流派纷呈的重要阶段。其书法绘画继承了宋元传统，在创作理论和表现技法上都取得了较大发展，并在不同阶段出现了以地域为中心的艺术群体，展现出丰富多彩的艺术面貌。明早期书法以“三宋”草书和“二沈”的“台阁体”楷书为代表；绘画则以戴进、林良等人粗犷纵肆的“浙派”、“院体”风格主导画坛。明中期以后，吴门（苏州）地区成为书画创作的中心，吴宽、王宠等人在书法上摆脱“台阁体”束缚，“吴门四家”以清雅淡丽为主的文人画风代替了宫廷中富丽堂皇“院画”；而陈淳和徐渭在写意花鸟画方面的创新丰富了绘画的表现形式与笔墨内涵。明晚期董其昌完善了书画创作理论，成为文人书画的集大成者，对当时及清代影响颇广；同时，“松江派”的赵左、沈士充，杭州的蓝瑛、陈洪绶，均能领袖一时，自具风貌，为明末社会动荡中的艺坛增添了一抹亮色。

清代书画在传承与创新中形成繁荣局面。清初王铎、傅山等书家承袭明末书风，以雄奇跌宕的挥写表露孤傲愤世的遗民心态，“康熙四家”清劲秀润的书风则承续着董其昌的遗韵；绘画上“四王吴恽”以摹古集大成而居画坛主流，“四僧”、“金陵八家”及“黄山画派”等则以自然为师而开辟山水新境界。清中期盛行崇古立新之风，刘墉、翁方纲等力追晋唐而带来帖学的繁荣，邓石如、伊秉绶等则以金石文字入书而渐开碑学之风；宫廷绘画以西画技法丰富中国画的表现形式，“扬州画派”又以张扬的个性为画坛注入活力。晚清书坛碑学愈盛，以何绍基、赵之谦、吴昌硕最负盛名；“海上画派”和“岭南画派”则以雅俗共赏的画风拉开近代绘画之帷幕。

故宫博物院收藏有丰富、系统的中国古代书画遗存。其中既有年代久远的稀世孤本，亦有各时代名家的代表作品，可以清晰地反映中国古代书法与绘画艺术发展的历史脉络。为了感受经典，分享中国书画艺术的高迈与神秘，展示中华传统文化的博大与精深，我们将分批展出历代书画家的精品佳作，以供广大观众研究、欣赏。

故宫博物院

目 录

数风流人物 赏纸绢丹青

故宫博物院历代书画陈列第九期如约在武英殿展出。其中，北宋郭熙的《窠石平远图》堪称“北派”山水的鼻祖；南宋米友仁的《潇湘奇观图》成就“米氏云山”范本；赵伯骕的《万松金阙图》更是青绿山水的楷模，此外还有萧散虚和、深蕴禅机的法常《水墨写生图》、朱耷《荷花水鸟图》；富有宫廷高贵气息的边景昭《竹鹤图》、郎世宁《花鸟册》等，都是十分值得期待的画史杰作。

山水画沉静恬淡，花鸟画色墨缤纷，体现了历代画家对客观自然的精致观察，而人物画以人自身为表现对象，描绘衣冠形貌，记录生活起居，是对古代生活最为直观的表现。人物画是中国古代绘画发展最早的画科，古人对自身的关注以及对神的拟人化，是中国人物画产生的源头。根据绘画内容的不同，人物画可以细分为历史故事、肖像、仕女、道释等几类，当然有些作品的属性带有多重性，这样的划分仅仅是相对的归纳而已。在本期的导览序言中，人物题材的绘画将作为重点推介给大家。

一

首先来看历史故事题材的人物画，本期展品中有顾恺之的《女史箴图》、倪端的《聘庞图》、朱瞻基的《武侯高卧图》、尤求的《红拂图》、黄慎的《商山四皓图》。

唐代张彦远在《历代名画记》开篇即写到“夫画者，成教化，助人伦，穷神变，测幽微，与六籍同功”，这段文字阐明绘画之大义，将绘画的功能提升到了伦理教育与揭示自然的高度。张彦远接下来言到：“记传所以叙其事，不能载其容，赞颂有以咏其美，不能备其象，图画之制，所以兼之也。”这是在说，抽象的文字叙述，虽然可以记录历史，但是不能承载形象，而图画是直观的，是文史记录的重要补充。“观画者见三皇五帝，莫不仰戴;见三季异主，莫不悲惋;见篡臣贼嗣，莫不切齿;见高节妙士，莫不忘食；见忠臣死难，莫不抗节；见放臣逐子，莫不叹息;见淫夫妒妇，莫不侧目;见令妃顺后，莫不嘉贵，是知存乎鉴戒者，图画也。”张彦远的这番论述显然是建立在人物画基础上的，有形的内容更便于观画者的解读，这就是绘画的现实意义。人物画就绘画功用而言，是由鬼神、政治而至人间，早期考古发现的帛画等大多带有升仙、招引等原始宗教意义，汉魏画像砖、画像石中开始有历史故事和生活场景的表现，而真正意义上的卷轴绘画还要从东晋的顾恺之说起。

顾恺之有“三绝”之称:画绝、才绝、痴绝。据载:当时金陵瓦棺寺初建，僧众设会，请朝贤鸣刹注疏，其时士大夫无过十万钱者，而顾恺之刹注一百万钱。众人都认为他在夸口。寺院建成后，僧众请他兑现。顾恺之要寺院准备一面墙壁，闭门画了一尊维摩诘像于壁上。画成后独余眼眸不点，谓寺僧曰：第一日来看点睛者需布施十万钱；第二日可五万；三日后任任意布施。等到开户之时，光明照寺，施者填咽，顷刻即获百万。在这个充满戏剧性的故事中，顾恺之神奇而自信的一笔令千载之后的我们无比神往。点睛是决定画中人物气质神韵的关键。，顾恺之画人常数年不点目睛，人问其故，答曰:“四体妍蚩，本无关于妙处;传神写照，正在阿堵之中。”（阿堵是当时口语，意为“这个”）。就画人物而言再复杂的动作也有具体的模式，而表现人物的精神状态，进而通过人物神韵的刻画描摹出一种情境或情绪，就是更高层次的艺术范畴了，对此顾恺之总结为:“手挥五弦易，目送归鸿难。”中国人物画的传统是“以形写神”“形神兼备”，这是历代人物画家追求的最高标准，也由此奠定了中国人物画的审美基调。“形神”“气韵”等绘画审美概念，也是在这一时期人物画成就的基础上概括总结而来的。

顾恺之的传世作品以《女史箴图》和《洛神赋图》最为著名。《女史箴》是西晋广武侯张华所写，用以教化女子的德行操守。顾恺之将文中故事以图画的形式加以描绘，使之通俗易懂。对比另一幅名作《洛神赋图》，由于依据文本的不同，两幅作品差别相当明显。《洛神赋》文辞优美，充满着神话色彩，所以画中人物衣带飘举，有着超凡出尘的气质，更极尽想象之能事，配合奇花异木、神兽仙鸟，使整幅作品具有一种奇幻的氛围。而《女史箴图》以训诫为目的，借古喻今，所以人物形象端庄严整，写实感更为突出。顾恺之的笔法被后人称为“高古游丝描”或“春蚕吐丝描”，呈现一种含蓄连绵的线条，线条粗细几乎没有明显变化，笔尖的运行有如太极之势，转折之际也圆转流畅。顾恺之的《女史箴图》现存大英博物馆，故宫展出此卷《女史箴图》为宋代摹本，画用白描，人物形象有古意，笔法流利，线条细劲连绵，如行云流水，出之自然，比高古游丝描又多了几份挺健，更接近李公麟的白描画风。

人物画的政治功用在宫廷绘画中表现尤为明显，在明代的宫廷绘画中历史故事题材占有相当比例。如：刘俊的《雪夜访普图》、商喜的《关羽擒将图》、倪端的《聘庞图》等。这类绘画多是由皇帝敕令创作，旨在以先贤的忠义事迹激励当朝臣子。此次展出的倪端《聘庞图》，取材三国时期荆州刺史刘表聘请隐士庞德公的故事。画中山水人物并重，人物勾线赋色，精细妍丽，山水气势雄伟浑厚，林木郁茂清朗，画面显示出严整肃丽的宫廷气象。

明宣宗朱瞻基御笔所画《武侯高卧图》，从画面来看更接近肖像画。画中主人公是三国时期的诸葛亮，他写下了“鞠躬尽瘁，死而后已”的名言，成为忠君精神的楷模。明宣宗将此画赐给了三朝老臣陈瑄，当时陈瑄年已六十开外，此中深意不言而喻。这幅白描作品所显示出绘画技巧和艺术品位是历代帝王绘画中难得的佳作。人物用“钉头鼠尾”法描绘，这种描法以侧锋落笔，顿按之后快速行笔，提笔收稍。画出的线条起始明显，前端如钉头般平齐，之后笔画迅速收缩变细，好似鼠尾。宣宗此图笔法潇洒，出于宫廷而无富贵习气，人物以修竹为背景，暗喻君子高洁之志，带有浓厚的文人气息。

明代尤求的《红拂图》画的是隋唐时期的故事。红拂女原是隋朝权贵杨素的侍女，见到布衣身份的李靖，感其气度不凡，遂夜奔归之。这一美女慧眼识英雄的故事，后世广为流传。画中描绘的是李靖见杨素的情景，众多侍女环绕左右，形成一组人物群像。此外，画家还对树石、屏风以及桌榻等环境和陈设布置进行了细致描绘，全幅纯以水墨出之，不着一色。人物、梧桐、芭蕉以墨线双钩，古柏用皴笔加点簇，湖石则先钩后染，纵观全幅，点、线、面；黑、白、灰，交相辉映，墨色、笔法的多变表现出复杂的景物关系，景物众多而不觉壅塞，惟用水墨而不感单调，实在是水墨艺术的至高境界。

“扬州八怪”之一的黄慎是清代中期的人物画名家，他画风独特，个性鲜明，被称为中国人物画的后劲。看黄慎的绘画，先要了解他的书法，黄慎的书风从唐代怀素的狂草变化而来，用笔连缀不断，多顿错，有人用:“崩岩坠石之奇，莺舞龙惊之势”和“疏影横斜，苍藤盘结”来形容。黄慎以狂草笔法入画，颠覆了传统的线描形式，着重于写意，不拘于形似，用笔更是无拘无束，将线条和皴染相糅合，大笔挥洒，苍劲淋漓，点画转折间又能兼顾造型的需要。《商山四皓图》是一幅山水与人物兼顾的作品，人物在此图中所占比例并不显著，以环境衬托主人公的心志品格是人物画常用的手法。画面以高山绝崄、飞瀑流泉为背景，四位须发皓白的老者在青松下对弈，表现出世外高贤的隐逸生活。

二

仕女画的源流，还要从东晋顾恺之说起。《女史箴图》中分段表现多个故事情节，且内容极富历史性，所以历史故事画的属性占主要成分，但画中重要人物多是女性，因此也可以看作是东晋时期仕女画的代表作。《女史箴图》中的女性形象展示了晋人飘逸空灵的美感，充满高古意味。唐代仕女画的典型形象是由张萱、周昉创立的，在流传的《虢国夫人游春图》《挥扇仕女图》等作品中，妇女面庞圆浑，体态丰腴，服饰艳丽，妆容、衣饰都很写实，大唐风韵一望可知。

此次展出明代唐寅的《王蜀宫妓图》在画法上颇具唐人遗风，设色之艳丽，人物之娇媚，令观者眼前为之一亮。唐寅的这幅仕女画描绘的是五代前蜀的后宫佳丽，因此画中人物突出了“唐妆”特色。仕女面部用“三白”法开脸，即在人物面部额、鼻、颌处施以浓重的白粉，显示出白腻的肌肤与精致的妆容。这一技法的运用既符合画中人物的古装身份，又在华丽服饰的配合下，使画面有着浓妆艳抹的艺术效果。而仕女的造型则更多体现出明代追求清秀娟美的审美风尚，体态匀称优美，削肩狭背，柳眉樱髻，服装样式也更接近明式，冠服纹饰描画尤见精工，细致入微。线条作琴弦描，细劲流畅，富有弹性和力度。

明代中期以后，吴门绘画成为画坛主流，“四家”之中，沈周的敦厚，文徵明的儒雅，是为文人画的代表，而唐寅、仇英糅合世俗审美的态度，更倾向于职业画家的特性。唐、仇二人擅作工笔重彩，以雅俗共赏的人物画称誉画坛。

郭诩的《琵琶行图》是根据唐代诗人白居易的诗意创作的写意人物画，表现白居易与歌女邂逅相逢的情景。画衣纹多用直笔，转折处也顿错方硬，此种用笔称“折芦描”，形容好像水边折断的芦苇，尖峭犀利，锋芒毕露。另外值得一提的是，此图虽画人物，但以行草体书写的《琵琶行》全文占据了画幅的三分之二。并通过字距、字体结构的诸多变化扩展了画面的纵深空间，奔流直下、一泻千里的磅礴气势，也令画面清逸儒雅的意境增添了气魄与力度，从而增强了全画的艺术感染力。丰茂的书法墨韵与简逸的绘画笔趣形成和谐的呼应关系，并达到了艺术上的完美统一，体现出中国画注重诗书画相结合的艺术特点。

三

肖像画是人物画的一个分支，“肖像画”一词源自西方，中国古代虽然有肖像画这一绘画样式的存在，但没有“肖像画”这一确切的专门术语。中国传统肖像画叫“写照”“传神”或“写真”，还有影像、圣容、云身、小像等，泛指人像而言。肖像画与人物画相比，有其特殊的属性，首先肖像画具有特定性，描绘的必须是现实生活中或历史上实际存在的真实人物，是客观存在的、具体的某个人；其次是真实性，肖像画以形似为第一要务，形似是前提，形具而后神生。这两点是肖像画区别于一般人物画的基本原则。中国早期的人物肖像多出现在纪实类绘画中，如：唐阎立本《步辇图》、五代顾闳中《韩熙载夜宴图》、宋徽宗《听琴图》等，这些作品都是人物群像。明清以后，独立的肖像画才渐成体系。中国传统肖像画仍以线描为造型基础，人物多取正面或微侧面，五官略作晕染。为准确把握人物的外貌特征，古代肖像画论还总结出许多高于人物画要求的写实原则。首先指出，形似逼肖并非是如实描绘一切细枝末节。倘若这样，便是“谨毛而失貌”，应着重刻画最具个性特征的人物面部，面部最重要的是五官，五官具备后，点睛就是最后的神来之笔了。顾恺之画嵇阮之像不点睛，问其故，答：“那可点睛？点睛便语。”

晚清的费丹旭以仕女画名噪一时，与松江的改琦并称“改、费”。他的人物肖像也功力不俗，时人评“如镜取影，无不曲肖”。所作《陈云柯小像》用传统的人物写真画法，将主人公置身于修竹之间，喻示其高洁品格。人物形象纤弱清秀，线条圆转宛曲，细劲绵软，设色雅淡，体现当时人物画的主流风格。

虚谷偏爱用秃笔干墨，画中不见宛转流畅的长线条，而是偏爱短促的直线，重直不重曲，造型上也是宁方毋圆，用一种看似生涩的笔画，形成自己冷峻独特的画风。《海上墨林》中评他：“落笔冷隽，蹊径别开。”虚谷的《彭公肖像》，将人物置身庭院之中，有着“采菊东篱”般的超然情趣。从画法来看，松树、菊、石，笔枯墨干，是虚谷典型的笔法特色。人物衣纹略带战笔，“战笔描”是传统线描法的一种，较早运用此法的见于五代周文矩《重屏会棋图》，在行笔过程中故作颤抖，使线条产生一定的断续和弯曲，适合表现质的轻薄有悬垂感的面料。面部五官以赭色晕染，明暗结构清晰，点睛处留白，使目光分外有神。虚谷的肖像画色彩淡雅，笔墨洒脱简率，为肖像画艺术开拓了新的表现领域。

四

人物画的最高追求不仅是形似的准确，更重要的是神情的摄取，而道释题材的人物画更要借凡人的躯体，以艺术的手法传达出超凡入圣的道行光辉。

李公麟的《维摩演教图》表现的是佛家典故。李公麟以臻于完美的白描画法独步当世，被评者推为宋画第一。他沿承顾恺之的笔法传统，在保留线条绵劲古朴的韵味的同时，又吸收吴道子“吴带当风”式的力度感和飘逸感，更加提高了线条的造型能力和艺术表现力。李公麟弃丹青而独尊水墨，“扫去粉黛，淡毫轻墨”，“不施丹青而光彩动人”，将“六法”中的“骨法用笔”一节发挥到了一个新的高度。白描法在李公麟笔下脱离了粉本、图样的局限，成为独具新格的绘画形式，甚至赢来中国画是“线条的雄辩”的美誉。李公麟对后世的影响是巨大且深远的，他的白描人物堪称画史上不可逾越的经典，所创立的人物画样式成为后人膜拜的典范。后世凡以人物画著称的名家，如：元代赵孟頫、明代陈洪绶等，无不祖述其白描画法。此卷《维摩演教图》以墨线勾描，遒劲圆转而富于表现力度的游丝描和铁线描相辅相成，成功地刻画出神态各异的人物形象。

再看明宪宗朱见深的《岁朝佳兆图》，图中所画钟馗相貌特异，半人半怪，是民间信仰中的偶像，在人物画里应属道释题材。钟馗手持如意，小鬼托盘中盛放着柏枝和柿子，合在一起取“百事如意”的谐音。在明代中晚期以前，张悬钟馗画像是年节风俗中的一项重要活动，以驱鬼迎福为目的。民间的年画大多造型程式化，色彩强烈，而这幅宫廷年画以水墨为主，构思巧妙，具有更高的艺术性。人物衣纹的用线是大笔泼辣的画法，转折、顿错，有一波三折之势，赋予单纯的线条更为丰富的变化和表现力。笔法纯熟老练，下笔果断有力。

浙派画家中以吴伟的人物画最具代表性，他的人物画有白描和写意两种风格，其中写意画风延续了南宋梁楷“减笔人物”的画法，并有所发展。梁楷，南宋画家，居钱塘，工画人物、佛道、山水、花鸟，为画院待诏，并赐佩金带，其性格豪放不羁，不耐画院规矩，有“梁疯子”之称。梁楷画法有“细笔”和“减笔”两种，对后世产生影响的主要是概括的减笔画法。吴伟在性格上与这位前辈颇有相似之处，成化、弘治年间两度被诏入宫廷，还得到孝宗御赐“画状元”印章，但他恃才傲物，不喜奉迎，最终还是回归民间。性格上的相近，使他们在艺术风格的选择上也有更多的共通之处。以《太极图》为例，人物以阔笔写意，线条勾勒与侧锋皴染交互运用，运笔奔放有如疾风骤雨，笔触散乱，墨色淋漓，画法充满纵逸狂傲之气，是画家洒脱不羁的性格显现。

明代晚期，丁云鹏、吴彬、陈洪绶等人以创新的精神为人物画的发展做出可贵的尝试。吴彬的佛像人物喜用变形夸张的手法，《普贤像图》以身披大红袈裟的普贤菩萨为中心，周围围绕众弟子，人物神态端严，气度高贵。在画面安排上，并没有沿袭佛家传统的“普贤骑象”的定式，而是带有一定的世俗化倾向。背景的繁华异木，极富装饰性，营造出奇丽古雅的氛围。

五

中国古代人物画在发展过程中，总结出很多本画科特有的技法规律。元代王绎的《写像秘诀》，是第一次对人物画，特别是肖像画技法的系统总结，全篇谈论如何观察人的形貌，捕捉流露真性时的表情，依次画出五官部位和面部轮廓等等。继后，清代蒋骥写《传神秘要》，所列二十七条，论布局、取势、运笔、设色等，还有清代丁皋的《写真秘诀》、沈宗骞的《芥舟学画编传神》、高桐轩的《追容像谱》等，都是围绕刻画最具个性特征的人物面部来谈。“耳目口鼻固是形之大要”。然而，其他重要结构也须顾及，“至于骨路起伏高下，皱纹多寡隐现。一一不谬，则形得而神自来矣”。[1]

在中国画中，线条轮廓是人物形体塑造的基础。线描形式的丰富性成就了人物画的多样风格。明代邹德中在《绘事指蒙》一书里将古代人物衣服褶纹的各种描法归结为:“描法古今一十八等。”分别是:一、高古游丝描；二、琴弦描；三、铁线描；四、混描；五、曹衣描；六、钉头鼠尾描；七、橛头钉描；八、马蝗描；九、折芦描；十、橄榄描；十一、枣核描；十二、柳叶描；十三、竹叶描；十四、战笔水纹描；十五、减笔描；十六、枯柴描；十七、蚯蚓描；十八、行云流水描。上述各种描法，都是根据历代各派人物画的衣褶表现程式，按其笔迹形状而起的名称。“十八描”技法的确立，既是对前人成就的总结，也开启了后世学习的规范化模式。

中国画整体的发展倾向是早期多工笔设色，宋元以后逐渐向水墨写意倾斜，人物画在一定程度也顺应这样的发展大趋势，但不如山水画的倾向明显。不同的画风发展相对更为平行，留下的作品面貌也更为多样。在人物画的世界里，栩栩如生的面容，丰富多彩的衣饰用具，以及画面之后蕴藏的传奇故事，让那些逝去的年代渐渐呈现在我们眼前。

聂卉

注释：

1. 清沈宗骞：《芥舟学画编》。

武英殿

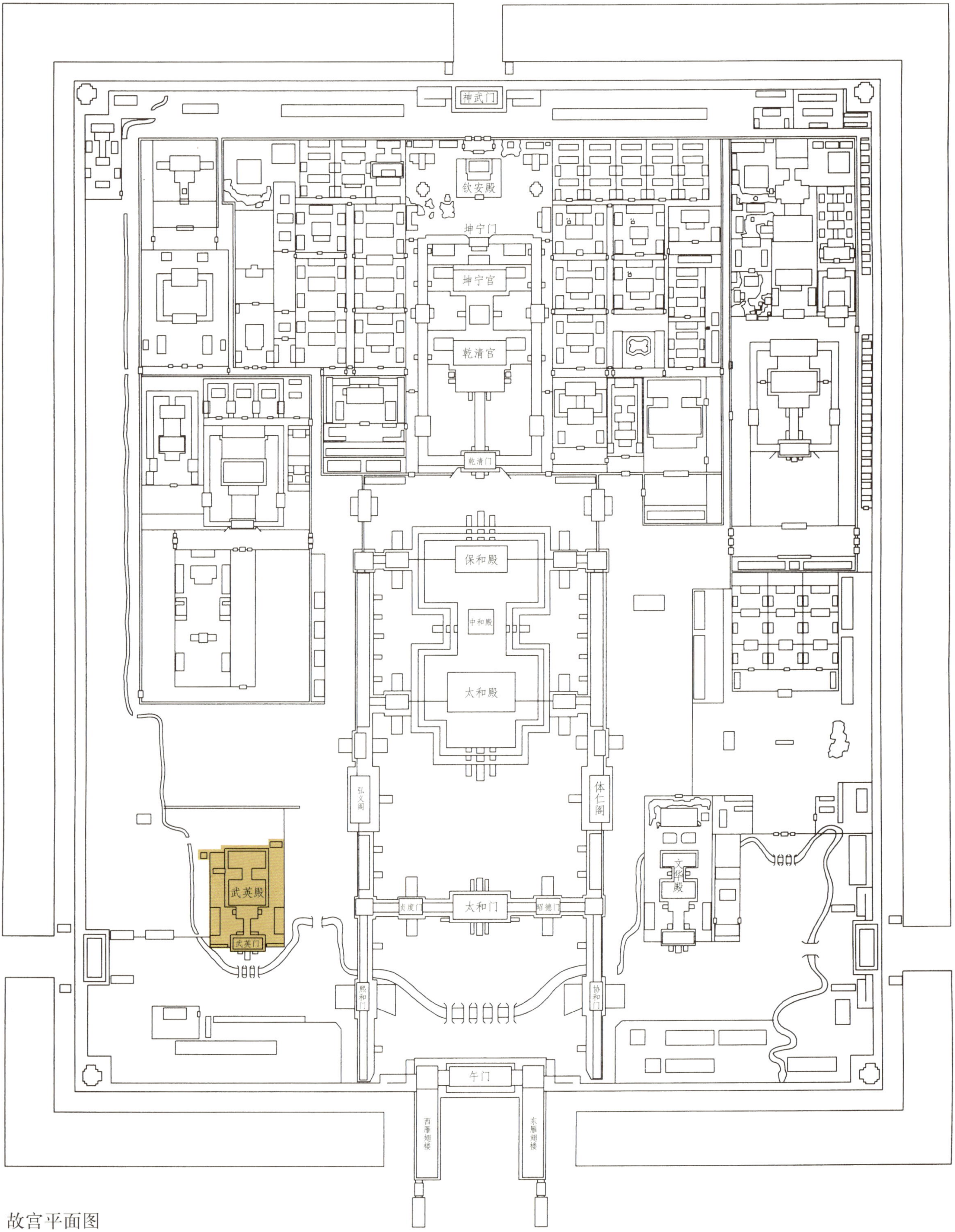
神武门
钦安殿
坤宁门
坤宁宫
乾清宫
乾清门
保和殿
中和殿
太和殿
弘义阁
体仁阁
文华殿
武英殿
武英门
贞度门
太和门
昭德门
熙和门
协和门
午门
西雁翅楼
东雁翅楼

故宫平面图

01.《女史箴图》卷（宋摹本）

东晋 · 顾恺之

纸本 墨笔 纵 27.9 厘米 横 600.5 厘米

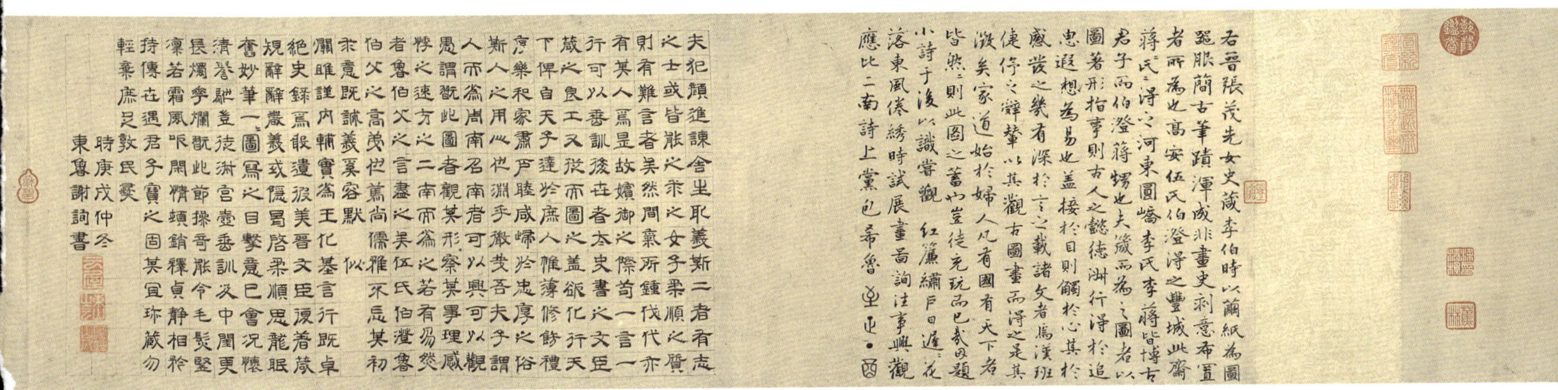

顾恺之（345 ~ 406），字长康，小字虎头，晋陵无锡（今江苏无锡）人。义熙初官散骑常侍。博学多艺，时有“才绝、画绝、痴绝”之称，尤擅绘画，凡人物、佛像、禽兽、山水皆能。画师法卫贤，行笔细劲连绵，如春蚕吐丝，行云流水，出之自然。画人物尤擅点睛，自云：“四体妍蚩，本无关于妙处；传神写照，正在阿堵之中。”唐张彦远评其画：“意存笔先，画尽意在。”顾恺之著有《论画》《魏晋胜流画赞》《画云台山记》等书，他提出的“迁想妙得”、“以形写神”等绘画论点，对中国绘画的发展有深远影响。《女史箴》是西晋广武侯张华所写，文字内容是关于女子的德行操守，以教化训诫为目的。顾恺之将文中故事以图画的形式加以描绘，使之通俗易懂。现存《女史箴图》最

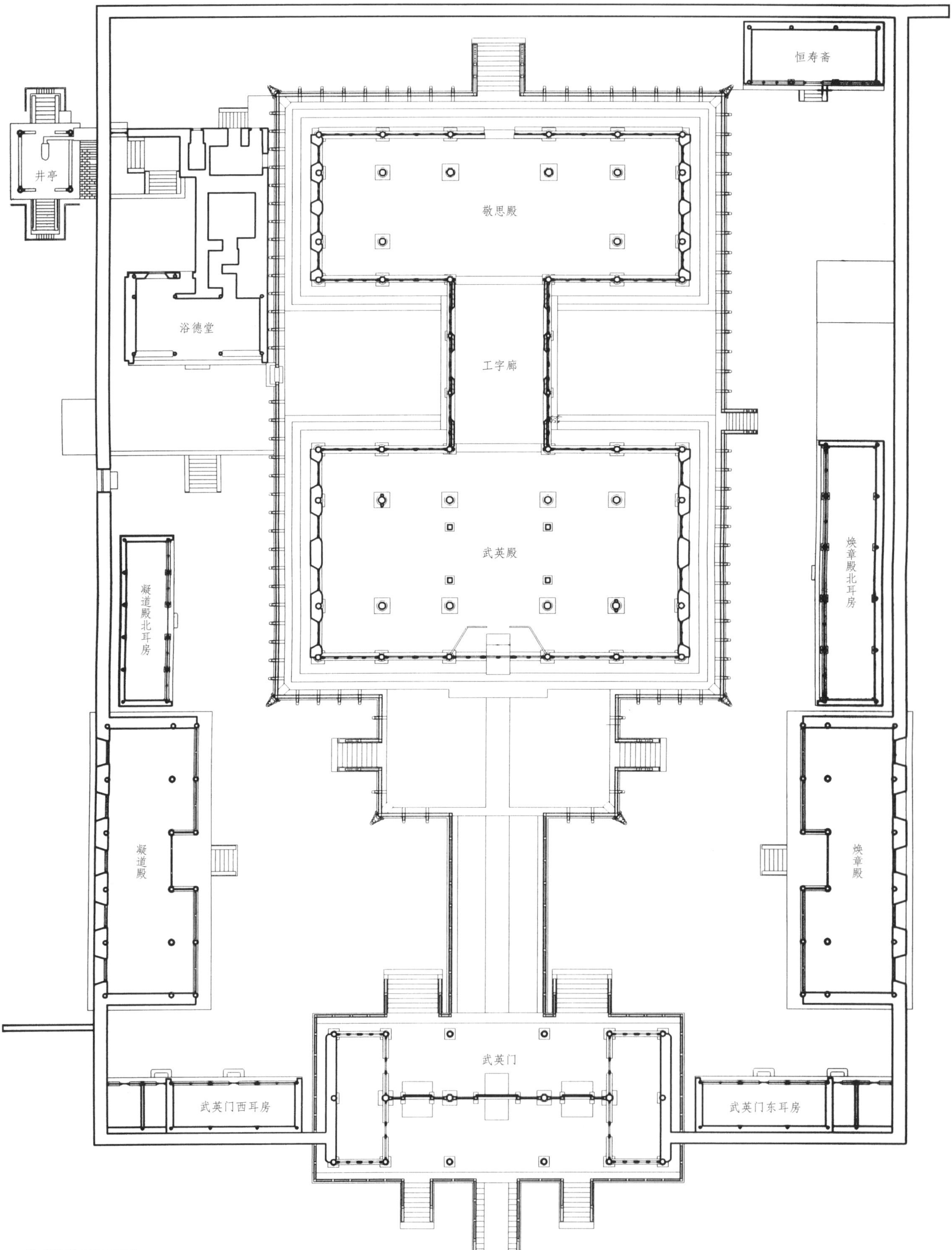
井亭
恒寿斋
敬思殿
浴德堂
工字廊
武英殿
凝道殿北耳房
焕章殿北耳房
凝道殿
焕章殿
武英门
武英门西耳房
武英门东耳房
武英殿平面图

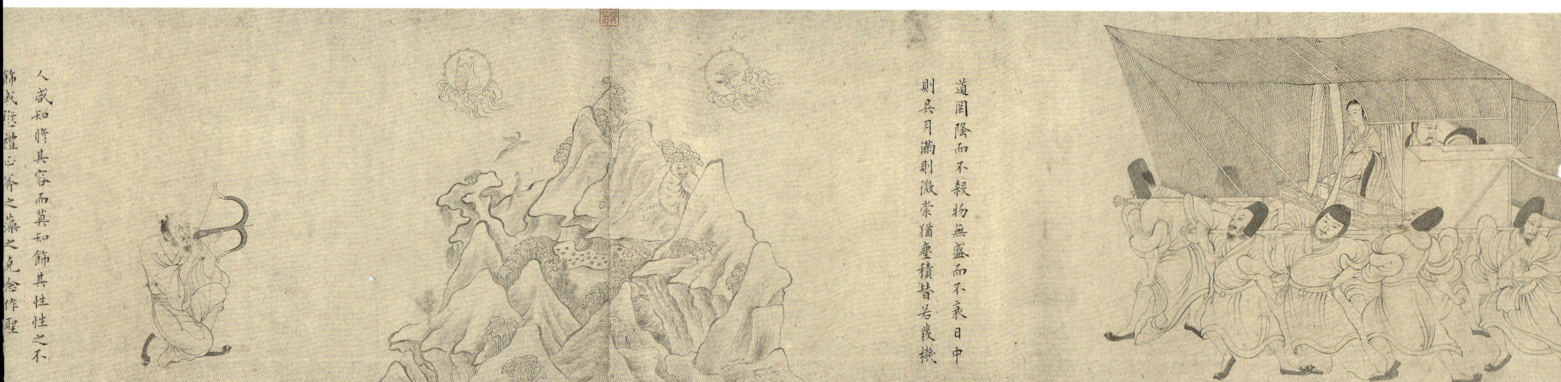

龍眠居士以善畫名一時嘗以張茂
先所作女史箴繪而為圖以傳好事
者迨今三百餘年流落人間不知經
幾乎矣而高安伍伯登得而寶之人
有求觀者輒靳而弗予乃今以歸
于蕭氏世英蓋天地之間物各有主
其歸于蕭也以重瞞得之蓋非重
瞞不足以顯其畫之美非畫之美不
足以當夫識鑒之精此茂先之文龍
眠之筆皆足以傳之千載宜世英之以
重瞞得之也其慎寶之哉
洪武庚午臘月望日前翰林
國史院編脩官臨江張美和題

龍眠居士李伯時畫一卷凡十二段每段
畫古賢妃而書張茂先女史箴于上首段
有箴無畫蓋總序也一女對一冕者若与
言狀一女跽于地前列俎豆鼎缶之具蓋
所謂樊姬感莊不食鮮禽者也一女跪于
虡業前虡飾以羽一人坐擊鐘上下各六
一人坐擊磬之數亦然蓋所謂衛女矯桓
耳忘味音者也一人執從坐于几若將屬
聲有所比二女子如欲避去而反顧一女
當熊前立二武士持戟突出欲刺熊者蓋
以美馮倢仔也一人居輦中一少艾參乘
二女在輦後若与輦中者言舁輦而可見
者五人一人隔蓬而仿佛見其首一人露
足于下一人手見于杠蓋以美班倢仔也
一山屹起鳥飛山左以象日兔舂山右以
象月山多珍禽奇獸蛇中琪樹一人張弧
跪狀蓋所以廣箴中懋勉之意一女背坐
照鏡中露半面可認一女為一姬握髮以
櫛而傍揚帑斂具于梳枷蓋所以廣箴中
脩飾之意一人与一女語帷帳中胴間衾
以疑語也一翁居地以顧羣兒一姬吟一
兒以与戲具一童坐以看卷兩兒各手一
卷居童左右若看若聽一女置一兒于
而視一女為一兒櫛廣衾斯螽類詩也一卿
如拱立聽一人語者歟寵慢愛之旨一女
一女端坐儼然顧靖然自思之旨一女執
筆紀籍而二姬相顧指言蓋女史告庶姬
也皆曲極其妙婉娩柔順之態妖冶語默
之狀何其至哉噫女史之箴非張茂先不
能作茂先之意非伯時不能畫伯時之畫
豈待好事者而遂寶哉茲畫見寶於蕭公
子由英偶出以視客座有爭辯辨退之處
伯生畫記之優劣者一以為韓之文工緻
神化者一以為韓但紀數不若晏記論奇
拙為畫之始而言道妙余以為莞爾而笑
曰記以紀其實如以論道妙為優姑去諸
中庸遂相与一笑罷去異日出英持卷請
記於是乎書洪武壬申元夕浙東趙謙書
瓊臺玫古堂

02.《湖州帖》卷

唐 · 颜真卿
纸本 行书 纵 27.6 厘米 横 50.2 厘米

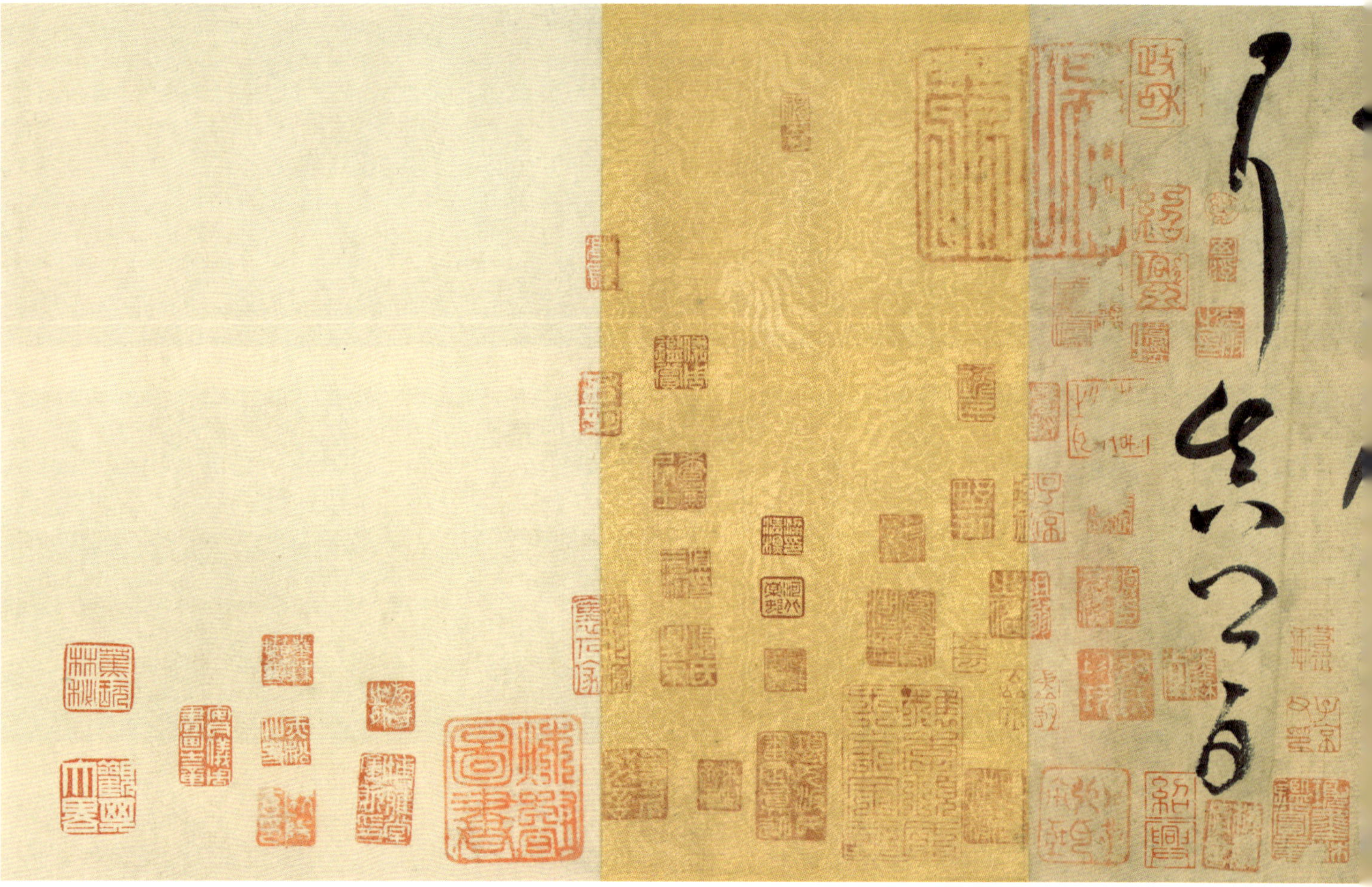

颜真卿（708～784），字清臣，琅琊临沂（今山东临沂）人。开元年间举进士，天宝末出任平原太守。“安史之乱”期间，与从兄常山太守颜杲卿联合河北十七郡奋起抗战，建立了卓著的历史功勋。官至吏部尚书、太子太师，封鲁郡开国公。为人“正色立朝，刚而有礼”，是唐代著名的忠直敢谏之臣。后因得罪宦官卢杞，被遣劝降叛将李希烈，遇害。

颜真卿家学渊源，博学工辞章，尤擅书法。其结字端庄雄伟，行笔丰腴浑厚，至大至刚，一如其人，世称“颜体”。代表了盛唐艺术的典型风貌，至今盛行不衰。

此帖为颜真卿在湖州刺史任上所写的一封书札，内容言及大历十年（775）七月湖州的一次水灾，及吏部尚书刘晏亲来安抚灾民的情况。除书艺之外，兼具重要的史料价值。

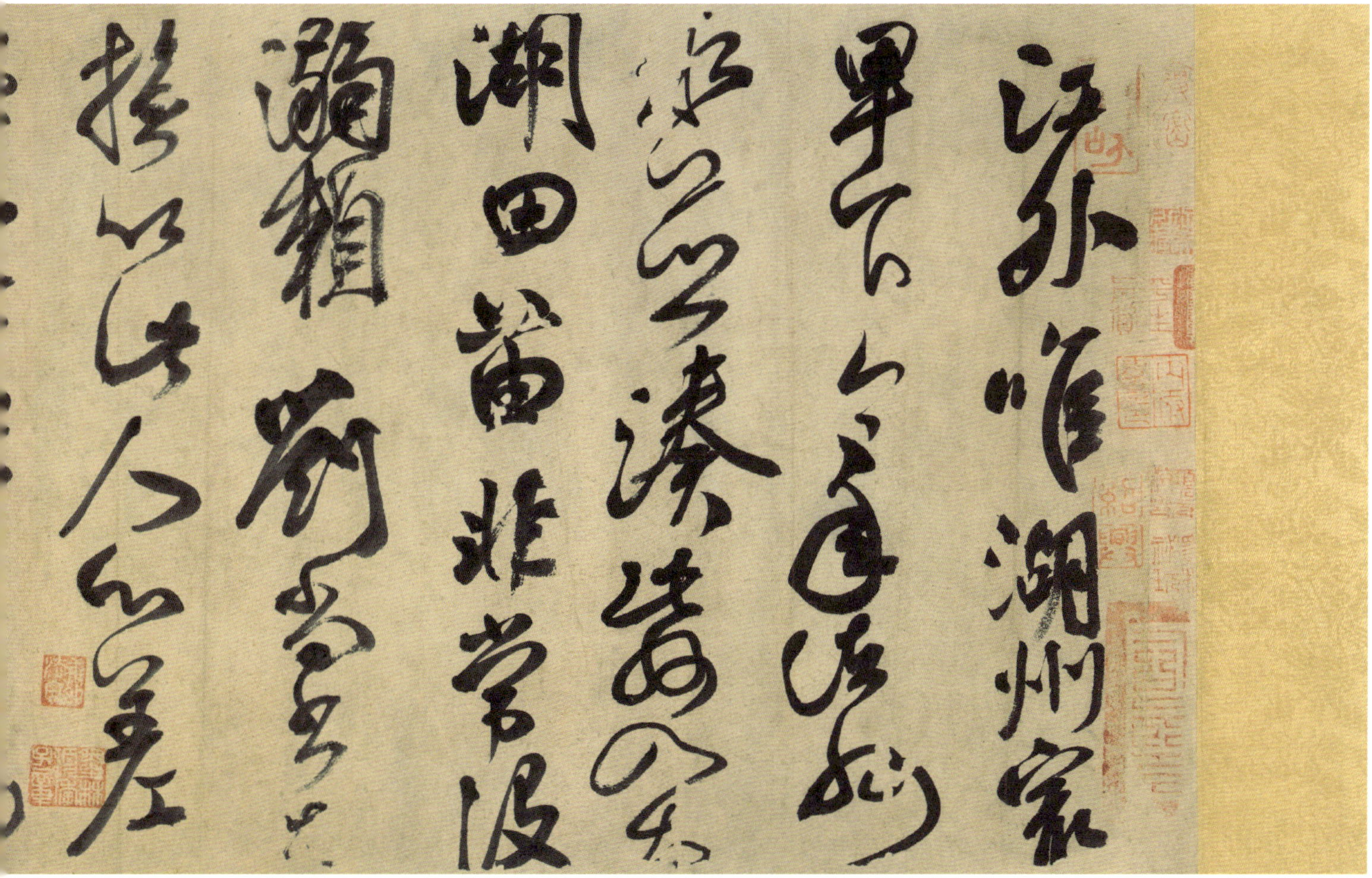

有研究者认为，此帖虽然风神超迈，墨色华滋，但笔画略形肥软，时出侧锋，应是宋代米芾临本。

本幅作者署款："真卿白。"

主要鉴藏印有宋代内府"政和""绍兴"二玺（皆伪），南宋贾似道"秋壑图书"，元代"欧阳玄印"，明代洪武内府"典礼纪察司印"、项元汴诸印，清代梁清标、安岐诸印等。

释文：江外唯湖州最卑下。今年诸州水并凑此州入太湖，田苗非常没溺。赖刘尚书□抚，以此人心差安。不然仅不可安耳。真卿白。

（金运昌）

03. 二札卷《远行帖》

宋・范仲淹
纸本 行书 纵 31 厘米 横 41 厘米

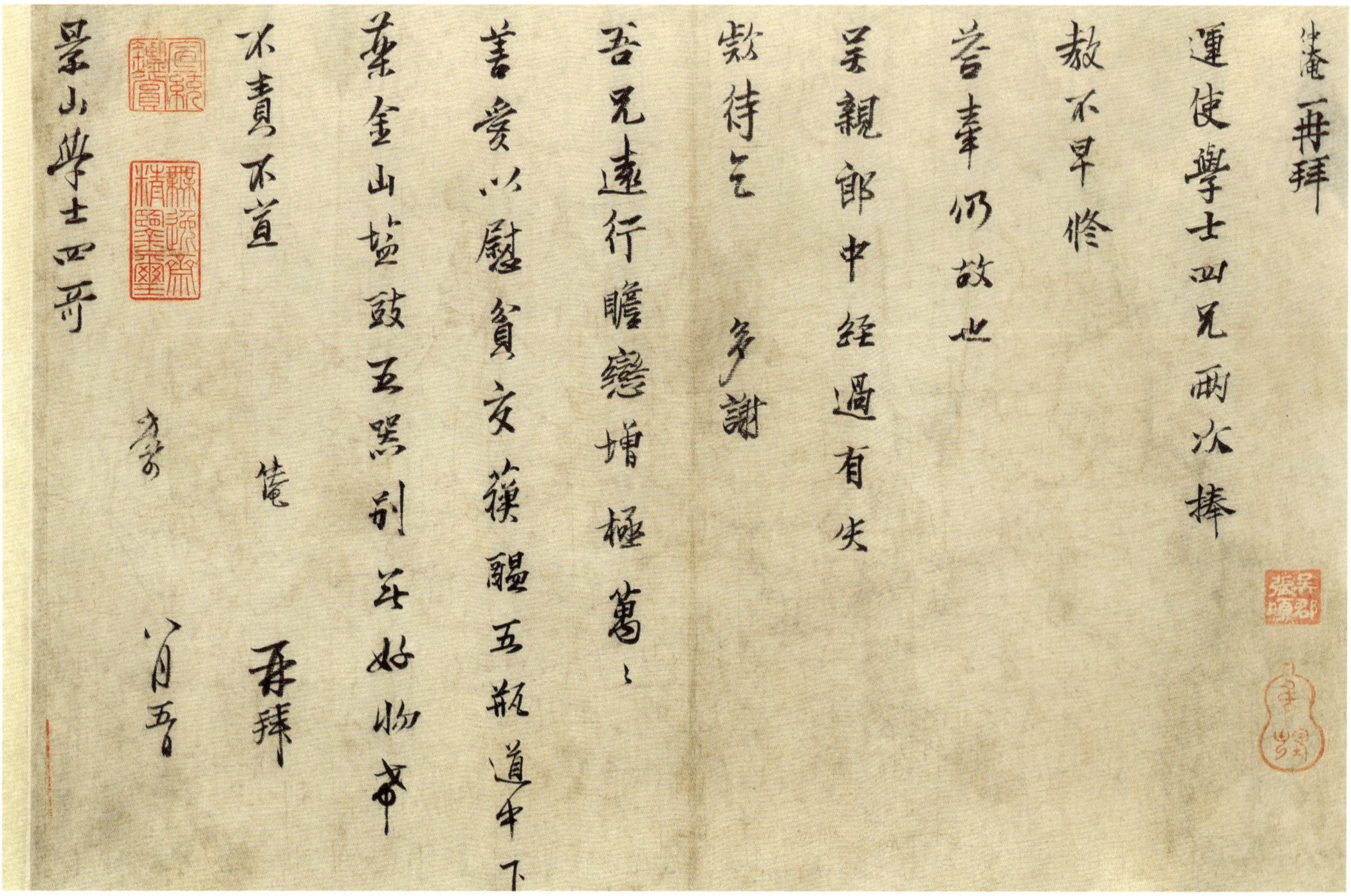

范仲淹（989～1052），字希文，苏州吴县（今江苏苏州）人。北宋真宗大中祥符八年（1015）登进士第。仁宗庆历元年（1041）任陕西经略安抚副使，采取“屯田久守”方针，遏制西夏进犯，边防赖以巩固。庆历三年授参知政事，上疏提出十项政治改革建议，多为仁宗采纳，史称“庆历新政”。由于保守派排挤，庆历五年起出知邠、邓、杭、青四州，皆有善政。是中国古代杰出的政治家、军事家，在文学、书法方面亦极有造诣。所作《岳阳楼记》至今脍炙人口。

范氏墨迹传世极稀。此卷为清宫旧藏，小行书清劲严整，风神独具。据考证，前札《远行帖》是庆历之前“放逐数年”家居期间，为朋友送行而写。后札《边事帖》则是庆历三年在陕西任上写给苏州知府富严的，其中言及西北边事，尤具史料价值。

二札卷《边事帖》

宋·范仲淹
纸本 行书 纵 32 厘米 横 39 厘米

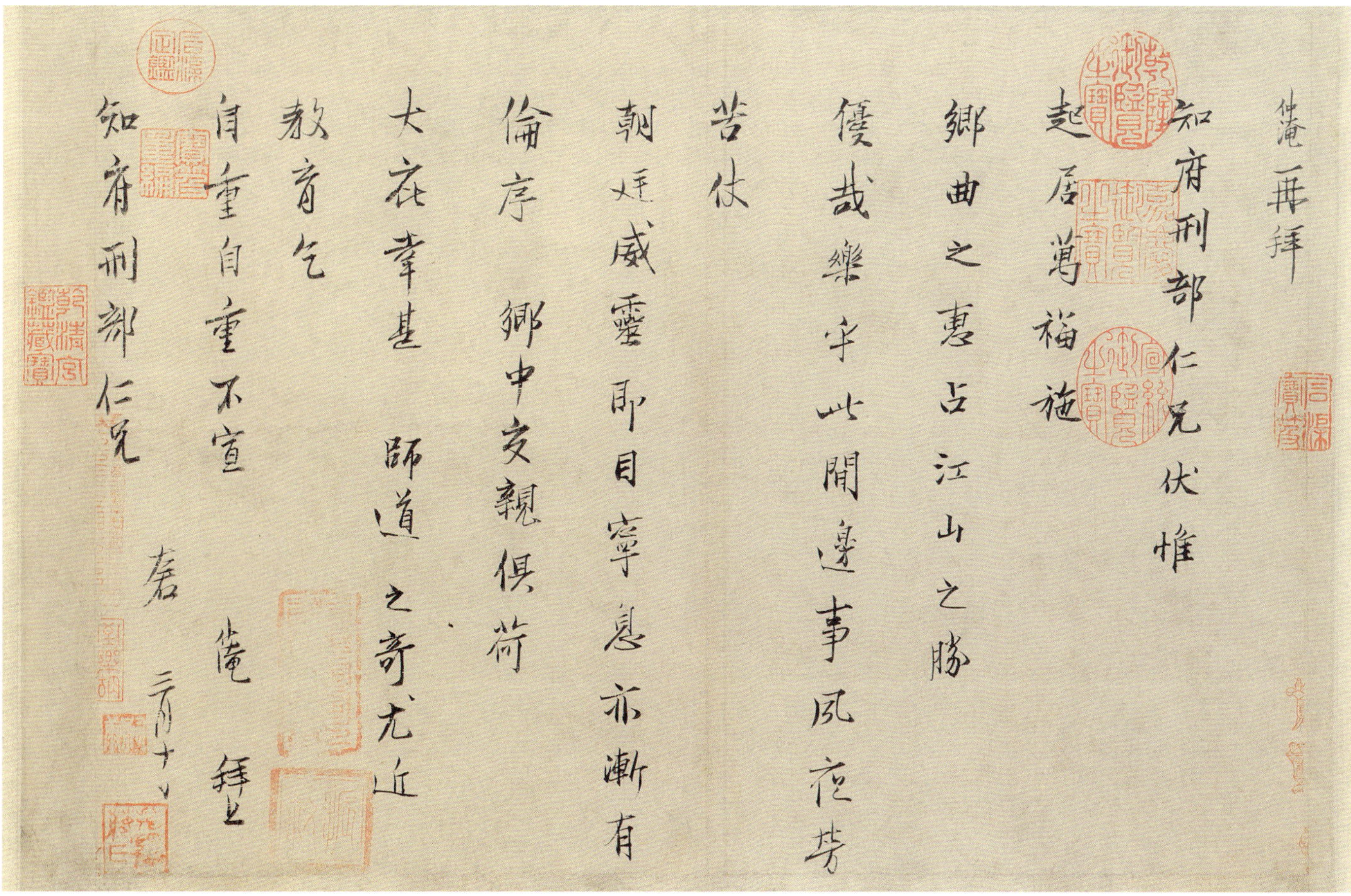

本幅署款："仲淹再拜""仲淹拜上。"
鉴藏印有：清乾隆、嘉庆、宣统内府诸玺等。

释文：仲淹再拜，运使学士四兄。两次捧教，不早修答，牵仍故也。吴亲郎中经过，有失款待，乞多谢。吾兄远行，瞻恋增极。万万善爱，以慰贫交。苏酝五瓶，道中下药；金山盐豉五器。别无好物，希不责。不宣。仲淹再拜，景山学士四哥座前。八月五日。

仲淹再拜，知府刑部仁兄。伏惟起居万福。施乡曲之惠，占江山之胜，优哉乐乎？此间边事，夙夜劳苦。仗朝廷威灵，即目宁息，亦渐有伦序。乡中交亲，俱荷大庇，幸甚。师道之奇，尤近教育，乞自重、自重！不宣。仲淹拜上，知府刑部仁兄左右。三月十日。

（金运昌）

04.《窠石平远图》轴

宋·郭熙
绢本 墨笔 纵 120.8 厘米 横 167.7 厘米

郭熙（生卒年不详），主要活动于宋神宗在位的熙宁、元丰间（1068～1085）。字淳夫，河南温县人。早年似是一位职业道士，没有正式从师学画，靠自己苦心学习钻研，终成一位杰出的画家。曾为御画院艺学，提升到“翰林待诏直长”的画院最高地位。他的创作态度非常严肃认真，其画直到晚年不但毫无习气，反愈精神，被誉为李成、范宽之后“独步一时”的山水画大师。同时，他还是一个美术理论家，由其子郭思记录整理的《林泉高致》就是中国第一部完整而系统地阐述山水画创作规律的著作。图中画面近景，溪水清浅，岸边岩石裸露，石上杂树一丛，枝干蟠曲；远处，寒烟苍翠，荒原莽莽，群山横列如屏障，天空清旷无尘，一派北方的深秋景象。窠石用卷云皴法，以表现北方山水的浑厚和盘礴；至于秋色，画中没有萧瑟和悲凉，从构图的气势，用笔的利爽，给人以肃穆、庄重、清神的美感；曲折的溪水，明澈澄鲜，不激不怒，且清且浅，有“水落石出”的清晰感。中国山水画取景构图的“三远”法则是郭熙首先总结出来的，“三远”即高远、深远和平远。《窠石平远图》所采用的是“平远”法，自前景透过中景而望远景，层次分明，表现出纵深的空间距离，画面虽着墨不多，但境界阔大，气势雄壮，使人观之精神振奋。本幅自题：“窠石平远图，元丰戊午年郭熙画。”钤“郭熙印章”朱文印。鉴藏印有：“晋国奎章”朱文印、“松槭轩”朱文印、“敕赐临济壶宗之印”朱文印、“正宋之印”朱文印等。

元丰戊午为 1078 年，郭熙已是晚年。

（聂卉）

05.《维摩演教图》卷

宋·李公麟（传）
纸本 墨笔 纵 34.6 厘米 横 207.5 厘米

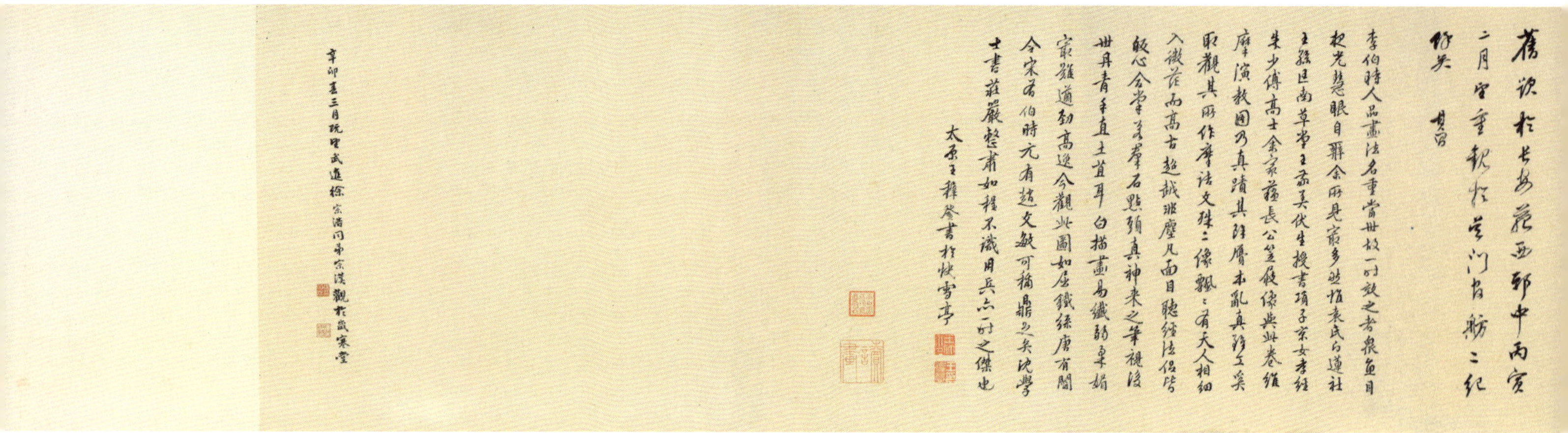

李公麟（1049～1106），字伯时，号龙眠居士，舒城（今属安徽）人。北宋著名画家。神宗熙宁中进士，官至朝奉郎。好古博学，喜藏钟鼎古器及书画。善画人物、佛道像，尤精鞍马，更以白描画法独步当世，被评者推为宋画第一。此图取材于佛教《维摩诘经》，描绘的是装病在家的维摩诘向奉佛祖释迦牟尼之命前来探病的文殊菩萨宣讲大乘教义的场面。全图意在表现维摩诘所具有的高深机智及其对佛教教义的巧思善辩。

从东晋顾恺之到隋唐敦煌壁画，维摩诘尚被表现为“须眉奋张，目光如炬”的形象，而此图中他已完全成为汉化的佛教徒的形象。文殊菩萨体态雍容端庄，犹如现实生活中名门望族之人。众天女于恭谨中显露出活泼的神情。

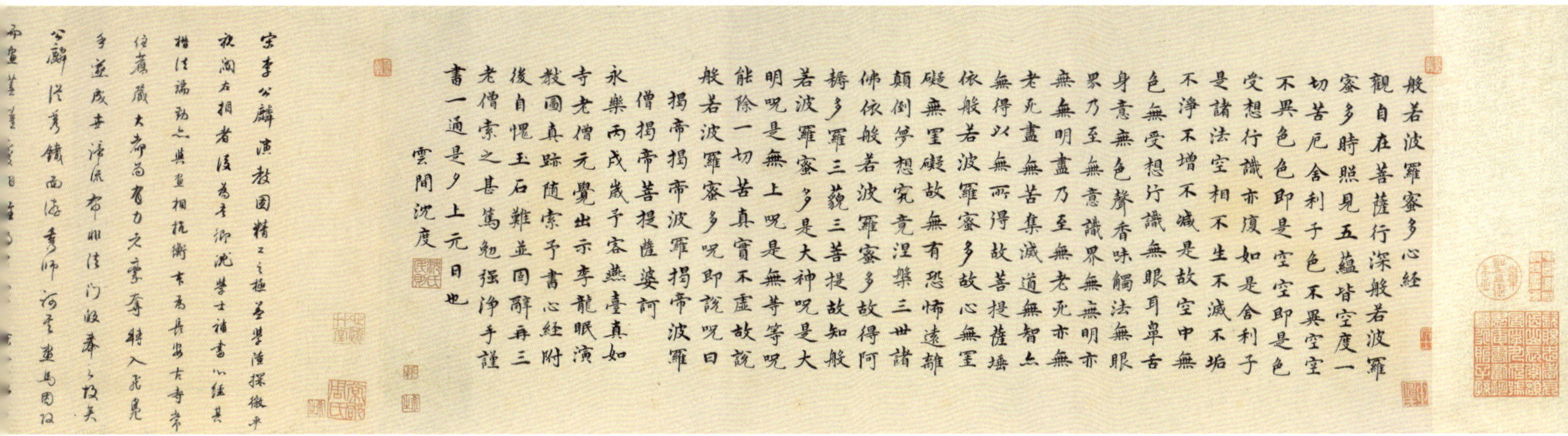

人世俗思想融入宗教画创作中，无疑增添了作品的亲和力，同时也增强了作品的感染力。全图为扫却粉黛的墨线勾描，遒劲圆转而富于表现力度的游丝描和铁线描相辅相成，在成功地刻画出神态各异的人物形象的同时，洁净轻淡的笔法也与佛教“空即是色，色即是空”的教义相吻合。此图无作者款印。对此画的作者主要有三种推测：明人沈度、董其昌、王穉登等人皆称作者为宋代李公麟；当代学者金维诺等先生认为作者应是金代的马云卿；亦有专家则认为此图是宋代佚名之作。画后幅有明沈度书《心经》及跋，并有明董其昌、王穉登题跋。钤元柯九思“柯氏敬仲”，清索额图“长白索氏珍藏图书印”及清宣统皇帝“宣统御览之宝”等鉴藏印五十七方。

（李湜）

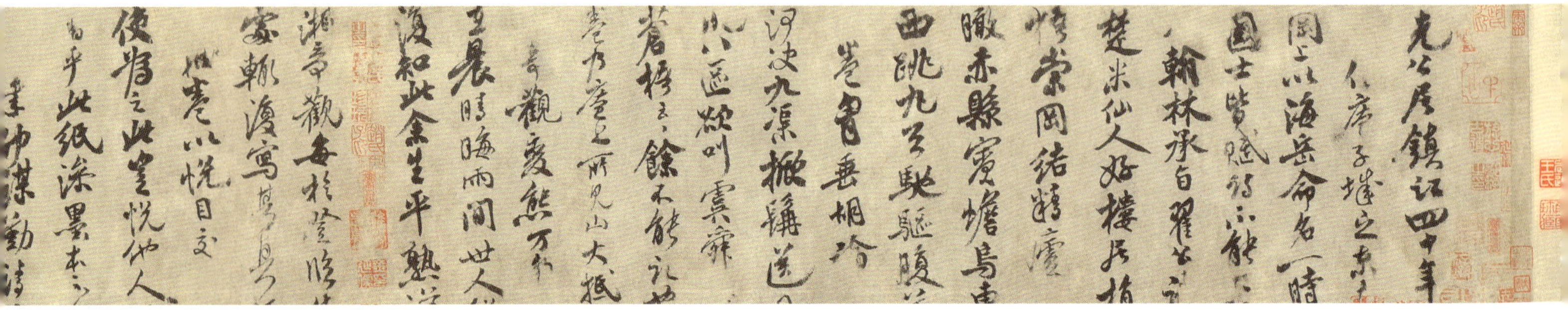

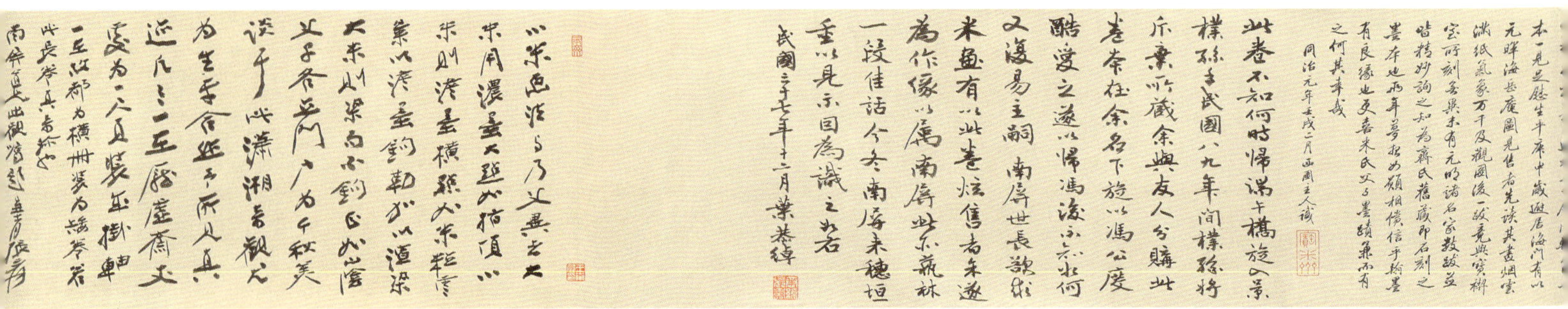

06.《潇湘奇观图》卷

宋·米友仁

茧纸本 墨笔 纵 19.8 厘米 横 289 厘米

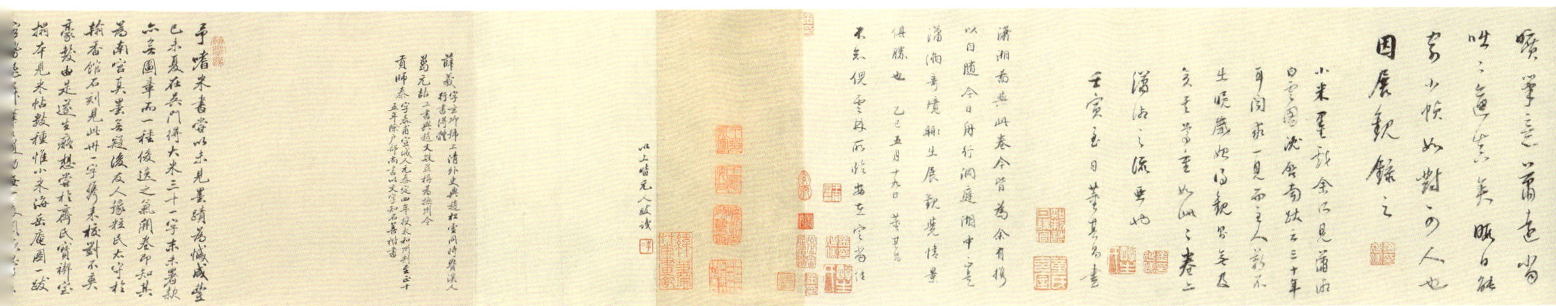

米友仁（1074 ~ 1153，一作 1086 ~ 1165），南宋书画家。一名尹仁，字元晖，晚号嫩拙老人，祖籍太原（今属山西），迁襄阳（今属湖北），定居润州（今江苏镇江）。米芾长子，人称“小米”。擅行书，人谓其虽不逮其父，然如王、谢家子弟，自有一种风格，曾受高宗赵构之命鉴定法书。其山水画发展了米芾技法，略有变化，别具面目。用水墨横点，连点成片，构成“烟云变灭，林泉幽壑，生意无穷”的画面，强调“借物写心”，崇尚“平淡天真”，运笔草草，自称“墨戏”，对后来“文人画”中的笔墨纵放、脱略形状颇有影响。此图绘米友仁十分熟悉的潇湘奇观景致，深得其“变态万层”之“真趣”。开卷便是浓云翻滚，隐现出远山坡脚，随着云气的飘动变幻，逐渐显露出山形，重迭起伏的峰峦影影绰绰地展现于团团白云中。中段山川始露出清晰真容，主山屹立，尖峰高耸，树丛映带，沙渚数重，甚富高远和深远感。结尾处山色又渐趋淡远，唯近处林岸、草庐明晰。自首至尾，迷濛、清明以及远近、浓淡，几度变幻，奥妙

07.《万松金阙图》卷

宋·赵伯骕
绢本 青绿设色 纵 27.7 厘米 横 136 厘米

赵伯骕(1124～1182)，字希远，宋宗室，赵伯驹弟，官至和州防御史，曾以副使身份出使过金国。他擅长青绿山水，出自唐代李思训的传派并自成一体。

该图画江南的湖畔松岭和楼阁，属青绿山水，笔法清细繁复，格调柔丽雅洁，显示出南宋皇家贵胄新的审美情趣。该图的出现，标志着宋代山水画的表现对象从北方雄浑的山川转移到江南的青山绿水。

该图无作者款印，后纸有元代赵孟頫跋，称之为赵伯骕真笔。本幅钤有清代收藏家安岐、梁清标以及清乾隆、宣统内府藏印。卷尾还有元代倪瓒、张绅的题记。

清《墨缘汇观》《大观录》著录。

(余辉)

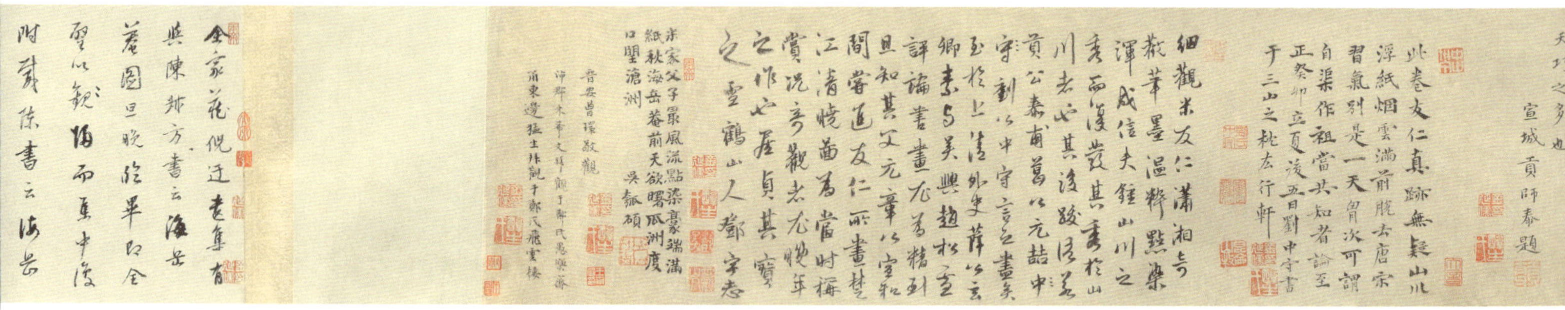

莫测。时隐时显，忽明忽晦，迷濛又富有变化。同时他也很讲究笔法，以大笔触的遒劲笔法来泼染水墨，墨随笔走，在大笔涂染块面中，多有纵点、横点、落茄点和不规则的破笔点，亦见连勾带擦的线条。笔与墨的有机结合，使米氏云山兼具滋润和沉郁的特色。

本幅无款印，后纸自题一段。本幅款署："紹兴□□孟春，建康□□官舍，友仁题。"钤印不辨。鉴藏印有："赵氏子昂"朱文印、"嘉兴吴镇仲圭书画记"白文印等六十二方。另有薛羲、葛元喆、吴匏硕、贡师泰、邓宇志、董其昌等宋、元、明十四家题跋。

清郁逢庆《书画题跋记》、卞永誉《式古堂书画汇考》、吴升《大观录》、顾文彬《过云楼书画记》等书著录。

（单国强）

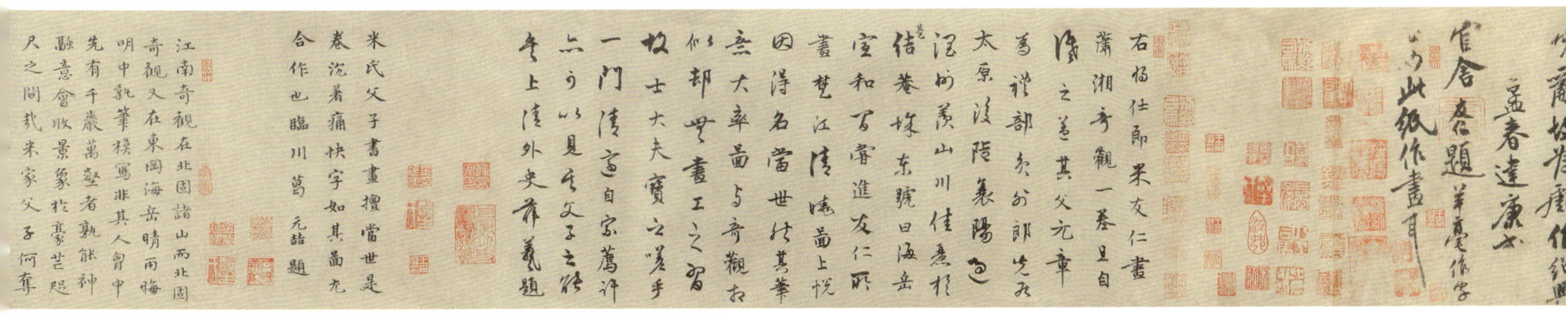
米氏父子書畫擅當世是卷沉着痛快字如其畫允合作也臨川葛元喆題
江南奇觀在北固諸山而北固奇觀又在東岡海岳晴雨晦明中執筆模寫非其人胷中先有千巖萬壑者孰能神融意會收景象於豪芒咫尺之間哉米家父子何奪

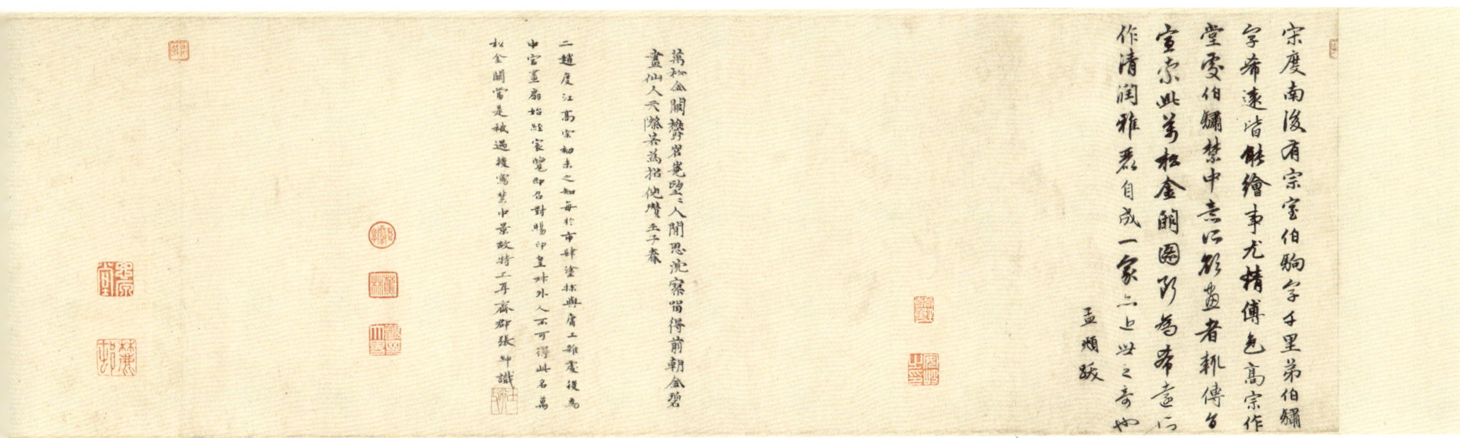

08.《怀成都十韵诗》卷

宋・陆游

纸本 行草书 纵 34.6 厘米 横 82.4 厘米

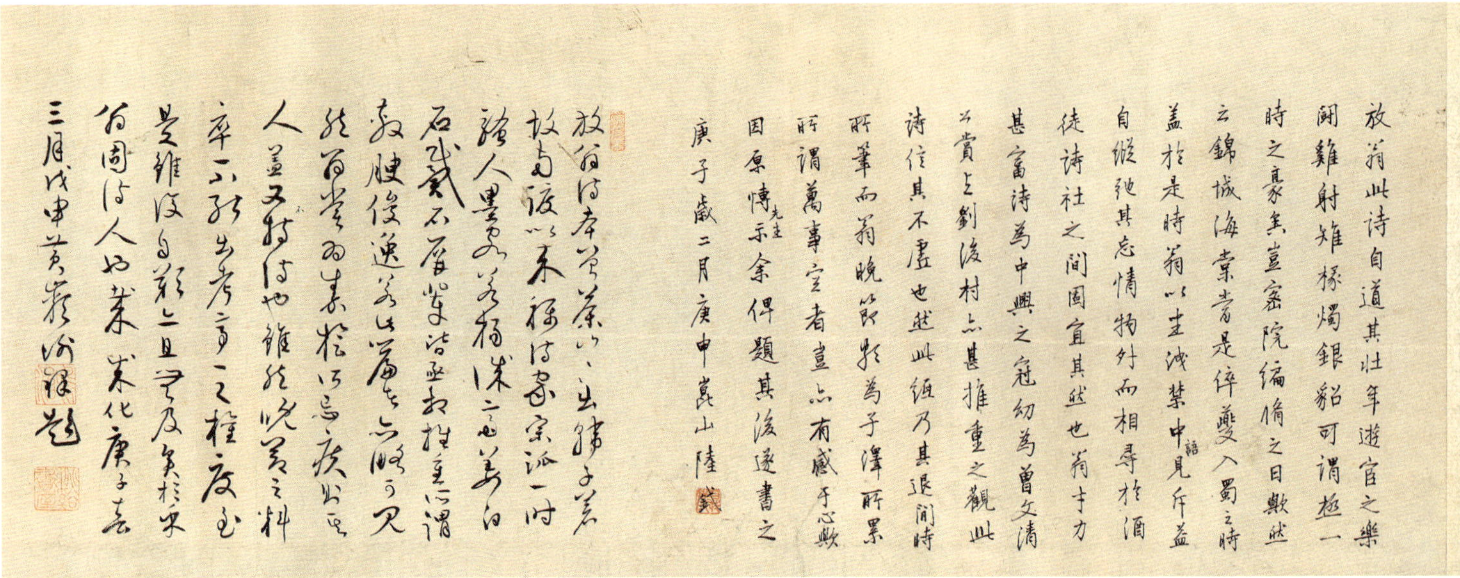

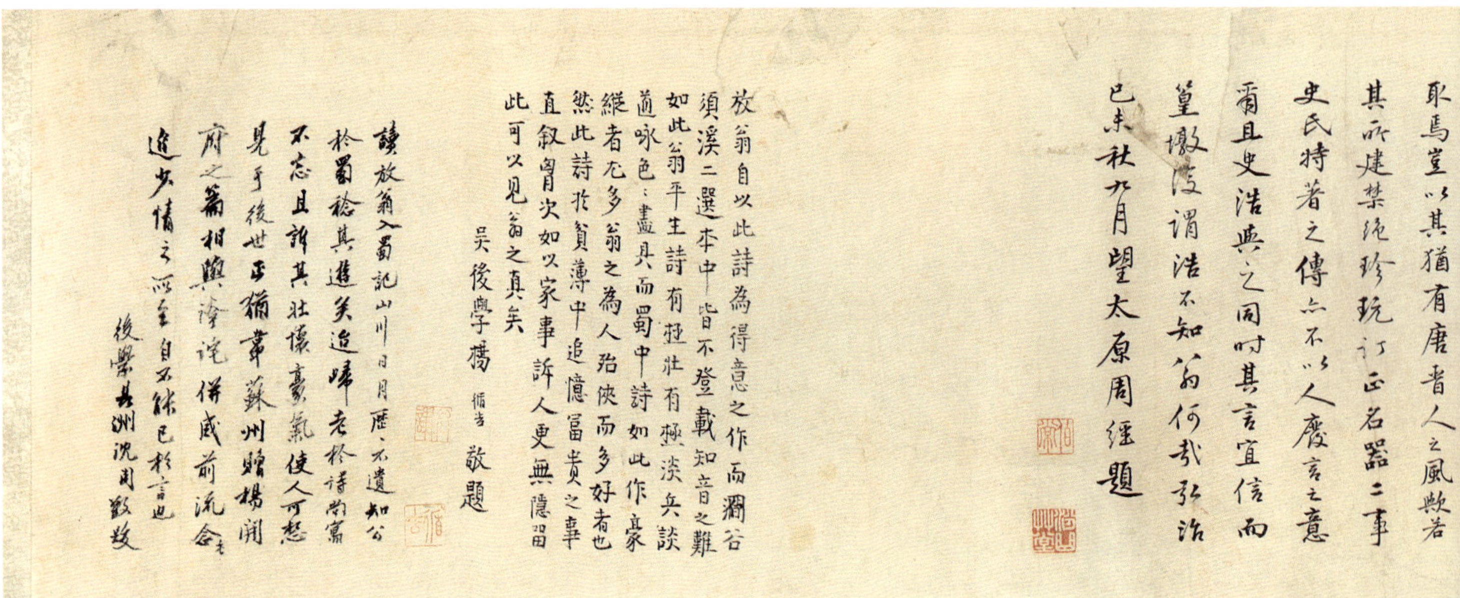

陆游（1125～1210），字务观，号放翁，越州山阴（今浙江绍兴）人。曾官枢密院编修、知夔严二州、宝章阁待制等。他是南宋伟大的爱国主义诗人，一生创作诗词近万首，意气风发，激情豪迈，力主抗敌御侮，恢复中原。亦擅书法，笔姿瘦硬清新，风格独具。然为诗名所掩，知之者稀。

此卷为陆游为友人手书自作《怀成都十韵》诗一首。诗见《剑南诗稿》第十卷，作于淳熙五年（1178）秋季，即作者 54 岁时。此卷书写时间，应略晚于此。诗的内容是追怀自己 50 岁左右在四川成都做参议官时的热烈豪放生活，借以与去官还乡后的孤寂落寞形成鲜明对比。

本幅署款："省庵兄以为此篇在集中稍可观，因命写之。游。"卷后有明代陆釴、谢铎、程敏政、王鏊、周经、杨循吉、

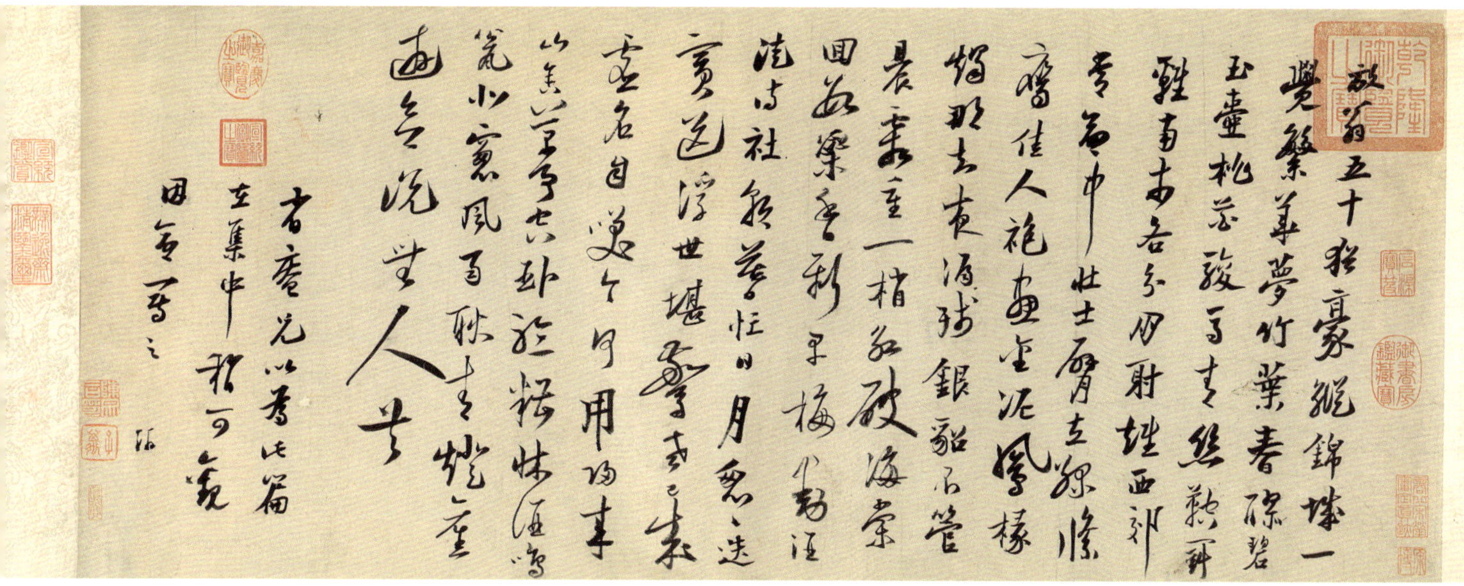

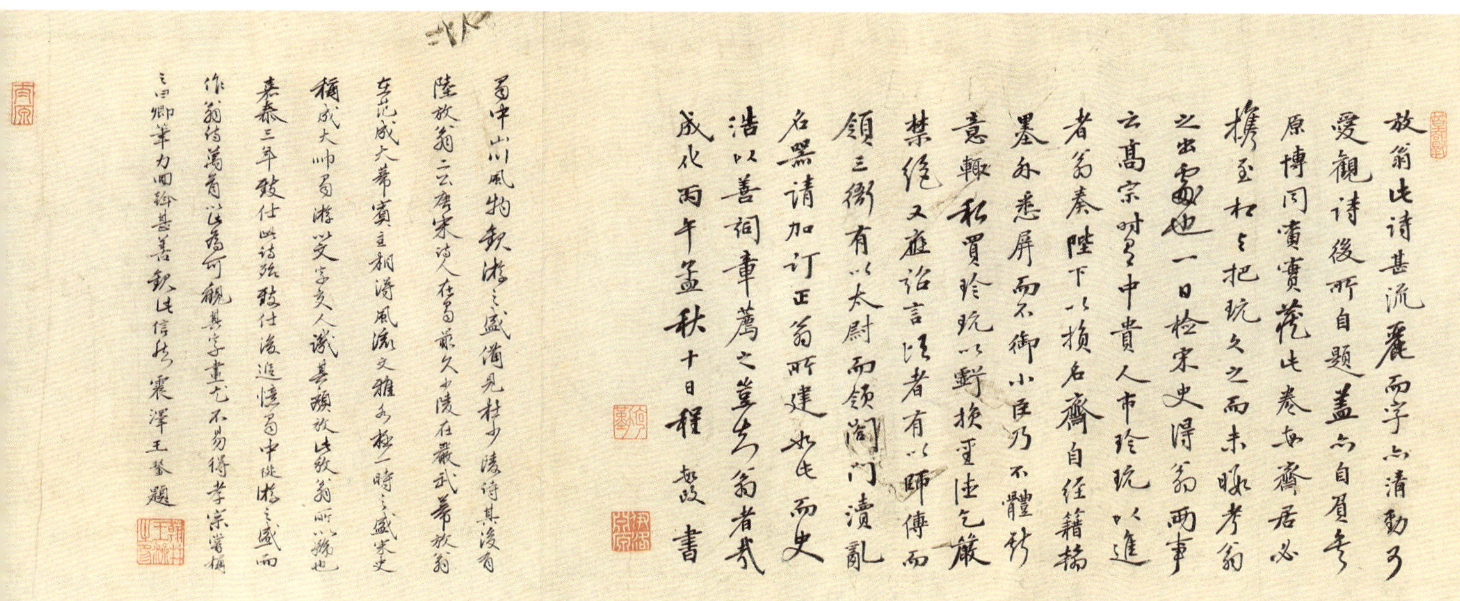

沈周七人题跋。主要鉴藏印有：明代吴宽“原博”、清代宋荦“商丘宋荦审定真迹”及清乾隆、嘉庆、宣统内府御玺等。

释文：放翁五十犹豪纵，锦城一觉繁华梦。竹叶春醪碧玉壶，桃花骏马青丝鞚。斗鸡南市各分朋，射雉西郊常命中。壮士臂立绿绦鹰，佳人袍画金泥凤。椽烛那知夜漏残，银貂不管晨霜重。一梢红破海棠回，数蕊香新早梅动。酒徒诗社朝暮忙，日月匆匆迭宾送。浮世堪惊老已成，虚名自笑今何用。归来山舍万事空，卧听糟床酒鸣瓮。北窗风雨耿青灯，旧游欲说无人共。省庵兄以为此篇在集中稍可观，因命写之。游。

（金运昌）

09.《水墨写生图》卷

宋·法常

纸本 墨笔 纵 47.3 厘米 横 814.1 厘米

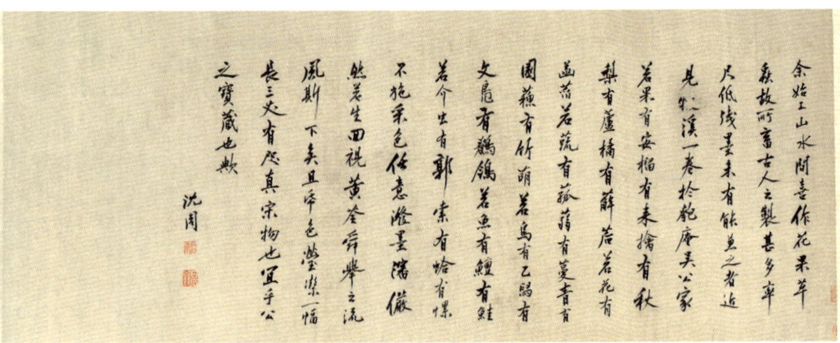

法常（生卒年不详），号牧溪，四川人，约生活于宋末元初。喜画龙虎、猿鹤、禽鸟、山水、树石、人物，随笔点墨，意思简当。牧溪的绘画，国内收藏甚少，大部分作品被当时留学中国的日僧携往日本，牧溪被作为禅画艺术的宗师，在日本享有无上崇高的声誉，其粗率简劲、萧散虚和、深蕴禅机的画风，对日本水墨画产生了直接和深远的影响，甚至被尊为“画道的大恩人”。

法常的绘画，有不少取材于平时人们司空见惯的日常生活，但独能于平淡天真之中揭示生命意识的真谛。此卷所绘折枝花果、禽鸟、鱼虾及蔬果，笔墨简淡，平平常常，在画幅上随随便便地摆放在一起，看来就是最为常见的与我们现实生活息息相关的景象，但是卷中墨色的氤氲、排列的错综、变化的神奇，却又分明深蕴着禅机。这些平常物象的背后是不着笔墨的大片空白，这种“知

白守黑”“计白当黑”的处理，使得画面中本不相关联的事物各自相对独立又可合而为一，画意更为完整而富于张力，给观者以想象的空间，正所谓“于无画处皆成妙境”。整幅作品充满着一种宁静、自省、淡泊的内在精神，使观者有“万物静观皆自得”的会心感受，耐人寻味。沈周卷后题识称：“……不施彩色，任意泼墨，俨然若生。回视黄筌、舜举之流，风斯下矣。”本幅无作者款印，沈周定为“真宋物也”。徐邦达先生认为，沈周题跋中“牧”字有挖改痕迹，是“似牧非牧之画”。有近代叶恭绰等人收藏印。

（傅东光）

10.《五绝诗》页

元 · 鲜于枢
纸本 行书 纵 34.3 厘米 横 35.9 厘米

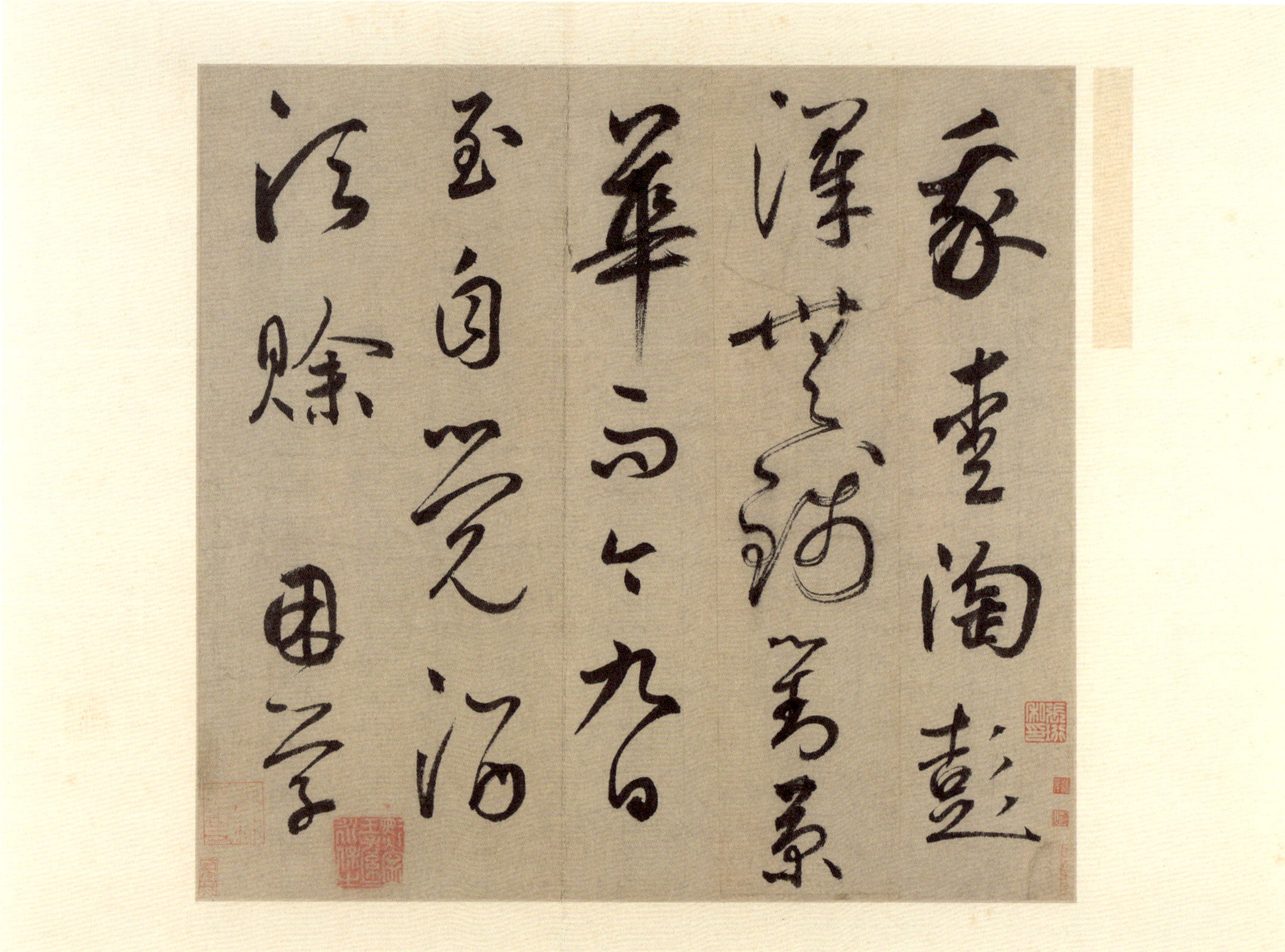

鲜于枢（1246～1301），字伯几，号困学民，渔阳（今北京北部）人。先后寓居扬州、杭州。官帅府从事、三司史掾、太常寺典簿等。擅诗歌，晓音律，工书法，尤精行草，在元代书坛上与赵孟頫齐名。

此页书唐代杜甫《复愁》十二首之十一（文字与通行版本略有不同）。结字开张，行笔遒劲，尺幅虽小，却足以代表鲜于氏英伟豪迈、痛快淋漓的书法风格。

本幅署款："困学。"钤"虎林隐吏"印。

主要鉴藏印有：明代沐昂"黔宁王子子孙孙永保之"白文印，现代"张珩私印"白文印。

释文：我爱陶彭泽，无钱对菊花。而今九日至，自觉酒须赊。困学。

（金运昌）

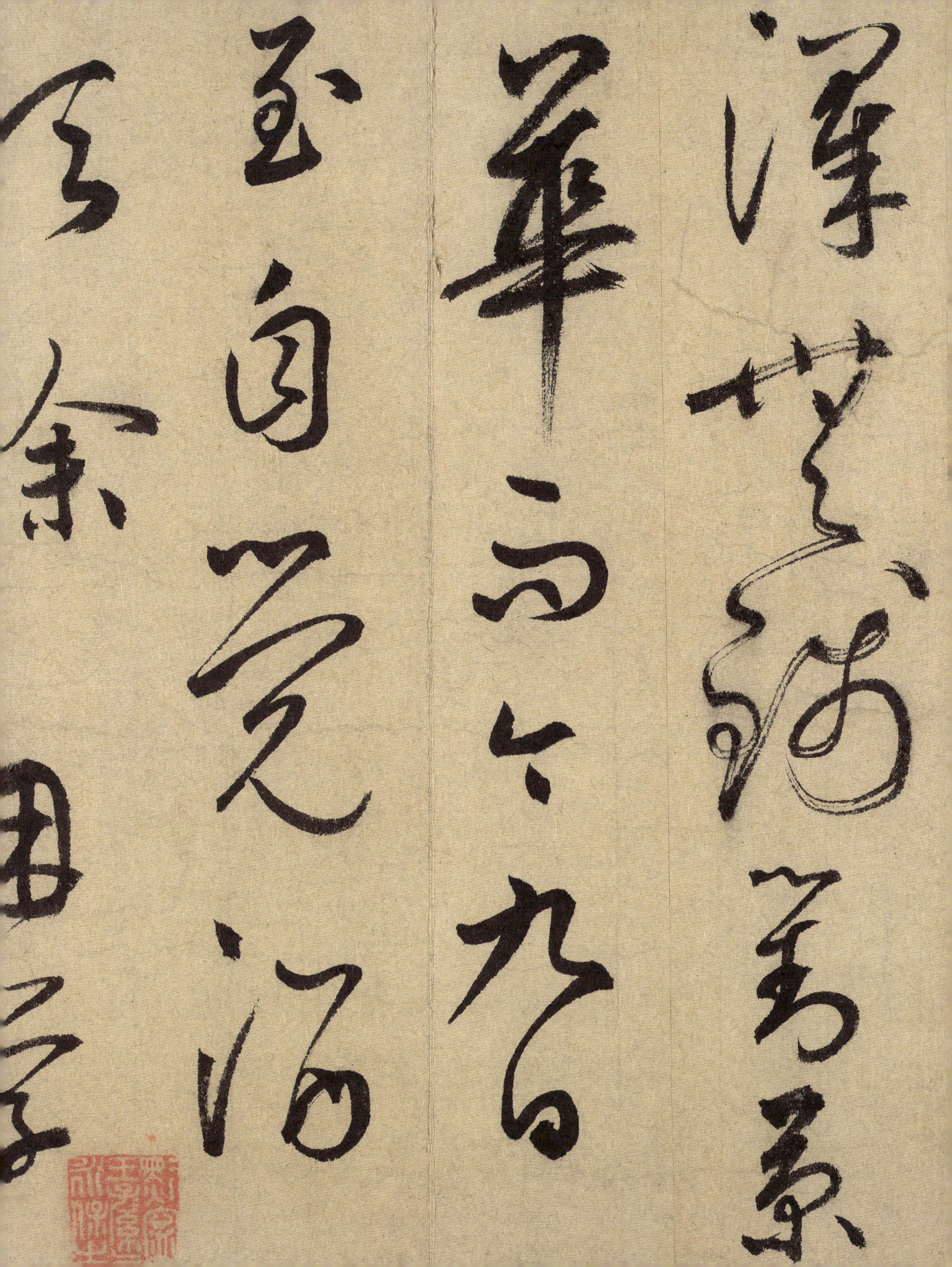

11.《七绝诗》页

元·赵孟頫
纸本 行书 纵 34.7 厘米 横 35.3 厘米

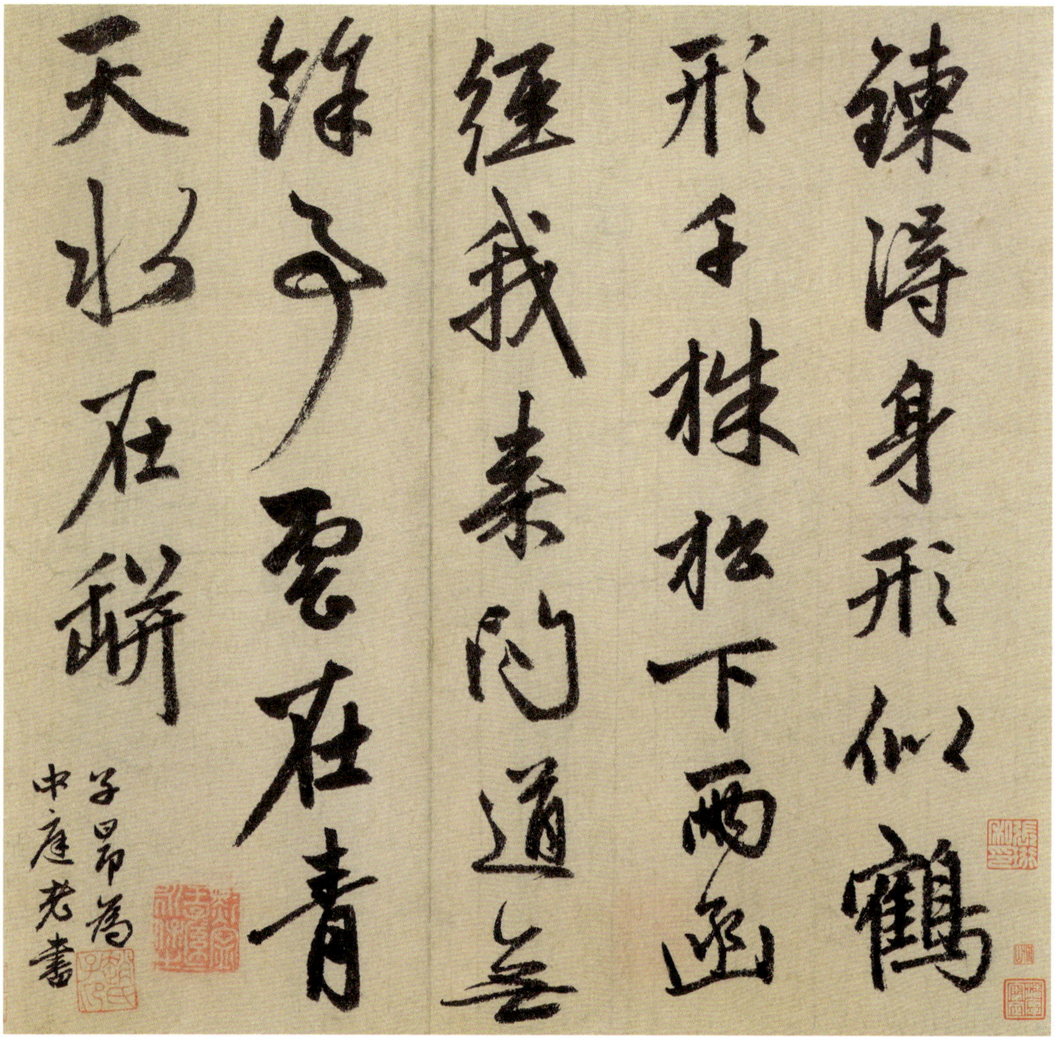

赵孟頫（1254～1322），字子昂，号松雪道人、水精宫道人，湖州（今浙江湖州）人。宋宗室秦王赵德芳后裔。宋亡后居家治学，声闻乡里。至元二十三年（1286）因程钜夫荐举入都，官至翰林学士承旨、荣禄大夫，卒赠魏国公，谥“文敏”。作为元代书坛画苑的领袖人物，赵氏书工诸体，善画山水、人物、鞍马、花鸟、兰竹各科，才华横溢，汲古成新，对文人书画的发展贡献极大，影响至今不衰。

此页为僧人悦可（字中庭）书唐代李翱《赠药山高僧惟俨》二首之一（文字与通行版本略有不同）。笔致劲健老辣，布局错落奇肆。尺幅虽小，却是赵氏晚年行书精品。

本幅署款：“子昂为中庭老书。”钤“赵氏子昂”朱文印。

主要鉴藏印有：明代沐昂“黔宁王子子孙孙永保之”白文印，现代“张珩私印”白文印等。

释文：炼得身形似鹤形，千株松下两函经。我来问道无余事，云在青天水在瓶。子昂为中庭老书。

（金运昌）

鍊得身形似鶴
形千株松下兩函
經我来問道無
餘說雲在青

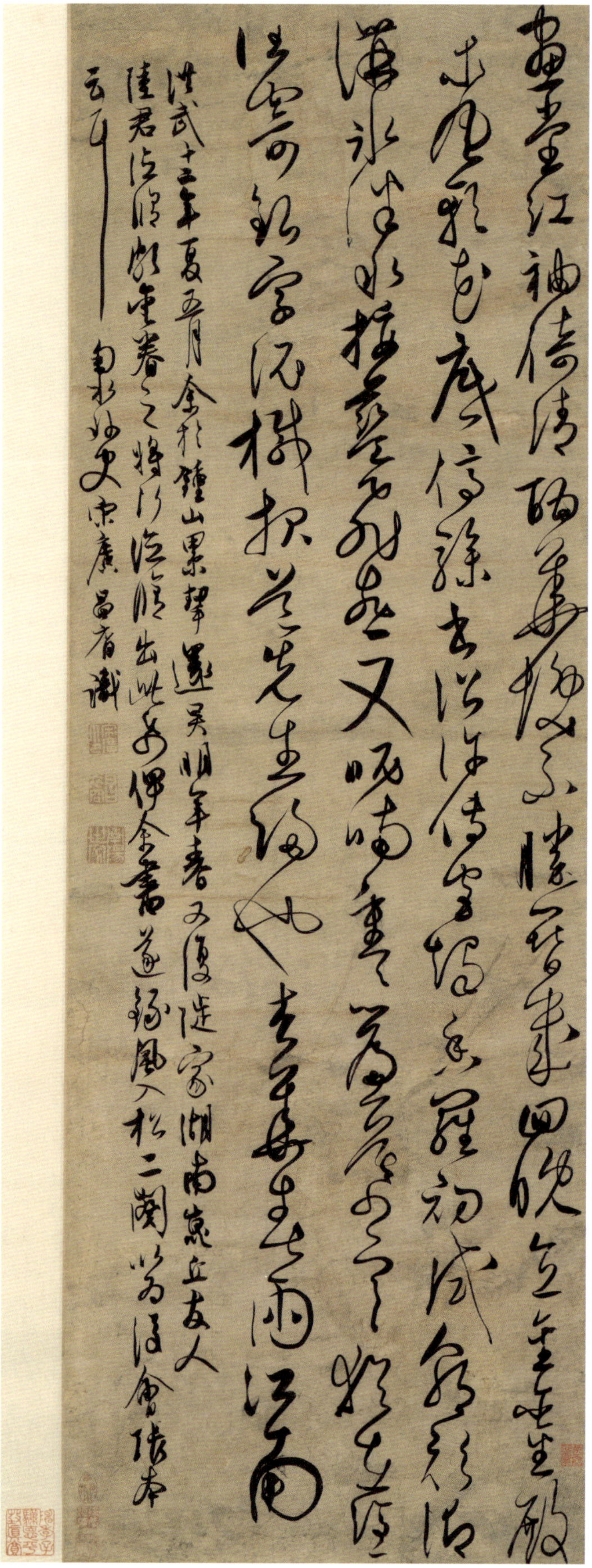

12.《风入松词》轴

明·宋广

纸本 草书 纵 101.7 厘米 横 33.7 厘米

宋广（14 世纪），字昌裔，河南南阳人。曾官沔阳同知。擅画。最擅行、草书，师法王羲之、王献之、张旭、怀素，略变其体，笔法劲秀流畅，体势翩翩。时与宋克、宋璲俱以擅书知名，人称“三宋”。

这首《风入松》词是元代著名文人虞集所作，清新流丽，脍炙人口。宋广将它录与友人陆德修。作品创作于 1379 年，笔法秀劲流畅，体势翩翩，代表了宋广草书的最高成就。

本幅署款：“匊水外史宋廣昌裔識。”钤“宋广之印”白文印、“南阳世家”白文印。本幅有徐学烜、陈骥德等鉴藏印五方。

释文：画堂红袖倚清酣，华发不胜簪。几回晚直金銮殿，东风软、花底停骖。书诏许传宫烛，香罗初试朝衫。御沟冰泮水挼蓝，飞燕又呢喃。重重帘幕寒犹在，凭谁寄、银字泥缄。报道先生归也，杏花春雨江南。

洪武十二年夏五月，余于钟山挈累还吴。明年春又复徙家湖南崑丘。友人陆君德修颇爱眷之，將行，德修出此纸俾余书，遂录《風入松》二阕，以为复会张本云耳。匊水外史宋广昌裔识。

（华宁）

倚清醑手撫將
底成信綠書滿洪
轉蠱飛忽昏又曉
流樹枳蒼光生

13.《武侯高卧图》卷

明 · 朱瞻基
纸本 淡设色 纵 27.7 厘米 横 40.5 厘米

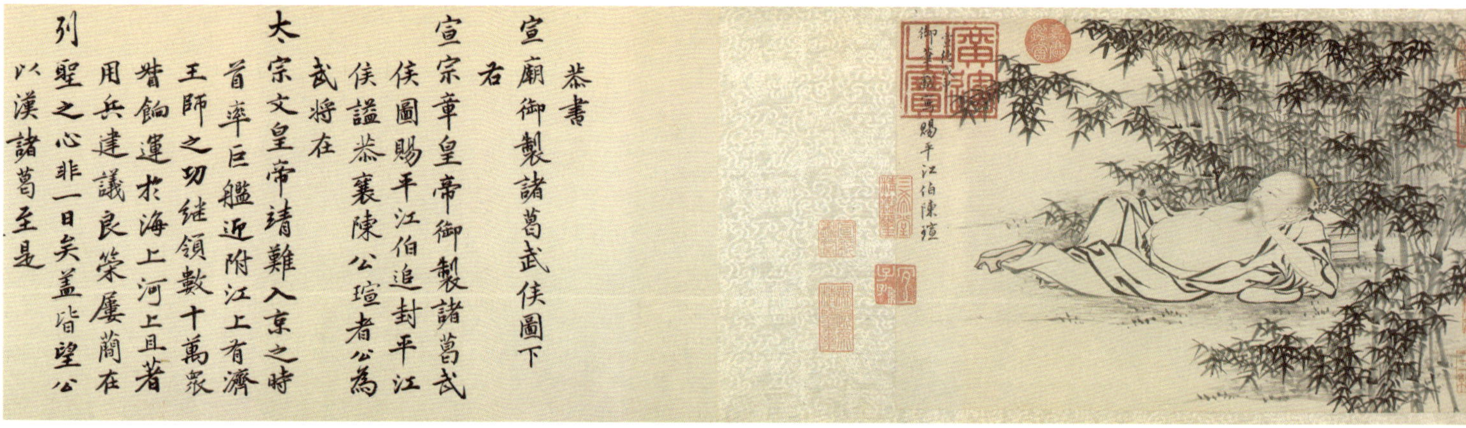

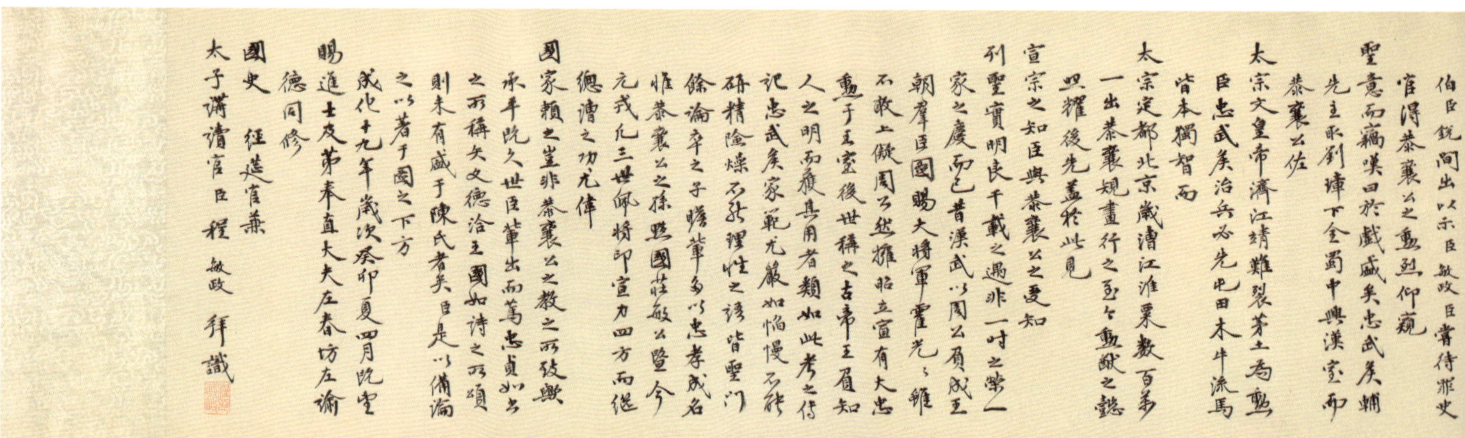

朱瞻基（1399 ~ 1435），明仁宗长子，1426 年继位，建元宣德，庙号宣宗。雅尚词翰，精于绘事，山水、人物、花鸟皆能，其画多为水墨戏写，略加染色，花鸟竹石上受到孙隆没骨法及同时代文人墨戏的一些影响。常御制图画赐予臣下，上书年月及臣子姓名。宣宗对图画的喜好及个人的审美趣味，直接影响了明代院体绘画的发展。

该图系明宣德四年（1429）宣宗赐平江伯陈瑄之作，卷后有成化十九年（1483）程敏政题跋，其中提到该图相传为汉丞相诸葛忠武侯高卧图。图绘一文士以左手支颐卧于竹林中，右腿屈起，右手抚膝上，姿势舒坦随意，袒胸、大肚的特征比较突出，有诙谐幽默之感，同时也突出了人物的气度。人物面部用墨笔勾勒，颇为工细，衣纹用粗笔表

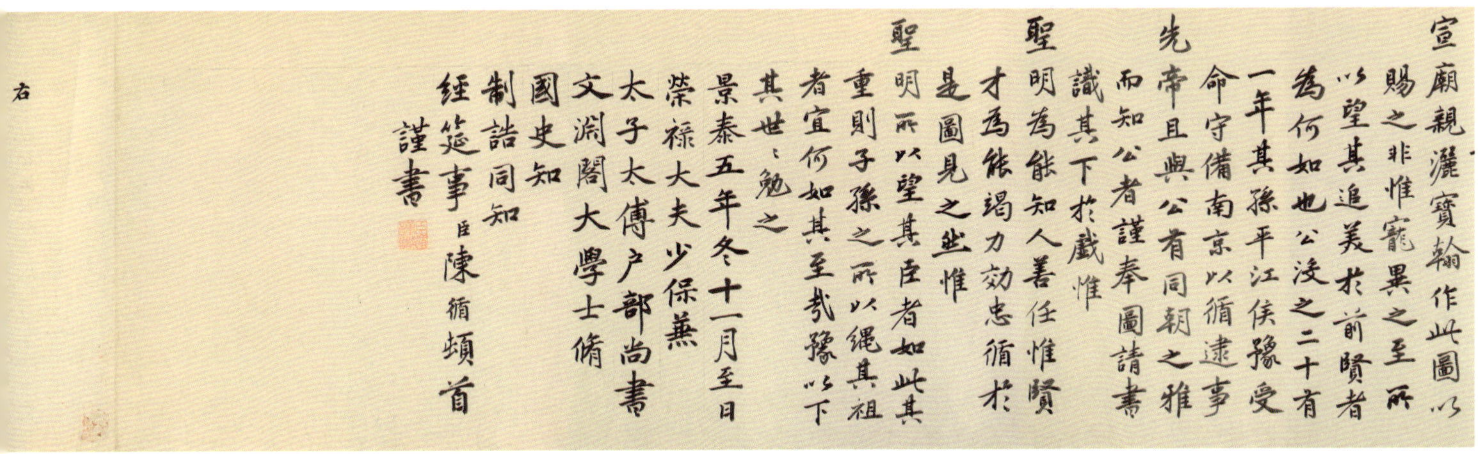

现，强调提按所带来的粗细变化，简洁凝练。背景竹林枝叶繁茂，竹的画法不是宫廷画家所常用的双钩填色式，而是文人所钟爱的墨笔式，但是排列整齐的竹竿，规整有序的竹叶组合，又显示出一定的“院体”风格。

画右宣宗款曰：“宣德戊申，御笔戏写赐平江伯陈瑄。”钤“广运之宝”朱文印。另有“嘉庆御览之宝”朱文印、“宣德御览之宝”朱文印、“石渠宝笈”朱文印、“宝笈三编”朱文印、“嘉庆鉴赏”白文印、“三希堂精鉴玺”朱文印、“宜子孙”白文印、“宣统鉴赏”朱文印、“无逸斋精鉴玺”朱文印。引首史敏篆书“旌忠”二字，卷尾有陈循、程敏政二家题跋。

（王中旭）

宣德戊申
御筆戲寫賜平江伯陳瑄

14.《竹鹤图》轴

明·边景昭
绢本 设色 纵 180.4 厘米 横 118 厘米

边景昭（生卒年不详），字文进，福建沙县人。明代宫廷花鸟画家的代表人物，其画风继承了宋代"院体"工整富丽的风格，并在一定程度上吸收了文人画的特点。

本幅用工细的笔法，浓艳的色彩，勾画鹤的羽毛、足胫、丹顶，精妙地表现出白鹤毛色光洁华美的质感，翠竹用中锋钩勒填色法，起伏的坡岸又用侧锋描绘，笔法朴拙，风格精巧近似南宋院体，又有自己的独特的风貌，正如韩昂《图绘宝鉴续编》所评"不但钩勒有笔，其用墨无不合宜，宋元之后，贻其人矣"。

本幅款署："清华阁画史边景昭制。"钤印二方，模糊不辨。另收藏印有："黄胄心赏"白文印、"黄胄珍藏"朱文印、"沛"朱文印三方。

（袁杰）

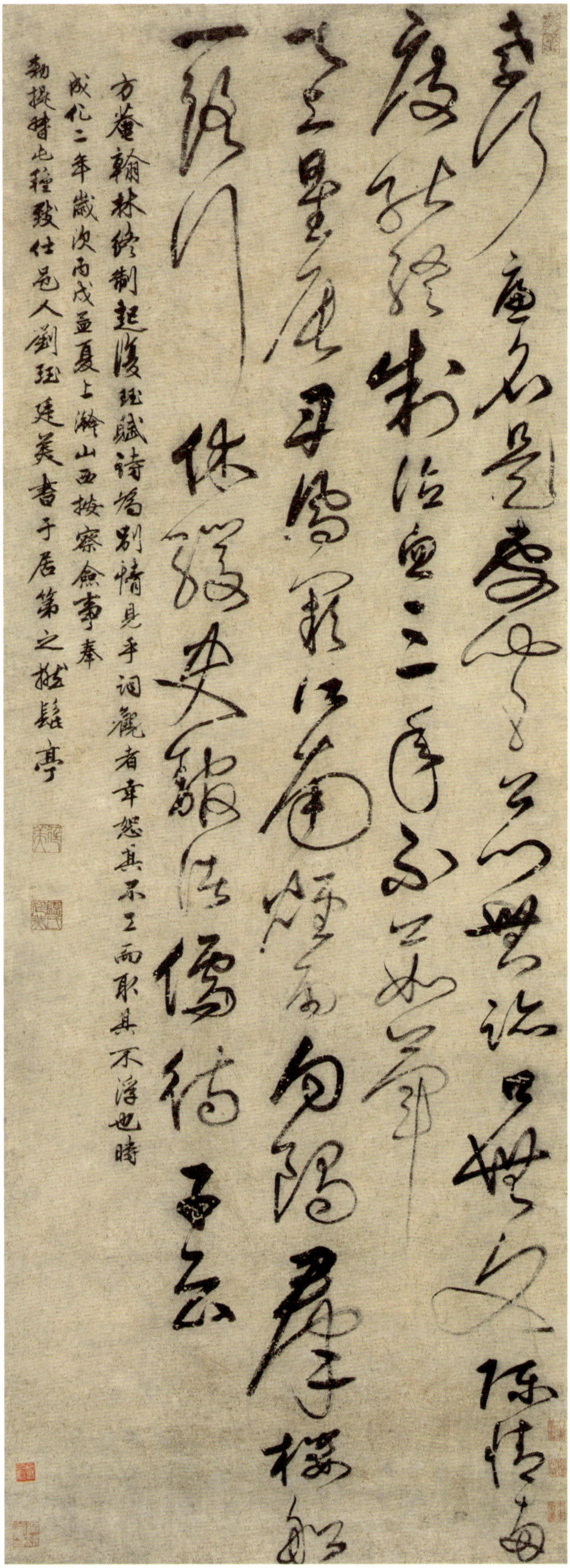

15.《七律诗》轴

明・刘珏
纸本 草书 纵 121.2 厘米 横 42.2 厘米

刘珏（1410～1472），字廷美，号完庵，长洲（今江苏苏州）人。时郡守况钟闻其才，举为吏，不就。明正统三年（1438）举应天乡试，补太学生，授刑部主事，迁山西按察佥事。居官多善政。工诗，擅书法，楷书、行书出赵孟頫，行草出李邕，各极其妙。善画山水，法吴镇、王蒙。有《完庵集》。本幅为自书七律一首，给临行朋友（方庵翰林）的赠别诗。此书奔放、酣畅，结体正欹大小不拘，行笔疾驰徐缓随意，布局疏密曲直不同，顾盼有序，天真自然。是刘珏 57 岁之作。本幅款署："时成化二年岁次丙戌孟夏上澣，山西按察佥事奉勅提督屯种、致仕、邑人刘珏廷美书于居第之撚髭亭。钤"廷美"朱文印、"镏氏廷美"朱文印，引首印"彭城生"朱文印。鉴藏印有："朱之赤鉴赏"朱文印、"庐子枢"白文印、"留耕堂"白文印等五方。

释文：孝行廉名是处闻，公门无迹口无文。陈情两度能终制，泣血三年不茹荤。天上星辰丹凤阙，江南烟雨白鸥群。楼船一路行休缓，史馆诸儒待子云。
方庵翰林，终制起复。珏赋诗为别，情见乎词，观者幸恕其不工，而取其不浮也。时成化二年岁次丙戌孟夏上澣，山西按察佥事奉勅提督屯种、致仕、邑人刘珏廷美书于居第之撚髭亭。

（李艳霞）

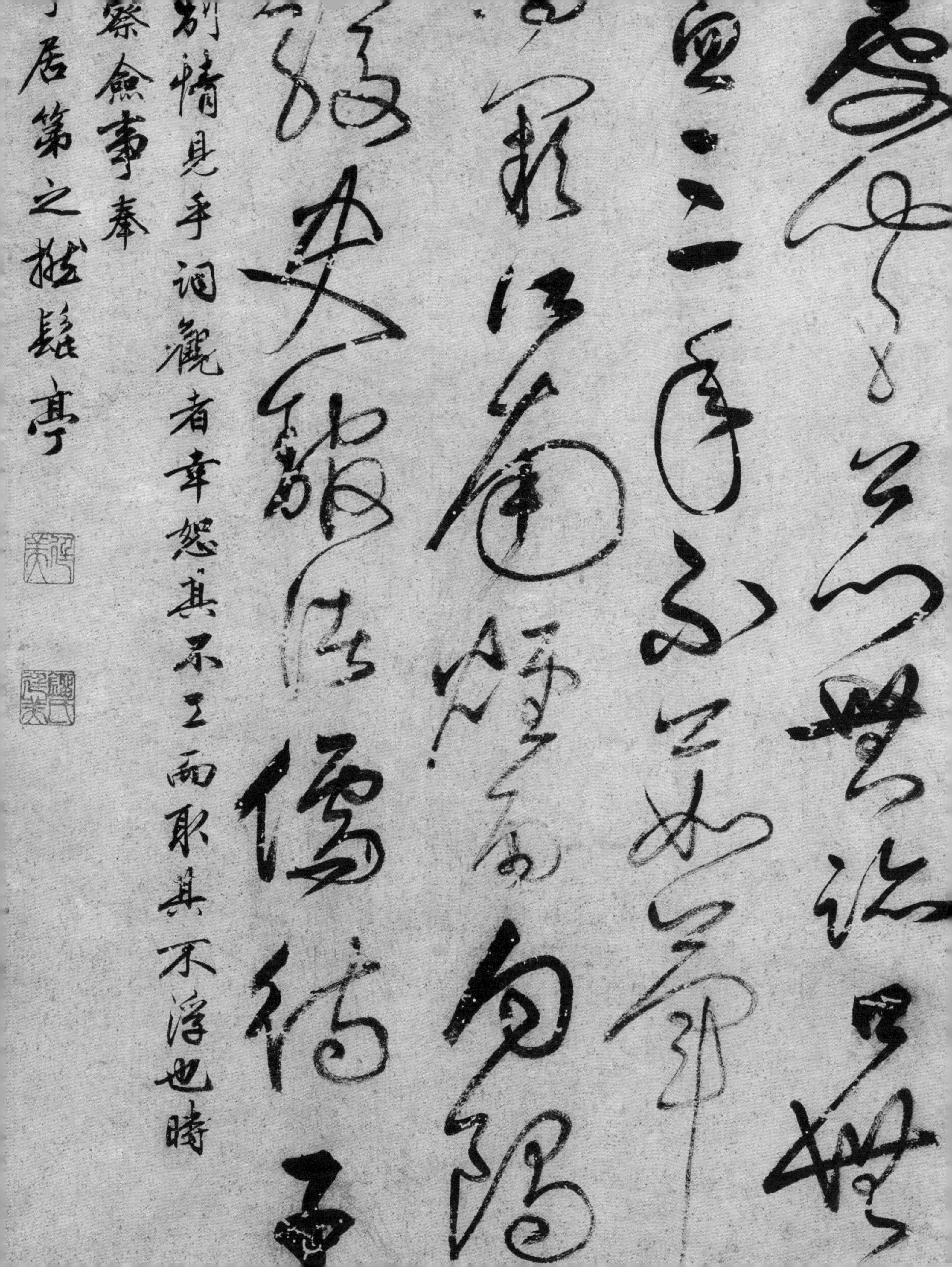

別情見乎詞觀者毋怨其不工而取其不浮也時
察僉事奉
居第之撚鬚亭

16.《聘庞图》轴

明·倪端

绢本 设色 纵 163.8 厘米 横 92.4 厘米

倪端（生卒年不详），字仲正，杭州人。宣德年间入画院。工书擅画，长于道释人物，兼工花卉，山水宗马远一派。

画作取材三国时期，荆州刺史刘表聘请隐士庞德公的故事。庞德公是名士庞统的叔父，与徐庶、诸葛亮等贤达交谊笃厚。人物描摹精细，设色妍丽，山水气势雄伟浑厚，林木郁茂清朗。

本幅款署："楚江倪端。"钤"金行画史"朱文印、"一师造化"朱文印。鉴藏印有："乾隆御览之宝"朱文印、"仲正书画"朱文印等。

（聂卉）

17.《仿董巨山水图》轴

明・沈周
纸本 墨笔 纵 163.4 厘米 横 37 厘米

沈周（1427～1509），字启南，号石田，晚号白石翁，长洲（今江苏苏州）人。父亲恒吉、伯父贞吉均擅画，他早年承受家学，兼师杜琼，后博学宋元诸家，自成一格。绘画上擅长山水、花鸟，尤以山水著称，有粗、细两种面貌。早年主宗王蒙，上追董、巨，以细笔为主；40 岁以后博取诸家，着意于黄公望，风格逐渐变粗，形成粗笔风貌；60 岁后汲取吴镇画法，笔墨疏简苍劲，格调雄健宏阔。其成熟时期的山水，笔墨既具有元人的含蓄萧散，又吸收了宋院体和明浙派的硬度和力感，于苍中带秀，刚中见柔。开创了明代中期的重要画派——“吴派”，与文徵明、唐寅、仇英并称“吴门四家”。

五代南唐董源、巨然的风格受到明代吴门画家的重视，成为他们效仿、取法的对象，根据左上画家自题，图中仿董巨的风格是受民度本人所请。该图在狭长的尺幅中作长林巨壑之景，近处有松石陂陀，中间有较大面积的湖水，水面上二人乘小舟垂钓，一座桥从画外延伸至山脚下的彼岸，桥上一文士策杖而行，岸上有茅亭屋舍。再往上山势连绵，景致层层深入，中间一条“S”形的山谷使两边的山峰在狭长的构图中并不显得拥挤。图中皴笔短促繁密，圆润松秀，用笔注重层层渲染，笔锋内敛，具有外柔内刚的特点。该图在构图、笔墨上受到董巨的影响，但是画家融合古人的笔意而有自己的特点，用笔苍润醇厚，此外策杖归来、舟上垂钓，也都是当时吴门文士生活的真实写照。

画面左上角画家自题曰：“岁晚天寒日，柴门客到时。吾家原有好，尊甫旧惟私。酒尽鸡鸣早，江空雁宿迟。明朝说归去，点烛夜题诗。是癸巳仲冬五日，民度至竹居，欲观予董巨墨法。民度少年博古，当所畏者，安能以不能辞。乃怆悼如此，复系诗一章，以为祖席谈柄。归呈尊甫，必有以教之。沈周。”下钤“启南”朱文印。画面下端有“松下”等鉴藏印五方。

该图系明成化九年（1473）沈周 47 岁时为友人民度所作。

（王中旭）

18.《渔乐图》卷

明 · 周臣
纸本 设色 纵 32 厘米 横 239 厘米

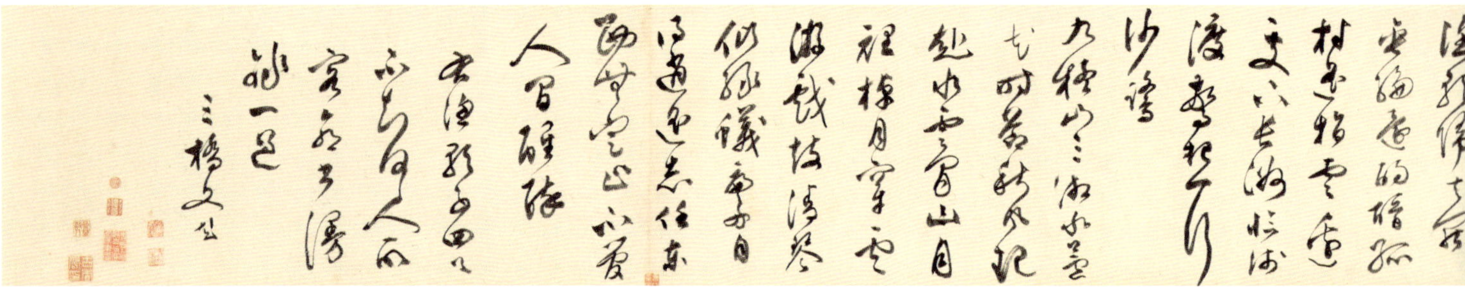

周臣（生卒年不详），字舜卿，号东村，吴县（今江苏苏州）人，活动于 15 世纪末至 16 世纪初。善画山水、人物、花鸟，主宗南宋李唐、马远等院体画法，并在创作中渗入了一些文人画的意境和情趣，笔墨纯熟劲峭，功力深厚，作品具有周密雄劲而又清旷秀美的格调，在画坛上独树一帜。唐寅、仇英均曾向其学画。

图绘江南水乡渔人作业生活的场景。作者细腻地捕捉渔人们各种动作，如扣鱼、撒网、垂钓、捞虾、织网等。刻画渔民率真自然的神态，表现他们淳朴的性情和一种于生计中寻找乐趣的生活态度，刻画入微，生动明快。绘画技法上，人物勾写敷色，衣纹用钉头鼠尾描，水画波纹，山石施以湿墨渲染，笔法灵动纯熟。

本幅作者款署：“东村周臣。”钤印“继”白文方印，王昶题跋：“清浦王昶藏于珠街里第晴翠楼，楼名盖钱塘山舟侍讲所书。”钤印“述”“庵”连珠朱文印。

引首文彭隶书“江乡渔乐”，钤印“文彭之印”朱文方印、“且快斋”白文方印。

尾纸文彭草书录五代李珣《渔歌子·》词，并跋：“右渔歌子四首，不知何人所客命书，漫录一道。三桥文彭。”钤印“文寿承氏”白文方印、“文彭之印”朱文方印。

鉴藏印有：“阳邑曹步郇鉴定印”白文长方印、“雨楼珍玩”白文方印、“贞和堂珍玩”朱文方印、“史西眉鉴赏图书”白文方印、“古香阁印”白文方印等。

（陶静）

江鄉漁樂

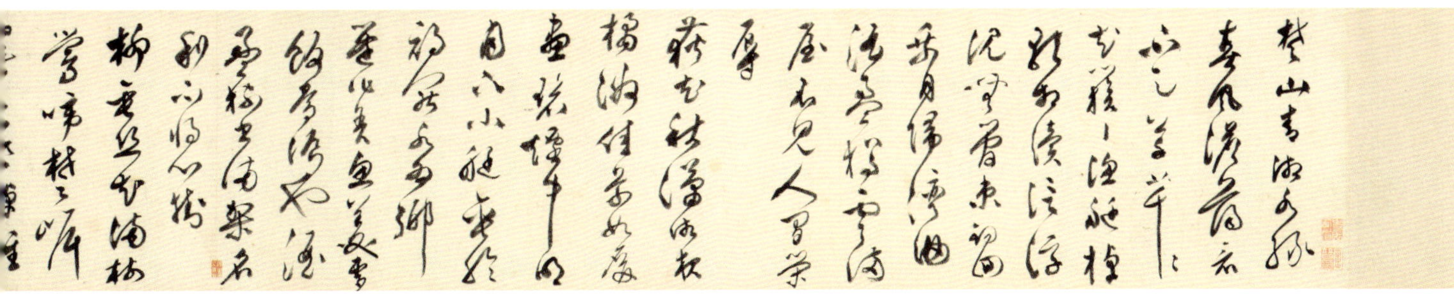

19.《岁朝佳兆图》轴

明・朱见深
纸本 设色 纵 59.7 厘米 横 35.5 厘米

朱见深 (1448～1487)，明英宗之子，庙号宪宗，建元成化（1465～1487）。长于诗文绘事，工画神像及山水小景，时作墨戏，以赐群臣。

画幅右上方有明宪宗朱见深御题："柏柿如意。一脉春回暖气随，风云万里值明时。画图今日来佳兆，如意年年百事宜。"

图中画钟馗，犀利的目光紧盯着飞来的蝙蝠，一手持如意，一手扶在小鬼的肩头；小鬼双手捧着盛有柿子和柏枝的托盘，寓意"百事如意"。

明代以前，悬挂钟馗像是年节时一项重要的风俗活动，用以驱鬼辟邪，至明清之交此风俗才渐渐移向端午，所以这幅《岁朝佳兆图》可以看作是一幅祈祥祝福的宫廷年画。此图作于成化十七年（1481），画法老练，衣纹的勾描顿错有力，人物的造型生动夸张，显示了这位皇帝画家的娴熟技能。

本幅款署："成化辛丑文华殿御笔。"钤"广运之宝"朱文印，另钤"石渠宝笈"朱文印、"御书房鉴藏宝"朱文印等清内府收藏印。

（聂卉）

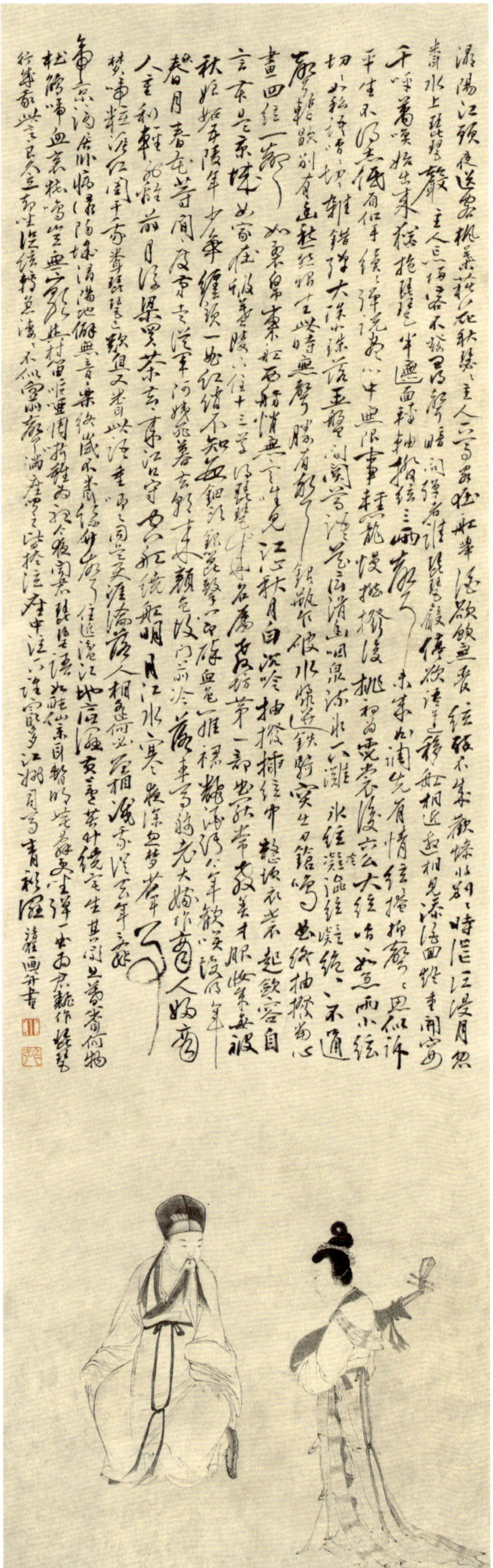

20.《琵琶行图》轴

明·郭诩

纸本 墨笔 纵 154 厘米 横 46.6 厘米

郭诩（1456～1532），字仁弘，号清狂道人等，江西泰和人。少习儒业，后专事诗画，长期浪迹江湖，绘画在当时和吴伟、杜堇、沈周齐名。弘治年间以擅画应诏至京，欲授以官职，卒谢却。郭诩的画题广泛，尤擅长山水人物，粗笔和工细兼具，其粗笔不近狂率，细笔不落纤媚，画风笔墨刚健，放中有收。郭诩作画，多有题诗，隽永有致，寓意纯正。

此图是根据《琵琶行》诗意创作的写意人物画，全图采用白描法，歌女侧身而立，头绾高髻，面容清秀而暗含忧伤。她怀抱琵琶，身着曳地长裙，体态窈窕俊美。诗人双手抚膝端坐于旁，神情专注地面向歌女，似乎在倾听歌女诉说其不幸的身世。画中人物均以细秀的线条描绘，比例合度，风格清新淡雅，毫无狂放之态。这虽然是郭诩比较工细的一种画法，但仍透出郭诩对简逸的追求。在情节叙述方面，《琵琶行》诗中所描写的陪衬人物环境一概省略，着意刻画两位主人公，并突出了“千呼万唤始出来，犹抱琵琶半遮面”时的情态，笔简而意完。上题诗的行草体，布势跌宕起伏，运笔迅急顿错，具有豪迈放逸的趣味，雄健、简易、挺秀等格调并存。

本幅书唐代著名诗人白居易《琵琶行》全文。款署：“清狂画并书。”钤“仁弘”朱方印，又一印模糊不辨。

（赵炳文）

21.《太极图》轴

明・吴伟
绢本 水墨 纵 138.6 厘米 横 81 厘米

吴伟（1459～1508），字士英，又字次翁，号小仙，江夏（今湖北武汉）人。幼岁开始绘画，17 岁至南京，受到公卿士大夫器重。曾两次入宫，被授以锦衣卫镇抚、锦衣百户等，御赐“画状元”印。然而性格放任，不愿受朝廷管束而寓居南京卖画为生。吴伟擅长山水、人物，山水承戴进衣钵，主宗南宋“院体”，更趋粗简放逸，也有融诸家之长的集大成面貌。人物画早年以工笔白描法为主，承北宋李公麟传统，后出现一路粗笔画法，呈水墨写意面貌，其源出自南宋马、夏和梁楷“减笔画”。他是继戴进之后的“浙派”大家，以粗劲纵横之笔，挥洒淋漓之墨，进一步发展了雄健豪放之画风，增强了绘画的力度和气势。“浙派”后学主要宗法吴伟，其画风盛极一时，在当时影响很大。

图绘一仙人立于树下，双手展太极图而观太极图呈一圆形，周围有墨晕散开象征万物之混沌状态，仙人脸上露出会心的微笑，表明了他对太极图的冥思和领悟。仙人头发稀少，顶微秃，微眯的双眼、宽厚的鼻头、上翘的嘴角和宽宽的下颌，都显得颇为诙谐、生动。

图中仙人面目刻画较为精细，衣纹以泼墨简笔涮出，裤脚、鞋履亦寥寥数笔，用笔迅疾，笔墨纵逸，是对南宋梁楷以来简笔人物画法的发展。背景树石注重侧笔挥洒，水墨晕染，吸收了南宋院画家马远、夏圭的笔意。画史记载吴伟好饮酒，性格放荡不羁，曾在皇帝前跪翻墨汁，信手涂抹作《松风图》。该图以树石为背景，构图简洁，狂草般的用笔，酣畅纵逸的涂抹，与画史中记载的吴伟的用笔特性相一致。

画面左下角画家自题曰：“小仙。”下钤“小仙吴伟”朱文印。该图曾被严嵩收藏，文嘉《钤书堂书画记》中有记载。

（王中旭）

22.《五律诗》轴

明·文徵明
纸本 行书 纵 131.5 厘米 横 63.5 厘米

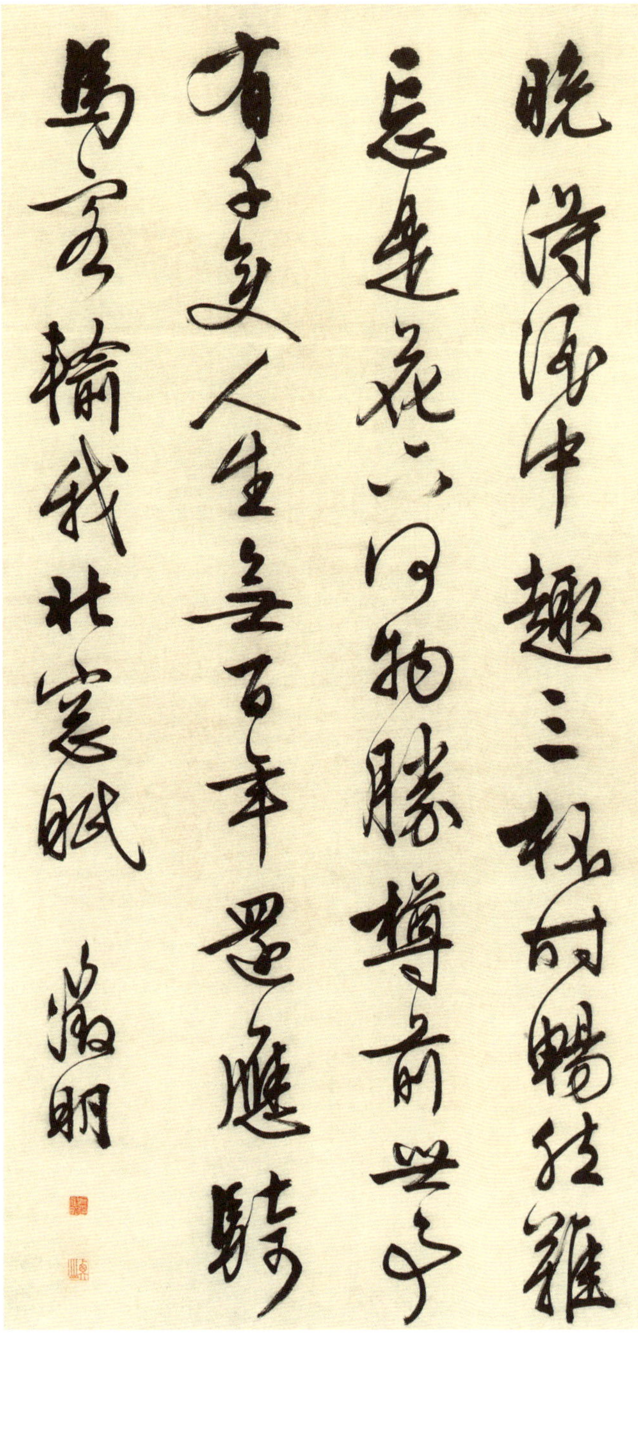

文徵明（1470～1559），原名壁，字徵明，后以字行，改字徵仲，长洲（今江苏省苏州）人。家世武弁，自祖父起始以文显，父文林曾任温州永嘉知县。他幼习经籍诗文，喜爱书画，文师吴宽，书法学李应祯，绘画宗沈周。少时即享才名。从弘治乙卯（1495）26 岁到嘉靖壬午（1522）53 岁，十次应举均落第，直至 54 岁才受荐以贡生进京，待诏翰林院。57 岁回归故里，潜心诗文书画。与祝允明、唐寅、徐祯卿并称“吴中四才子”。绘画上与沈周共创“吴派”，又与沈周、唐寅、仇英并称“吴门四家”。书法上与祝允明、王宠并誉为“吴中三家”。

本幅为自书七律《对酒》诗一首，见《甫田集》卷十二。此书从王羲之、赵孟頫笔意中融合变化，笔画平正婉和，清润端方，提按顿错明晰，使转灵活利落，流露出一种温文儒雅之气。

本幅款署：“徵明。”钤“文徵明印”白文印、“衡山”朱文印。

释文：晚得酒中趣，三杯时畅然。难忘是花下，何物胜樽前。世事有千变，人生无百年。还应骑马客，输我北窗眠。
徵明。

（李艳霞）

得酒中趣三杯可
莲花六何物胜樽
于更人生三百年要
更输我壮怀贼以

23.《茶具十咏图》轴

明・文徵明
纸本 墨笔 纵 136.1 厘米 横 26.8 厘米

文徵明的绘画兼善山水、兰竹、人物、花卉诸科，尤精山水。早年师事沈周，后致力于赵孟頫、王蒙、吴镇三家，自成一格。画风呈粗、细两种面貌。粗笔源自沈周、吴镇，兼取赵孟頫古木竹石法，笔墨苍劲淋漓，又带干笔皴擦和书法飞白，于粗简中见层次和韵味；细笔取法赵孟頫、王蒙，布景繁密，较少空间纵深，造型规整，时见棱角和变形，用笔细密，稍带生涩，于精熟中见稚拙。设色多青绿重彩，间施浅绛，于鲜丽中见清雅。这路细笔山水属本色画，奠定了“吴派”的基本特色。文徵明是继沈周之后的吴门画派领袖，门人、弟子众多，形成当时吴门地区最大的绘画流派。

图绘青山之下，郁树成荫，两间茅屋在藩篱之内，主人趺坐在室内，书、壶伴其左右，另一间伺茶的童子正在煮水。从款署中得知，明嘉靖十三年的谷雨前三天，苏州的天池、虎丘等地正举行茶叶品评盛会，作者因病未能参加。他的好友捎来几种好茶，于是令小童汲泉吹火煮茶，自己斟饮并品评起茶叶的品质次序，从中感到一种闲趣。偶然想到唐代诗人皮日休《茶中杂咏・茶具》、陆龟蒙《和茶具十咏》诗，不免缅怀他们的唱和雅趣，诗兴所至也追和了十首，悠思先贤同道之好，隐逸之心，欣然神往。画面构图充盈，横狭而纵高，突出主题又引发深邃的遐思。笔法细劲，用墨澹雅，蕴藉浓郁的文人儒雅气质。

本幅上方自题“茶具十咏”五言律诗十首，分别是茶坞、茶人、茶笋、茶籝、茶舍、茶灶、茶焙、茶鼎、茶瓯、煮茶。后款署：“嘉靖十三年岁在甲午，谷雨前三日，天池、虎丘茶事最盛，余方抱疾偃息一室，弗能往与好事者同为品试之会。佳友念我走惠二三种，乃汲泉吹火烹啜之，辄自第其高下，以适其幽闲之趣，偶忆唐贤皮陆辈‘茶具十咏’，因追次焉，非敢窃附于二贤后，聊以寄一时之兴耳。漫为小图，遂录其上。衡山文徵明识。”钤印“徵”“明”朱方连珠印。嘉靖十三年，即甲午年（1534），文徵明时年 65 岁。右下钤印“徵仲父印”白文方印、“衡山”朱文方印。

鉴藏印有：孙煜峰“弘一斋书画记”朱文长方印、“孙煜峰珍藏印”朱文长方印，“张珩私印”白文方印。

（陶静）

24.《王蜀宫妓图》轴

明・唐寅
绢本 设色 纵 124.7 厘米 横 63.6 厘米

唐寅（1470～1523），字伯虎，一字子畏，号六如居士，吴县（今江苏苏州）人。出身商人家庭，29 岁得中应天府（今南京）第一名“解元”，30 岁赴京会试，却受考场舞弊案牵连，此后弃举业，以卖画为生。其绘画擅长山水、人物、花鸟各科。画法早年受沈周、文徵明影响，30 多岁时拜周臣为师，后泛学宋元诸家，自成一体。山水画有粗、细两种风格：粗笔一路源自周臣，仿学南宋“院体”，然于刚劲雄健中别具清俊秀逸之韵；细笔画属其本色，更多文人画笔意，景色简约清朗，风格奇峭而又秀润。人物画造诣也很深厚，兼善工笔重彩、工笔淡彩、白描、水墨写意诸法，形神俱备。唐寅绘画上与沈周、文徵明、仇英并称“吴门四家”，诗文上亦富有成就，与祝允明、文徵明、徐祯卿并称“江南四才子”。有《六如居士集》传世。

此图原名《孟蜀宫妓图》，俗称《四美图》，由明末汪砢玉《珊瑚网・画录》最早定名，一直被沿用。近经专文考证，此图描绘的应是五代前蜀后主王衍的后宫故事，所以改为《王蜀宫妓图》。

本幅为敷施重彩的工笔人物画，刻画宫妓明眸、皓齿、红颜、粉颊的形象，线条劲细，敷色妍丽，气象高华。画家以“三白法”染仕女的面部，突出了宫女的浓妆艳抹，她们头戴金莲花冠，身着云霞彩饰的道衣，面施胭脂，体貌丰润中不失娟秀，情态端庄而又娇媚。衣纹用细劲流畅的铁线描，服饰施以浓艳的色彩，显得绮罗绚烂，把宫妓们竞相装扮、斗绿争绯的情态刻画得生动入微。画作既吸收了张萱、周昉创造的“唐妆”仕女造型特色，又体现出明代追求清秀娟美的审美风尚，不愧为唐寅仕女画的优秀之作。

本幅自题：“莲花冠子道人衣，日侍君王宴紫微。花柳不知人已去，年年斗绿与争绯。蜀后主每于宫中裹小巾，命宫妓衣道衣，冠莲花冠，日寻花柳以侍酣宴。蜀之谣已溢耳矣，而主之不挹注之，竟至滥觞。俾后想摇头之令，不无扼腕。唐寅。”钤“唐寅”朱文印、“南京解元”朱文印。

（赵炳文）

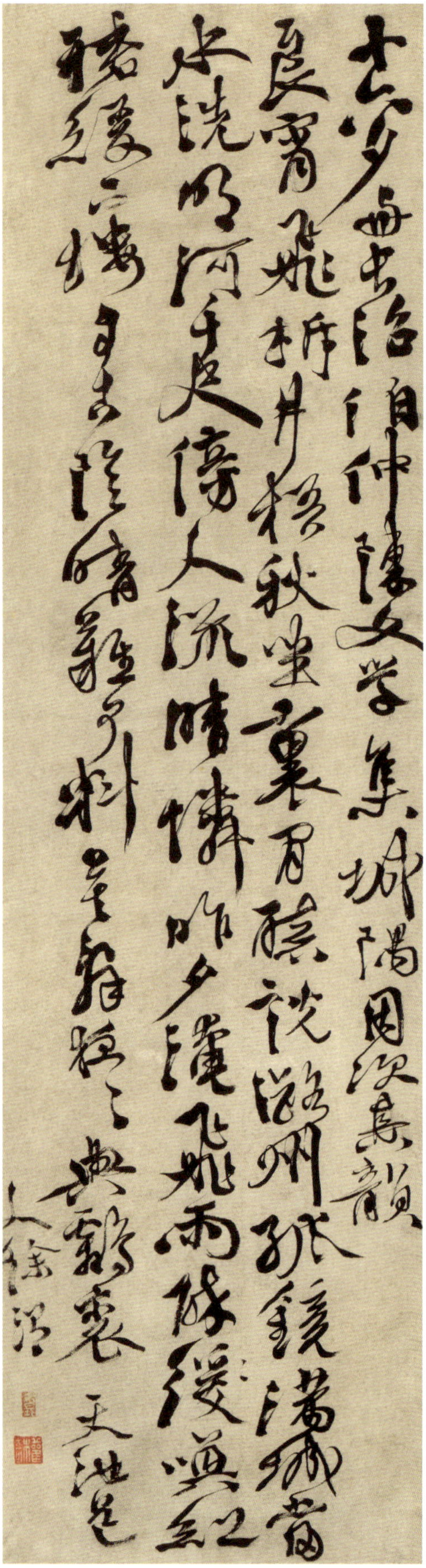

25.《七律诗》轴

明・徐渭
纸本 行书 纵 125.5 厘米 横 33.5 厘米

徐渭（1521～1593），初字文清，改字文长，号天池山人、青藤道士等，山阴（今浙江绍兴）人。他在中国绘画史上是一位多才多艺的奇人，在诗文、书画、戏剧创作方面都造诣精深。其书法取苏轼、米芾笔意而自成一格，字体奔放，一如其人。在水墨大写意花卉方面继承梁楷、林良、沈周诸家写意花鸟画的风格，运笔放纵豪爽，施墨淋漓大胆，不求形似求生韵。在大写意绘画上以卓越的成就与陈道復并称"青藤、白阳"，对清代"扬州八怪"及近现代写意花鸟画的发展产生了深远的影响。著有《会稽县志》《笔玄要旨》《徐文长全集》。

本幅为自书七律《十六日霁集城隅》诗一首，见于《徐文长三集》卷七，个别字句与诗集有出入。

徐渭的书法笔意恣肆，沉着奔放，气势雄浑，深受书林所称赞，他的同乡好友陶望龄《徐文长传》记载说："渭善行草书，尤精奇伟杰"。此书用笔虽不比草书奔放连绵，但却比楷书流畅自如，字形变化多样，或横斜、或倚侧，皆随意为之，毫不矫揉造作，故有浑朴天成之趣。

本幅款署："天池道人徐渭。"钤"文长""權奇" 白文印两方。

释文：十六夕与长治伯仲陈父学集城隅，因次其韵。良宵飞柝月梧秋，坐里闲听说潞州。孤镜满城当水洗，明河千尺傍人流。晴怜昨夕淹飞雨，醉缓（此字点去）唤红裙缓下楼。自古阴晴难可料，莫辞夜夜典鹬裘。天池道人徐渭。

（李艳霞）

汴陽文學集城
移秋生熏看
傳人流清伴
瓊有爭練樹

26.《兰竹水仙图》轴

明 · 马守真
纸本 墨笔 纵 85.3 横 47.2 厘米

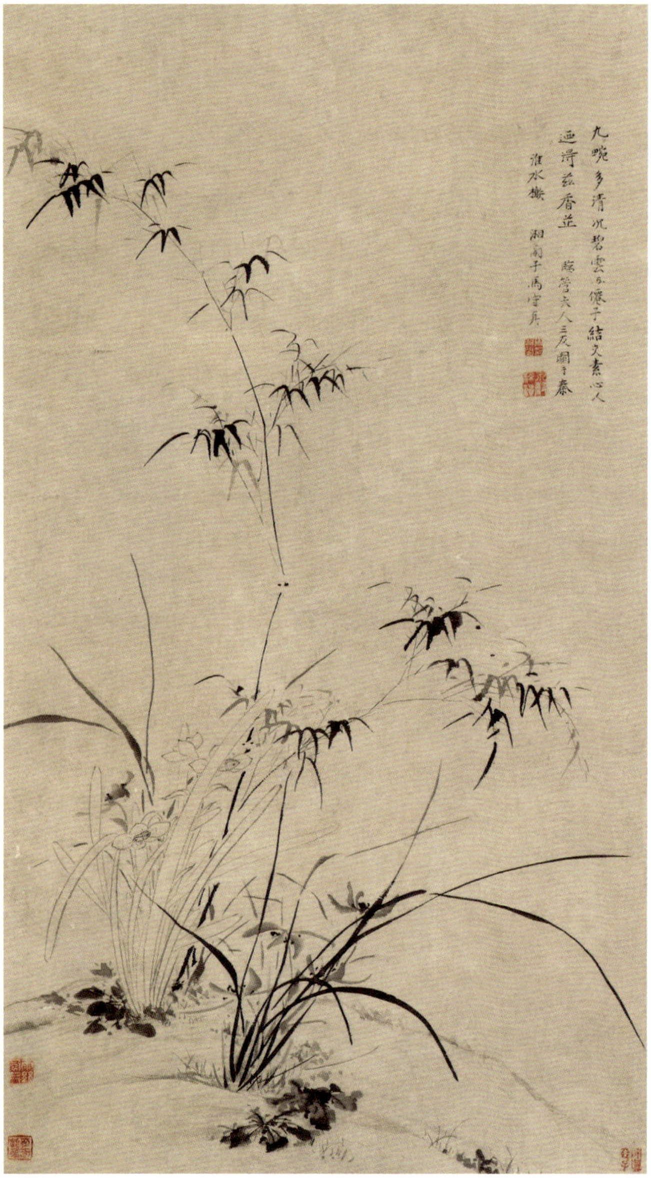

马守真（1548～1604），小字玄儿，又字月娇，号湘兰，金陵（今江苏南京）人。江南地区妓女画家。聪颖机敏，轻财重义，能诗擅画，尤长于画兰花、竹石等文人喜好的题材。

此幅作者以娴熟的笔墨，勾画出清风吹拂下，兰、竹摇曳的形貌。兰、竹是妓女画家们最热衷描绘的题材，一来，兰、竹与松、梅被历代文人赞美为画中的“四君子”，通过表现有君子风范的兰竹，可以标示出画家自身的高洁情怀；二来，兰的清幽、竹的虚静也都便于映衬出妓女们的某种特殊心态；第三，也是最为关键的一点，即绘画作为文人雅士与妓家间交流的一项文化内容，兰竹形象简单，创作时所需的时间较短，纵情涂抹三二枝，便可形完气足，从而以助一时之兴。故此在明代涌现出众多以善绘兰竹闻名的妓女画家，马守真是其中的佼佼者。马守真以画兰之精、画兰之专而扬名江南，因此自号“湘兰”。

马守真在兰竹创作上，不重视对兰竹外在形态的细致刻画，而重在写出兰竹的内涵精神，聊以抒发心中之逸气。因此，她从用笔、施墨到构图都极其随意，但内藏机巧不失韵味。她笔下的兰、竹所具飘逸野趣的拔俗之气，不同于文俶等闺秀画家精工细描的庭院环境中的闲花静草。它与男性文人画家尤其是“吴门画派”中文徵明等人的花卉艺术有更多的相近之处，反映了妓家对男性文人画家的迎合性及师承性。

本幅自题：“九畹多清况，碧云与仙子。结交素心人，迺得兹香芷。临管夫人三友图于秦淮水榭，湘兰子马守真。”钤“马湘兰印”“泉声松韵”白文印二方及“守真玄玄子”朱文方印。

（李湜）

文素心人
圖于泰

27.《红拂图》轴

明 · 尤求
纸本 墨笔 纵 113 厘米 横 46 厘米

尤求（生卒年不详），字子求，号凤丘（一作凤山），长洲人（今苏州）人，后移居太仓，约活动于明嘉靖至万历年间（约16世纪末至17世纪初）。尤求出身低微，长期以卖画为生，因画技高超，与当时苏州文坛名士王世贞兄弟、张凤冀、周天球等多有交往。工山水，兼人物仕女，尤精白描。画法远学宋代刘松年和元代钱选，近学仇英，画风工细透逸。红拂，是唐代传奇《虬髯客传》中的人物，原名张出尘，是隋末大贵族杨素的侍女，因手持红拂而出名。唐初历任兵部尚书的李靖，当时任马邑都丞。他曾以布衣的身份求见杨素，红拂见他抱负不凡，十分仰慕，夜间扮男装与李靖私奔并结为夫妇，后辅李靖建功立业。这一美人慧眼识英雄的故事，后广为流传。画中所描绘的就是李靖拜见杨素的场面。画中人物众多，神态各异。人物用白描法，线条流畅，仕女体态优美，生动传神。

本幅款署："万历乙亥夏日写长洲尤求。"钤"吴人尤求"白文印、"凤山"朱文印。

"乙亥"为明万历三年（1575）。

（袁杰）

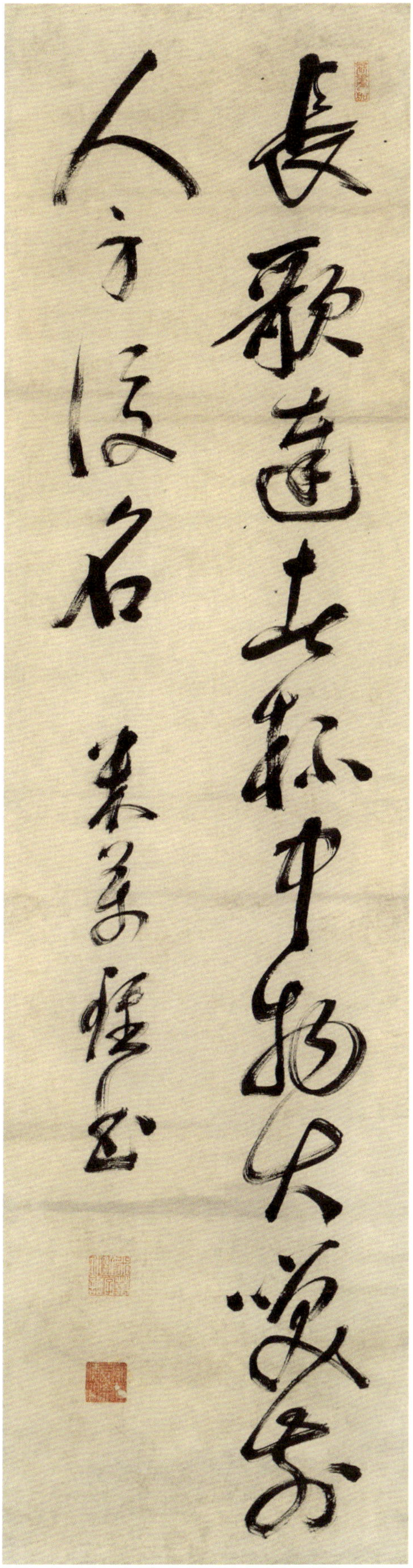

29.《七言句》轴

明 · 米万钟
纸本 行书 纵 166.8 厘米 横 42.8 厘米

米万钟（1570～1628），字仲诏，号友石，又号海淀渔长、石隐庵居士，原籍陕西安化，后当锦衣卫，居北京，米芾后裔。明万历二十三年（1595）进士，后任江西按察使。天启五年（1625）被魏忠贤党人倪文焕弹劾，降罪削籍。崇祯元年（1628）复官，仕至太仆少卿，卒于官。有好石之癖，又能画石。善画山水、花竹。书法行、草得家法，与董其昌齐名，称“南董北米”。书迹流传甚多。著《篆隶考讹》二卷。

明朱谋垔《书史会要续编》评价米氏书法曰：“万钟行草得南宫家法。”“南宫”即米芾。此轴书法既有南宫书意，而盘曲纡回、沉着飞翥、以纵取势的笔态又形成了自己独特的风格。书中用笔劲健丰润，提按轻重分明，三字连贯而成，笔法精熟，颇有意韵。

本幅款署：“米万钟书。”钤“米万钟字仲诏”、“家在西山北海间”白文印两方，引首钤“书画船”朱文印。

释文：长歌达者杯中物，大笑前人身后名。米万钟书。

（傅红展）

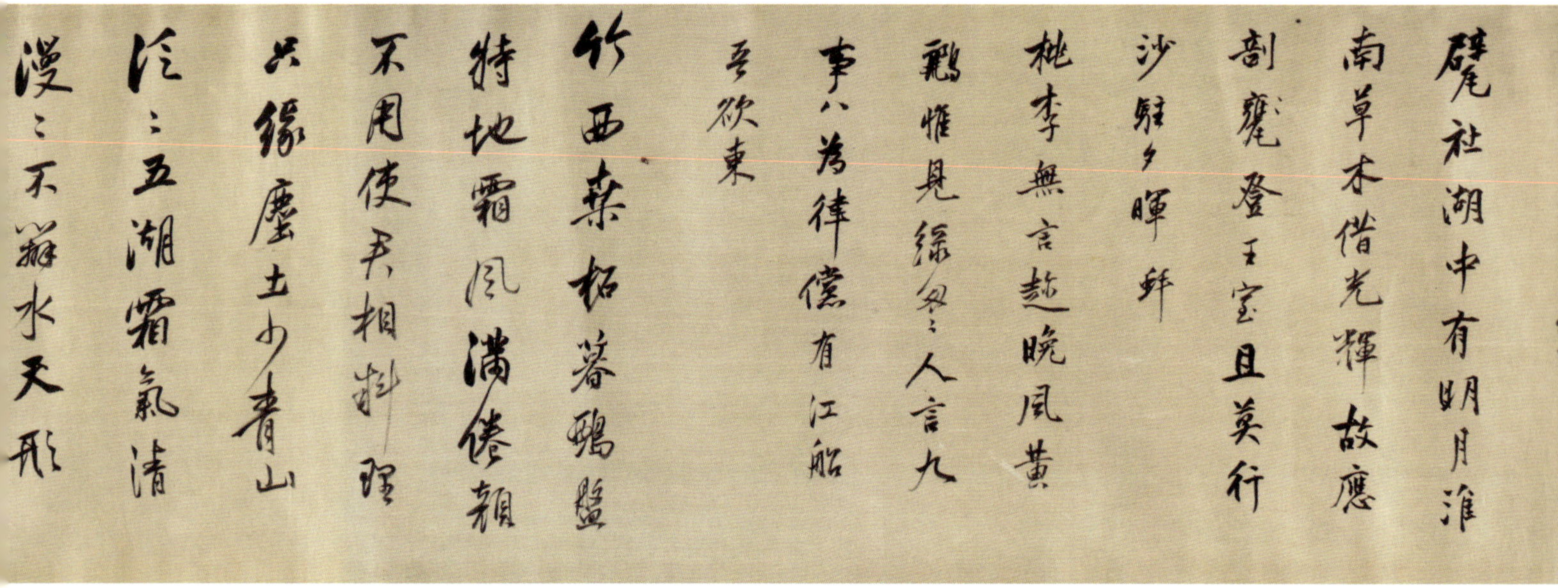

本幅款署：“思翁。”钤“董其昌印”白文印。
鉴藏印有：“隅庵”朱文印、“梅鈛之印”白文印、“用和”朱文印、“李国松藏”白文印、“高邕仁和”朱文印、“梅鈛”白文印、“隅庵”朱文印、“孟履珍藏”朱文印、“董氏家藏”朱文印。

释文：

苏、黄、米、蔡。

天际乌云含雨重，楼头红日照山明。
嵩阳居士今何在，青眼看人万里情。
绰约新愁生眼底，侵寻旧事上眉尖。
问君别后愁多少，得似春潮夜夜添。
陇上巢空岁月惊，忍看回首自梳翎。
开笼若放雪衣女，长念观音般若经。
甓社湖中有明月，淮南草木借光辉。
故应剖蚌登王室，且莫行沙驻夕晖。

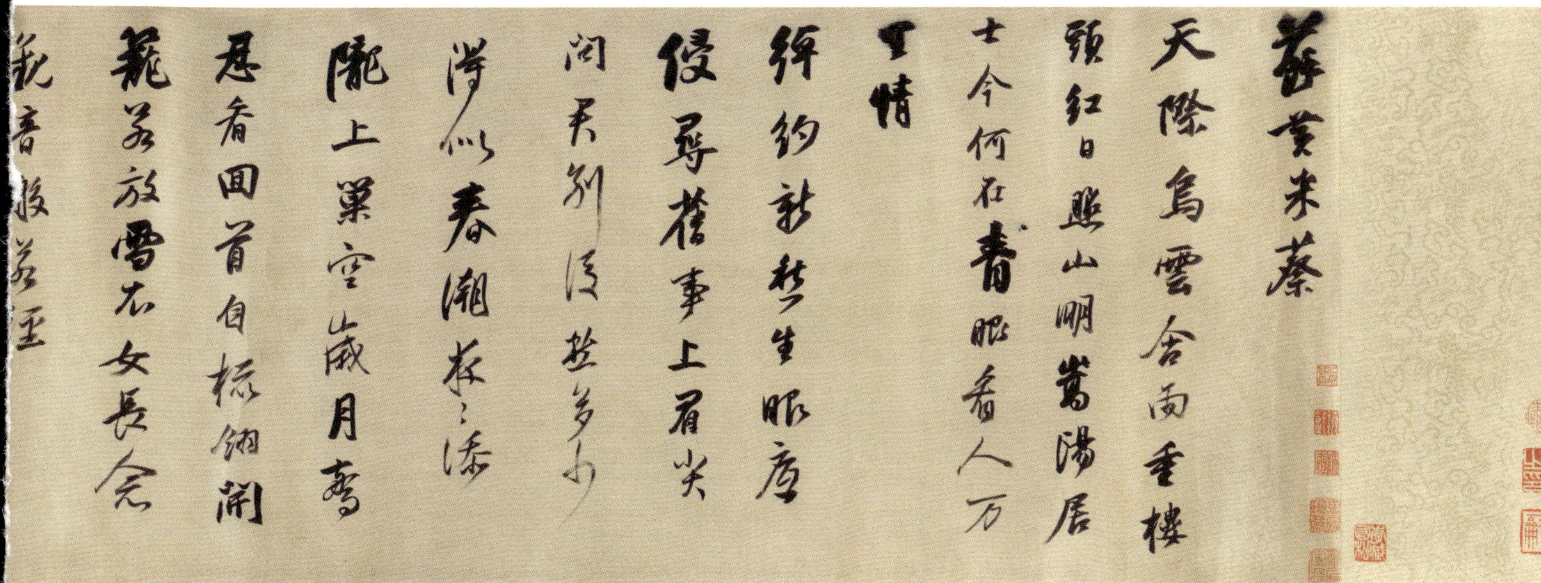

桃李无言趁晚风，黄鹂惟见绿匆匆。
人言九事八为律，傥有江船吾欲东。
竹西桑柘暮鸦盘，特地霜风满倦颜。
不用使君相料理，只缘尘土少青山。
泛泛五湖霜气清，漫漫不辨水天形。
何须织女支机石，且趁嫦娥称客星。
断云一片洞庭帆，玉破鲈鱼霜破柑。
好作新诗继桑苎，垂虹秋色满东南。
欲寻阑槛倒芳樽，江上烟云向晚昏。
须唤春风吹散雨，明朝却待入花园。
花未全开月未圆，看花待月思依然。
明知花月无情物，若使多情更可怜。
四家书以苏米为熟境，
黄蔡非串习者想当近似耳。

（李艳霞）

甓社湖中有明月淮
南草木借光輝故應
剖蚌登王室且莫行
沙蛙夕暉蚌

竹西葉梧暮鴉盤
特地霜風滿儂顏
不用使君相料理
只緣塵土少青山

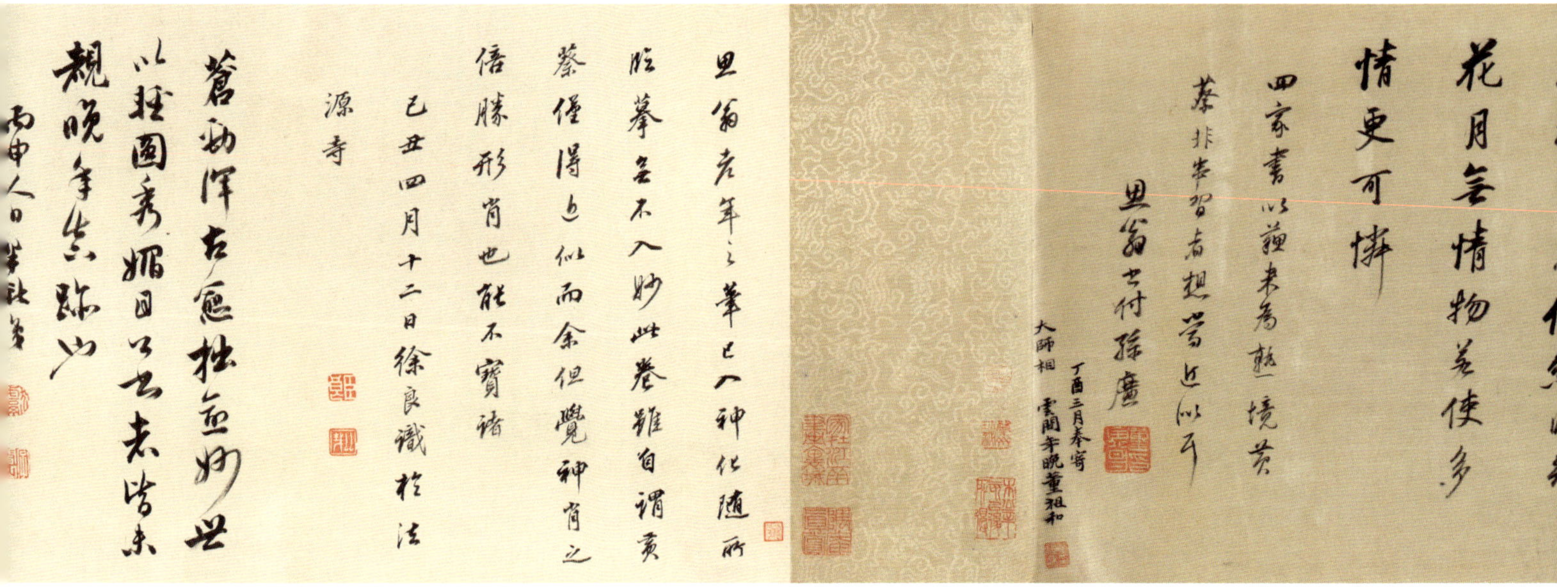
花月無情物若使多
情更可憐
四家書以蘇米為趙一境黄
蔡非學習者想當近似耳
思翁書付孫廬
思翁老年之筆已入神化隨所
欲摹書不入妙此卷雖自謂黄
蔡僅得近似而余但覺神肖之
倍勝形肖也能不寶諸
己丑四月十二日徐良識於法
源寺
蒼勁渾古愈拙愈妙世
以雅圓秀媚目之者未
觀晚年書跡也

28.《临宋四家书》卷

明・董其昌
绫本 行书 纵 29.3 厘米 横 258.7 厘米

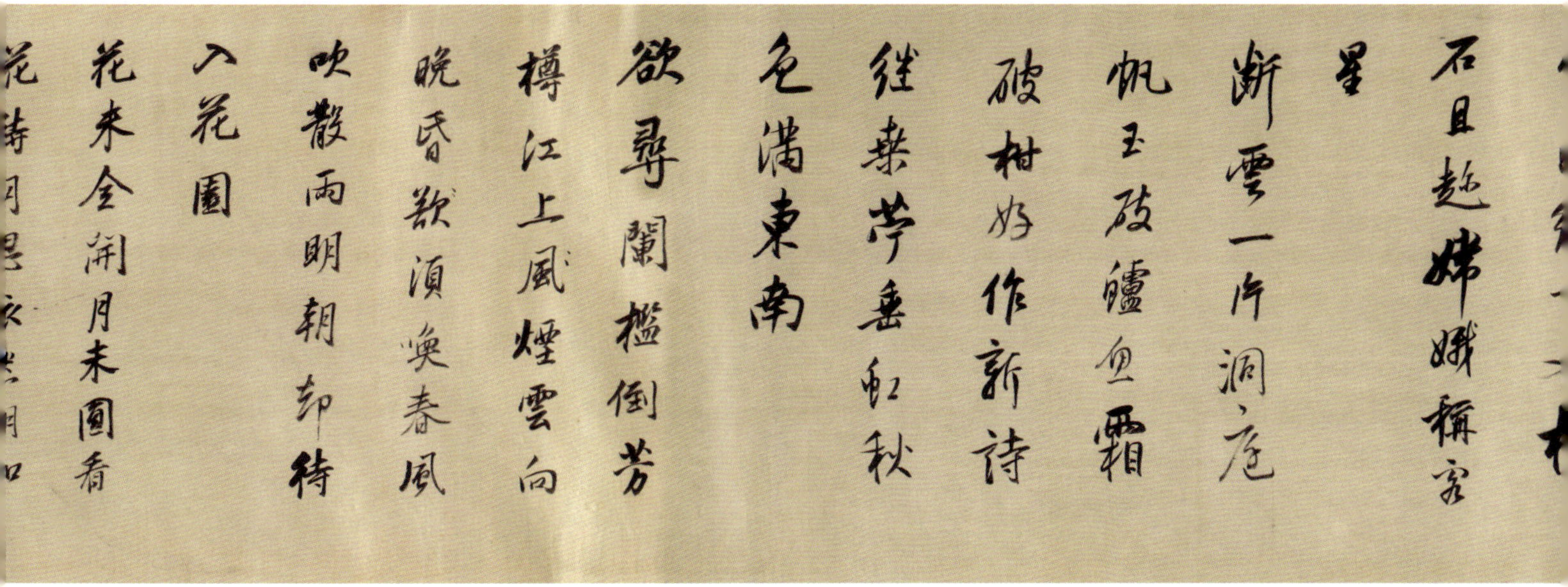

董其昌（1555～1636），字玄宰，号思白，又号香光居士，华亭（今上海松江）人。明万历十六年（1588）进士，官至礼部尚书，卒谥文敏。精于书画鉴赏，收藏很多名家作品，在书画理论方面论著颇多，其“南北宗”的画论对晚明以后的画坛影响深远。工书法，自谓于率易中得之，对后世书法影响很大。其书画创作讲求追摹古人，但并不泥古不化，在笔墨的运用上追求先熟后生的效果，拙中带秀，体现出文人创作中平淡天真的个性。加之他当时显赫的政治地位，其书画风格名重当世，并成为清代艺坛的主流。著有《画禅室随笔》《容台集》《画旨》等文集。

此卷为董其昌临书七言诗十首，其中包括蔡襄、黄庭坚、米芾、张旭、周韵等。董在尾纸虽提及临苏、黄、米、蔡，但从书法特点及其面貌观察，临某一家书体特征并不明显，这正是董其昌书法创新的一面，他曾云：“临书先具天骨，然后传古人之神，太似不得，不似又不得。”此卷苍劲浑古，奇趣横生，为董其昌晚年作品。

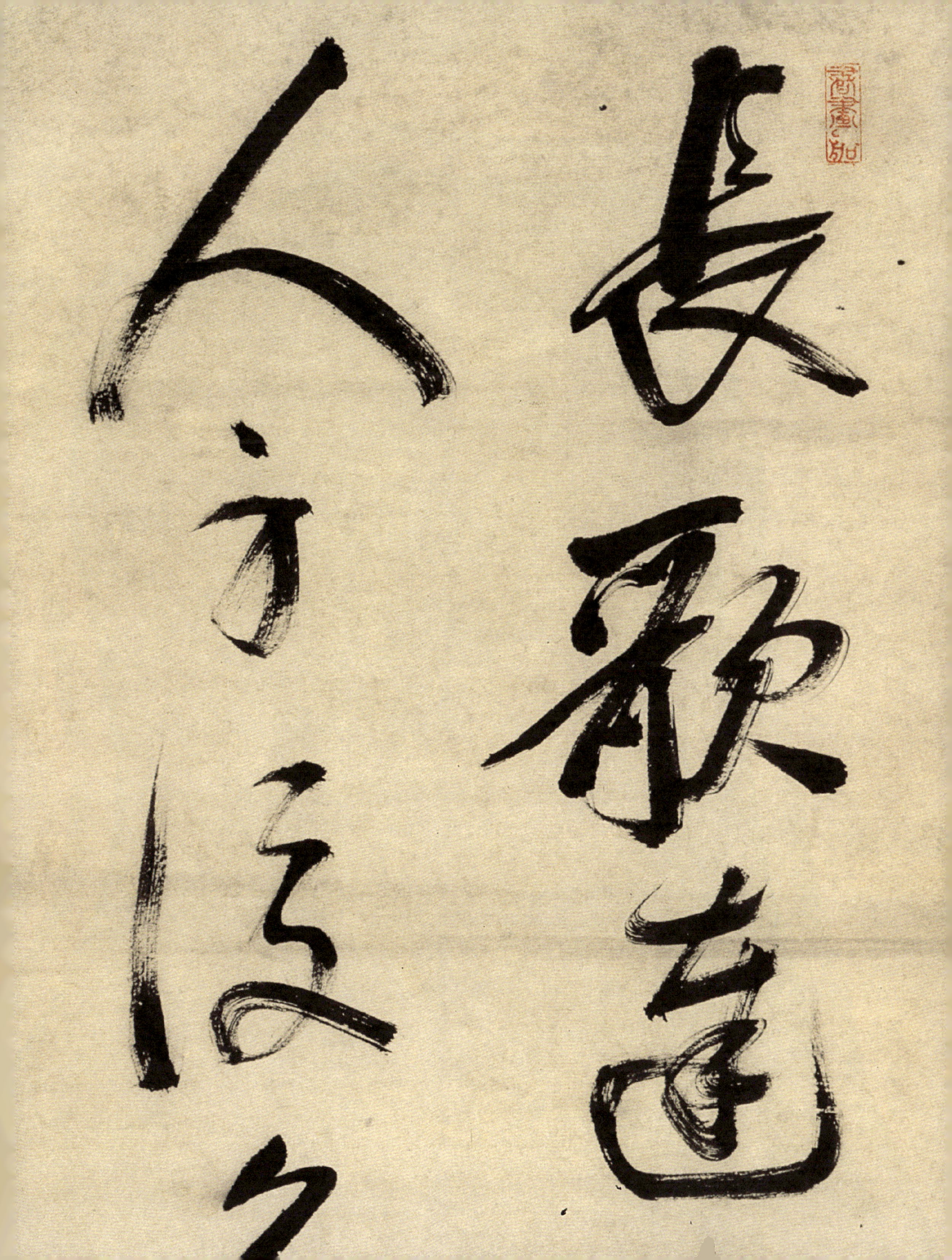
長歌

30.《檀园墨戏图》轴

明·李流芳
绫本 墨笔 纵 129 厘米 横 57.5 厘米

李流芳（1575～1629），字茂宰，又字长蘅，号檀园，又号香海等，歙县（今安徽歙县）人，侨居嘉定（今属上海）。万历三十四年（1606）举人。精绘事，为画中九友之一，擅山水，好吴镇画法，其写生亦有别趣，出入宋、元，逸气飞动。工诗，擅书法、篆刻，著有《檀园集》《西湖卧游园题跋》等。

本幅近景画空亭嘉木，溪岸渚石，远景为峰峦重叠，林木苍郁，笔法多变，墨气淋漓，意境清旷。近景的布局和树木的画法主要仿自倪瓒，只是笔墨远比倪瓒湿润，树干用意笔勾出，树叶用笔率意点写，笔法含蓄内敛。山石运用或平行或交叉的披麻皴绘画，用笔苍劲迅疾，并以饱含水分的淡墨晕染，颇得吴镇笔墨之神韵。

本幅款识："丁卯秋日画于檀园之缘率斋。"钤"李仲正印"白文印、"长蘅"白文印。本幅左上吴伟业题记："长蘅学梅道人墨沈淋漓如山雨欲来，苍翠欲滴，所谓得意合作也。丙子观于梅花庵中。吴伟业。"钤"吴伟业印"白文印、"骏公"朱文印，另有鉴藏印两方。

"丁卯"为明天启七年（1627），作者时年 53 岁。

（张震）

31.《花卉图》册

明・文俶
纸本 设色 八开选六开 纵 27.8 厘米 横 42.8 厘米

文俶（1595～1634，一作 1594～1634），字端容，长洲（今苏州）人，文徵明之玄孙女，嫁赵宧光之子赵灵均。性聪慧，所画花卉草虫皆工整精细，擅没骨晕染，鲜妍生动，亦画苍松怪石，笔法老劲。其花鸟画在闺阁画家中有着较大的影响，成为她们师法的对象。

册计八开，分别描绘海棠、石竹、野菊、剑兰等花卉，或为折枝，或衬以湖石、粉蝶，注意相互间在构图上的差异，在经营位置上体现出一定的匠心。图中花卉的枝、叶、花瓣多用没骨晕染，不勾勒外轮廓，叶、花瓣内用细线勾其筋脉，注重色彩的精细晕染，色泽鲜丽、雅致。同时画家注意根据描绘对象的不同选择不同的表现技法，如剑兰图中的叶、花瓣皆以细劲的线条勾勒。图中湖石也以没骨法表现，先用淡墨晕染，再用较湿的浓墨提醒其结构，最后用枯墨在外轮廓处略加勾勒。文俶虽然在画风上偏于精雅

谨细，但是画中的注重设色的画法和清逸秀雅的格调，却是源自文徵明。册页后有刘之泗跋文。

末开剑兰图中有画家自题曰："辛未十又二月，天水赵氏文俶画。"下钤"文俶"朱文印、"端容"朱文印。另有钤"昌伯所得"朱文印、"聚学轩物"白文印、"刘之泗"白文印、"公鲁"朱文印、"兰仪玉度"朱文等鉴藏印。

"辛未"为明崇祯四年（1631），画家时年 37 岁。

（王中旭）

辛未十又二月天水趙氏文俶畫

32.《普贤像》轴

明・吴彬
纸本 设色 纵 127.5 厘米 横 66.2 厘米

吴彬（生卒年不详），约活跃在 16 世纪后期～ 17 世纪前期，字文中，号枝隐头陀，福建莆田人。明万历中曾官工部主事，为明末变形主义绘画大家。其人物、佛像吸收了五代贯休的画法，奇形怪态，或粗劲厚重，或秀雅绵密；山水师法自然而大胆加以夸张变形，常画仙山异境，笔法精整，画风奇特，独具一格。

图绘普贤大士结跏趺坐于白象背上与弟子说法时的情形。图中普贤头披红巾，内系白色僧衣，外披红色袈裟，双手持一短柄锡杖，头微向右下低垂，与其右下站立的弟子形成交流。普贤周侧围绕五弟子，皆为立姿，分别着不同样式、颜色的袈裟，手持不同的物品。普贤右下弟子内着青色广袖僧衣，外披袒右式红色袈裟，手持梵夹，应该表示的是向普贤请教经文中的要义；普贤身后右侧立二弟子，一着白色交领僧衣，手捧圆钵；一着粉色圆领僧衣，手执锡杖；普贤左后弟子内着粉色圆领僧衣，外披袒右式袈裟，怀抱三足凭几；普贤左前弟子着红色交领僧衣，正俯首向一做工精细、考究的青铜台座上插花。背景中斜出的树木，盛开的花朵也都刻画地很细致。

普贤骑象的典故见于《妙法莲华经・普贤劝发品》，南北朝以来普贤骑象的图像一直都很流行，在唐朝形成以骑象普贤为中心，周侧围绕菩萨天女、帝释天、天龙八部等侍从的稳定的图像样式，即《普贤并侍从图》。与之前的图像样式不同，该图中白象温顺地趴在地上，普贤着僧装，周侧围绕的全是弟子，系明末衍生出来的新的图像样式。

本幅左下画家自题："壬寅孟冬枝隐庵头陀吴彬斋心拜写。"钤"枝隐庵头陀"朱文印、"文中氏"朱文印。

"壬寅"为明万历三十年（1602）。

（王中旭）

33.《仙人村坞图》轴

明·杨文骢
纸本 墨笔 纵 131.8 厘米 横 51.2 厘米

杨文骢（1579～1649），字龙友。贵阳人，流寓金陵（今南京）。官至兵部郎，能诗擅画，博学好古，为“画中九友”之一，善画山水，清雅超俗，时人评曰：“有一种士气，众莫能到。”著有《洵美堂集》等。

图绘深山幽居之景，危峰断崖，坡岸嘉木，江边亭轩，水泊空旷，远渚几处，高士面江而坐，若有所思。此作主要用干笔淡墨，山石轮廓以清劲之笔勾轮廓，树石主体以干笔多次皴擦，奠定了全幅清逸幽远的基调。右上的题诗与本幅的“L”形构图呼应，秀逸的书法与画作巧妙地融为一体。此作意境超尘绝俗，笔墨隽秀高雅，无怪乎董其昌评其山水曰：“有宋人之骨力去其结，有元人之风雅去其佻。”

作者自识：“仙山村坞锦为屏，鸡犬云中户自扃。烟火红尘俱不著，长斋绣佛礼黄庭。壬午春仲画于瓯江之轻顺阁中。杨文骢。”钤“杨文骢印”朱文印、“龙友”朱文印。另有“希逸”白文等鉴藏印四方。

“壬午”为明崇祯十五年（1642），作者时年 64 岁。

（张震）

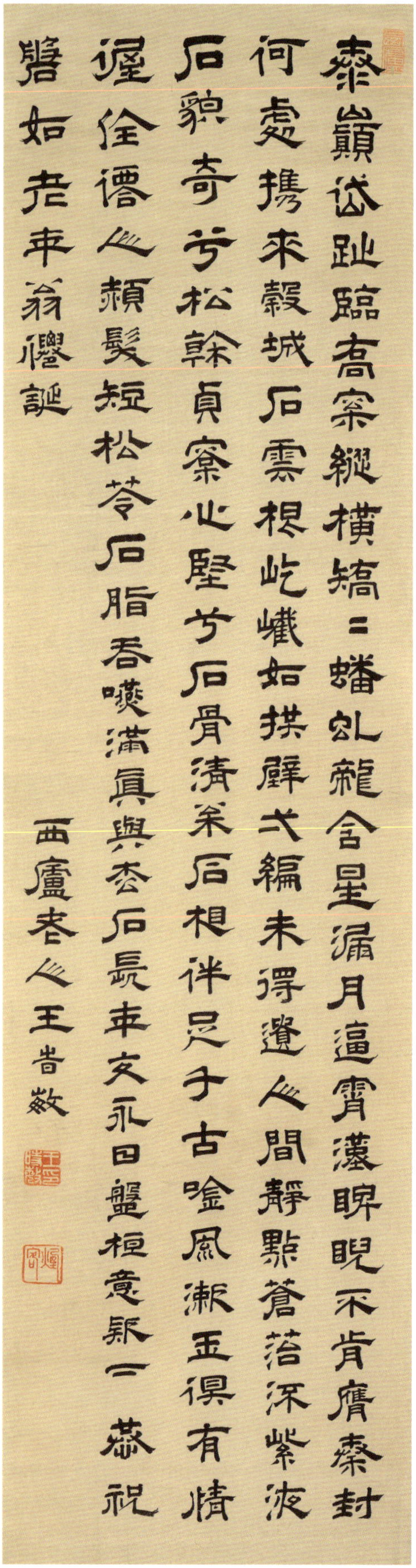

34.《七言诗》轴

清 · 王时敏
绫本 隶书 纵 193.4 厘米 横 49.8 厘米

王时敏（1592～1680），字逊之，号烟容，晚号西庐老人，江苏太仓人。万历二十九年（1601）进士，崇祯初以荫仕至太常寺卿，世称“王奉常”，崇祯十三年（1640）辞官隐居，入清不仕，隐于乡间。好诗文，富于收藏。善画山水，以五代董源及元代黄公望等人的高逸笔墨为法，以明末董其昌的摹古观念为宗，形成刻意追求古法的画风，在当时有较大影响，形成“娄东派”，与王鉴、王翚、王原祁合称“四王”。

此作书七言诗一首，为“盘如老年翁”祝寿。书法结字方正，用笔厚重，不强调蚕头燕尾，具有明人“以楷写隶”的诸多特征。

本幅款署：“恭祝盘如老年翁仙诞。西庐老人王时敏。”钤“王时敏”白文印、“烟客”朱文印，引首章“西庐”白文印。

释文：

泰巅岱趾临乔松，纵横矫矫蟠虬龙。
含星漏月逼霄汉，睥睨不肯膺泰封。
何处携来穀城石，云根屹巉如拱壁。
弌编未得遗人间，静点苍落流紫液。
石貌奇兮松榦贞，松心坚兮石骨清。
松石相伴足千古，吟风漱玉俱有情。
偓佺仙人頳发短，松苓石脂吞咽满。
真与松石长年交，永日盘桓意款款。
恭祝盘如老年翁仙诞。西庐老人王时敏。

（华宁）

泰巔岱趾臨高罙縱橫
何處攜來穀城石雲根
石貌奇兮松幹貞寮心
偓佺僊人頹髮短松苓一
鬢如老年翁僊誕

35.《仿倪云林溪亭山色图》轴

清・王鉴
纸本 墨笔 纵 81.3 厘米 横 51.2 厘米

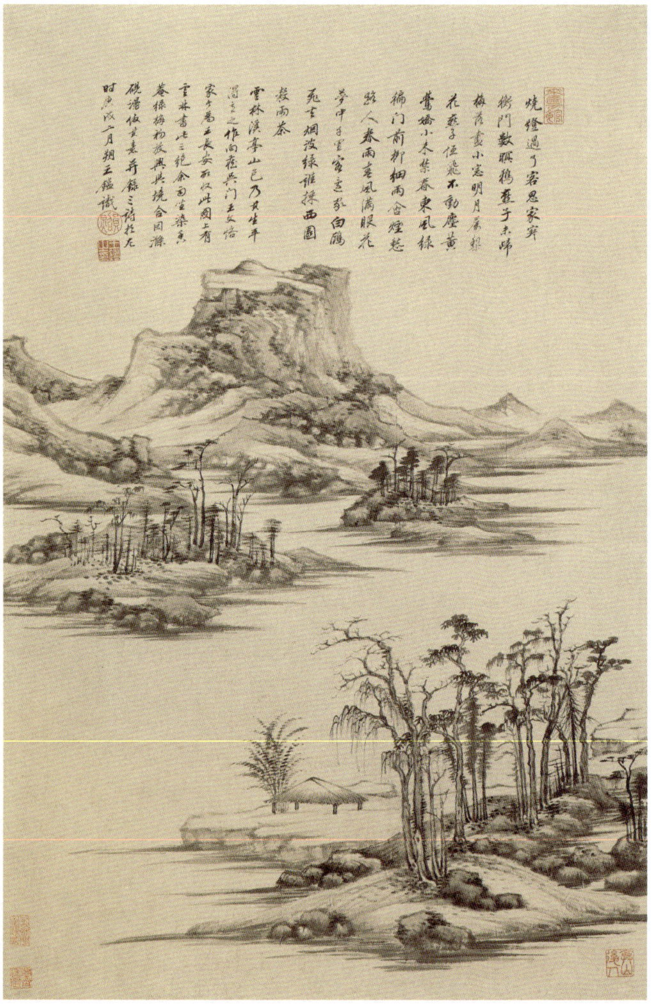

王鉴（1598～1677），字玄照，后改字员照、元照，号湘碧，自称染香庵主，太仓（今属江苏省）人。因明末曾官廉州知府，故人们常以“王廉州”称之。善绘山水，宗法五代董源及以黄公望为首的“元四家”，与同时代的山水画家王时敏、王翚、王原祁合称“四王”。他们在清初画坛上形成了极强的复古势力，进一步规范了中国传统山水画的技法和程式，但同时也阻碍了中国山水画的进一步发展。有《染香庵集》《染香庵画跋》传世。

图绘秋湖静水、疏林远岫的江南景致。王鉴一生推崇元人倪瓒自然淳雅的画风，乐此不疲地四处寻访其画作并且加以临摹，仅仿倪氏的《溪亭山色图》就有数件之多，此图是其中最有代表性的一幅。从一河两岸式的构图，到山石树木的方折用笔，再到以淡墨层层擦染的施墨法，均可见作者晚年对倪氏画风的摹仿已达到炉火纯青的境地。

本幅自题：“烧灯过了客思家，寂寂衡门数暝鸦。燕子未归梅落尽，小窗明月属梨花。燕子低飞不动尘，黄莺娇小未禁春。东风绿遍门前柳，细雨含烟愁路人。春雨春风满眼花，梦中千里客还家。白鸥飞去烟波绿，谁采西园谷雨茶。云林《溪亭山色》乃其生平得意之作，向藏吴门王文恪家，今为王长安所收，此图上有云林书此三绝。余雨坐染香庵，绿梅初放，兴与境合，因涤砚漫仿其意，并录三诗于左。时庚戌二月朔王鉴识。”钤“员照”朱文印、“王鉴之印”白文印。引首钤“来云馆”朱文印、“弇山后人”朱文印。鉴藏印有：“虚斋鉴定”“有余闲室宝藏”二朱文印。“庚戌”为康熙九年（1670），王鉴时年 73 岁。

（李湜）

36.《山窗读书图》轴

清・王翚
纸本 淡设色 纵 160 厘米 横 42 厘米

王翚（1632～1717），字石谷，号耕烟散人、剑门樵客、乌目山人、清晖老人等。江苏常熟人。画有家学，初拜张珂为师，专摹元代黄公望的山水画。后转师王鉴，画艺大进。经王鉴推荐，他又师王时敏。在名师的指导下，悉心临摹历代佳作且游历山川，画艺终登堂入室，声名日盛。康熙三十年（1691）奉诏入京，主持绘制《康熙南巡图》，三年后完成，遂荣归故里，以画终其一生。他的弟子众多，形成了“虞山派”，影响后世颇深。他与王时敏、王鉴、王原祁、吴历、恽寿平合称为“清初六家”。

全图以高远法构图，白云、瀑布、楼阁穿插于重峦叠嶂的林木间，一派气象万千的苍郁景致。画幅的右下方绘有一人于山坞草堂内临窗读书，此景虽然在画幅中所占比例极小，但却点明了“山窗读书”的画意，为山林景色增添了书卷气息。从落款可知此图为恭祝友人王掞（字藻儒）寒窗苦读、秋试中举而作，带有浓郁的情感色彩。

全图以元人王蒙细密繁复的笔法刻画，线条活而不乱，理在其中，浓、淡墨色于交叠皴擦中层次井然。此幅不失为王翚早年学仿王蒙画风的精心之作。

本幅款署：“山窗读书图。奉贺藻儒先生秋荐之喜，时丙午九月九日，虞山王翚。”钤“王翚之印”朱白文印。

“丙午”为康熙五年（1666），王翚时年 35 岁。

（李湜）

37.《高岩溅瀑图》轴

清・恽寿平
纸本 设色 纵 105 厘米 横 43 厘米

恽寿平（1633～1690），初名格，字寿平，又字正叔，别号白云外史、云溪外史、东园客、巢枫客、草衣生等。江苏武进人。早年工绘山水，宗元人王蒙画风，笔墨清灵秀洁，意境萧散幽淡。后改绘花鸟，远师宋徐崇嗣，近学明人，注重写生，发展了没骨技法，是清初最享盛名的花鸟画家。此图绘高岩、藤木，意境清俊秀逸。树石画法取黄公望披麻皴法为主，又兼以湿墨渲染山石局部。全图虽笔墨疏淡，却层次丰富。此图无年款，但观其笔法尖锋圆瘦，线条凝练疏淡，应是恽氏中年作品。

本幅自识："古木垂萝高岩溅瀑图。放笔藤花落研池，夜来移石有云知。开轩长挂南山影，何必东篱泛菊时。毘陵恽寿平。"钤"园客"朱文印、"寿平"白文印、"南田草衣客"朱文印、"正叔仿古"朱文印、"游戏笔墨"白文印，引首钤"墨涔"朱文印。鉴藏印有："虚斋审定"白文印、"柏氏家藏"朱文印、"孙煜峰珍藏印"朱文印、"柏成梁鉴赏章"朱文印。

（王琥）

38.《神完气足图》轴

清・王原祁
纸本 墨笔 纵 137.2 厘米 横 71.8 厘米

王原祁（1642～1715），字茂京，号麓台、石师道人，江苏太仓人。王时敏孙。康熙九年（1670）进士，官至户部侍郎，人称"王司农"。康熙三十九年（1700）59 岁时入直南书房，参加鉴定内府所藏书画，并且奉旨纂辑《佩文斋书画谱》，主持绘制康熙六旬《万寿庆典图》。其绘画艺术承绪家学，自幼得到祖父王时敏的刻意指导，一生倾注于笔墨施运的营求中，自称笔端有"金刚杵"。画风中年秀润，晚年苍浑。王原祁在不懈创作的同时，以同样方法再授弟子，对绘画的影响一直延续到清中后期。

此图是王原祁仿董、巨山水并题为"明吉"作。明吉即为王原祁四大弟子之一的金永熙。王原祁以"神完气足"为主旨教明吉习董、巨山水，他认为董、巨绘画具有"全体浑沦，气势磅礴"的特点，要体现这种特点，须章法通透，渲染分明，然能做到匠心独运、幻化出神实属不易之事。因此，该作全以块石堆积成山，笔墨浑融而层次清晰，以密不透风之势而求神完气足，这是画家积一生画学为弟子所作的绘画范本，是其晚年杰作之一。

本幅右上自识："学董巨画必须神完气足。然章法不透则气不昌，渲染未化则神不出，非可为浅学者语也。明吉问画于余，特作此图示之。惨淡经营，历有年所，而终未匠心，方知入室之难。明吉勉旃。戊子腊月望日题，王原祁。"钤"王原祁印"白文印、"麓台"朱文印、"御书画图留与人看"朱白文印、"石师道人"白文印、"西庐后人"朱文印。鉴藏印有："虚斋鉴定""莱臣审藏真迹"等。

"戊子"为康熙四十七年（1708），王原祁时年 67 岁。

（张彬）

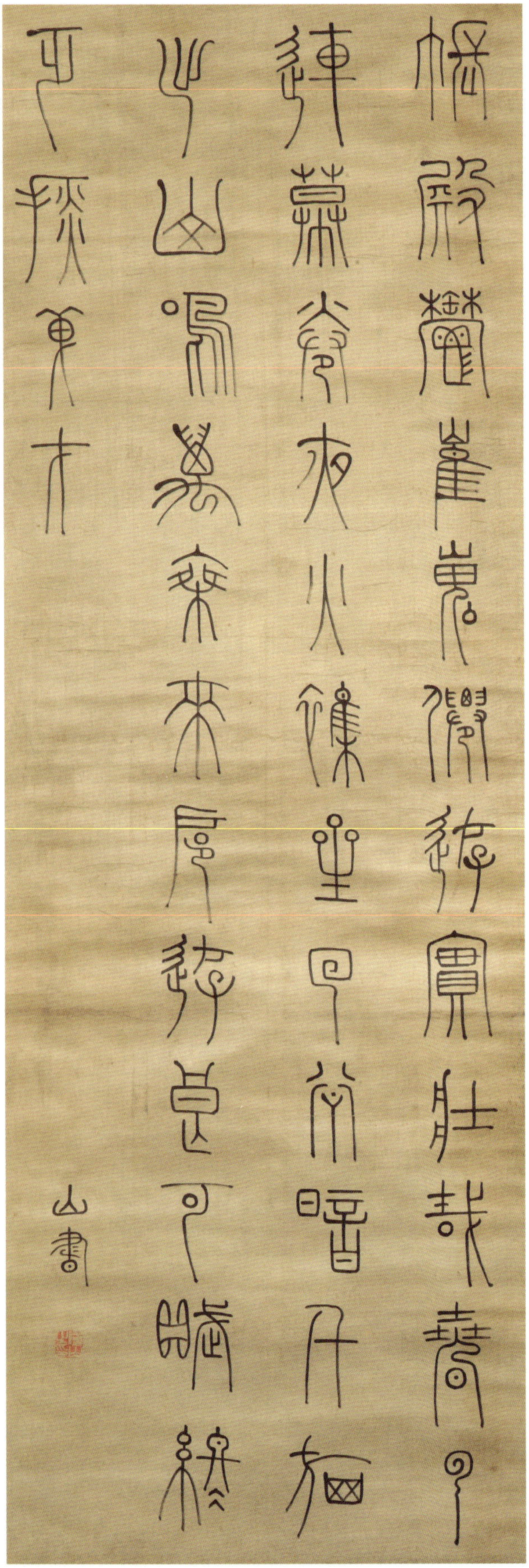

39.《五律诗》轴

清·傅山
绫本 篆书 纵 143 厘米 横 48.3 厘米

傅山（1606～1684），初名鼎臣，字青竹，改字青主，又有真山、浊翁、石人等别名。傅山少受家学影响，博览群书，精学问，重气节，明末因厌恶阉党专权而不仕，入清则出家为道而不降。他思想进步，是明清之际思想家。其知识领域之广、成就之大，在清初有“学海”之称，更精通诗、文、书、画，造诣非凡，境界高远，特别是书法，自成一格，被时人尊为“清初第一写家”。

此轴为篆书录唐人宋之问《扈从登封途中作》五律诗一首，是其篆书的典型面貌。傅山的篆书用笔和结构皆有新意，试图摆脱唐宋以来斯、冰篆书端庄平正的影响，形成独特的风格面貌。

本幅款署：“山书。”钤“傅山之印”白文印。

释文：帐殿郁崔嵬，仙游实壮哉。晓云连幕卷，夜火杂星回。谷暗千旗出，山鸣万乘来。扈游良可赋，终乏掞天才。山书。

（王亦旻）

40.《仙源图》轴

清·髡残
纸本 设色 纵 84 厘米 横 42.8 厘米

髡残（1612～1673），号石溪等，俗姓刘，后出家为僧。原籍湖广武陵（今常德），晚居南京牛首寺，善画山水，风格雄奇磊落，与石涛、朱耷、弘仁合称为“清初四僧”。

本幅上有自题诗两首，《仙源图》名即来源于诗之起首二字。根据诗的内容“天都保障石关巘，面对天都峰矗矗”，画的应是黄山天都峰。此图画法以“元四家”为宗，尤其受王蒙影响，构图较满，用线清晰豪壮，墨与色浑然一体，画风苍劲浑厚，意境幽野旷疏。所画景物与自题诗互相生发，相得益彰，把现实中的山水变成了人与自然为一体的生机世界。这里对烟云的描绘，使人仿佛置身奇异的梦幻之境。题画诗是画面结构的一部分，烟云的留白画法以及全景式的构图，都呈现了与西方绘画不同的特点。

自题诗，分别款署：“辛丑八月写于借云关中，幽栖电住道人”“石谿残衲又笔”。钤“介丘”朱文印、“石谿”白文印、“白秃”朱文印。鉴藏印有：“人间至宝”等数方。“辛丑”为顺治十八年（1661），髡残时年 50 岁，此图正是他精力最为旺盛时的佳作。

（曾君）

41.《柳村渔乐图》卷

清・樊圻
绢本 设色 纵 28.6 厘米 横 167 厘米

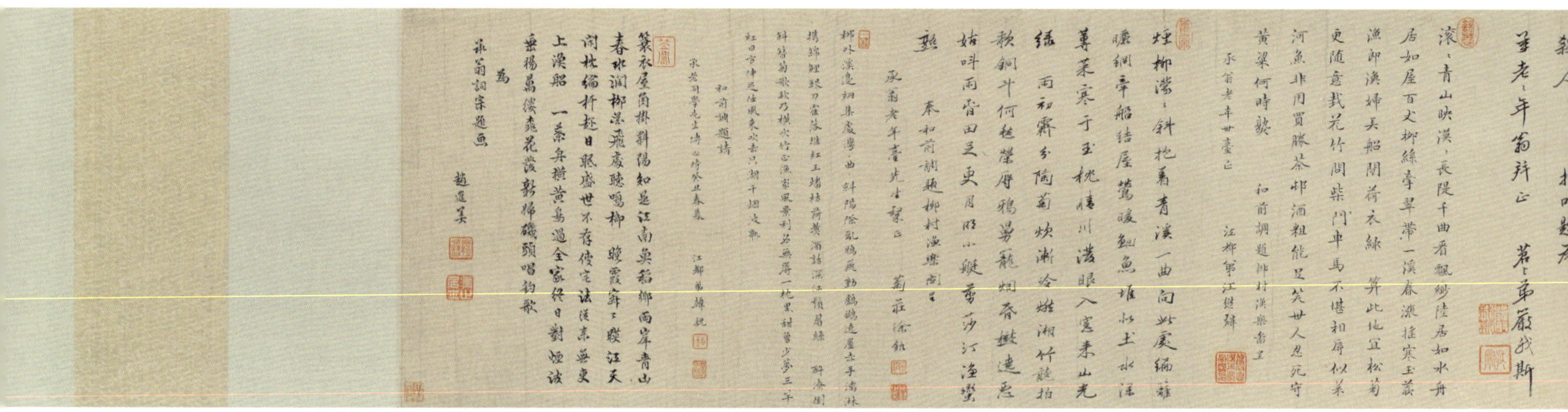

樊圻（1616～？），字会公，更字洽公，金陵（今江苏南京）人，与其兄樊沂均以画出名。其山水取法宋元，画风峻爽，与龚贤、高岑、吴宏等合称为“金陵八家”。

图绘“杨柳青青江水平，闻郎江上唱歌声”的渔家安乐场景。王士禛《池北偶谈》记：“柳村在恒山之间，梁冶湄使君读书其中，属金陵樊圻画《柳村渔乐图》。”由此而知，柳村，确有其地，在今河北省境内。此图是樊圻应朋友梁冶湄（即梁允植，字承笃，河北正定人，官至延平知府）之邀所绘，以解其在外宦游的思乡之情。樊圻作为江南地区的画家，充分发挥想像力，把北方水乡表现得如同江南渔庄一般，充满了含烟带雾的浪漫诗意。此幅构图简洁，主题突出，用笔工整严谨，皴法细密，设色清雅，是樊圻的代表之作。

本幅款署：“己酉蒲月钟陵樊圻画。”钤“圻”朱文印、“会公”白文印。本幅有清陈僖、梁清标等七家题诗词，钤“芃园图书”等题跋印十六方。引首及前后隔水有清代曹溶、徐倬、顾豹文三家题诗，钤“古书”等印九方。后纸有清王士禛、汪懋麟等十一家题诗，钤“芃园考藏”等印三十五方。

“己酉”为康熙八年（1669），作者时年 54 岁。

（李湜）

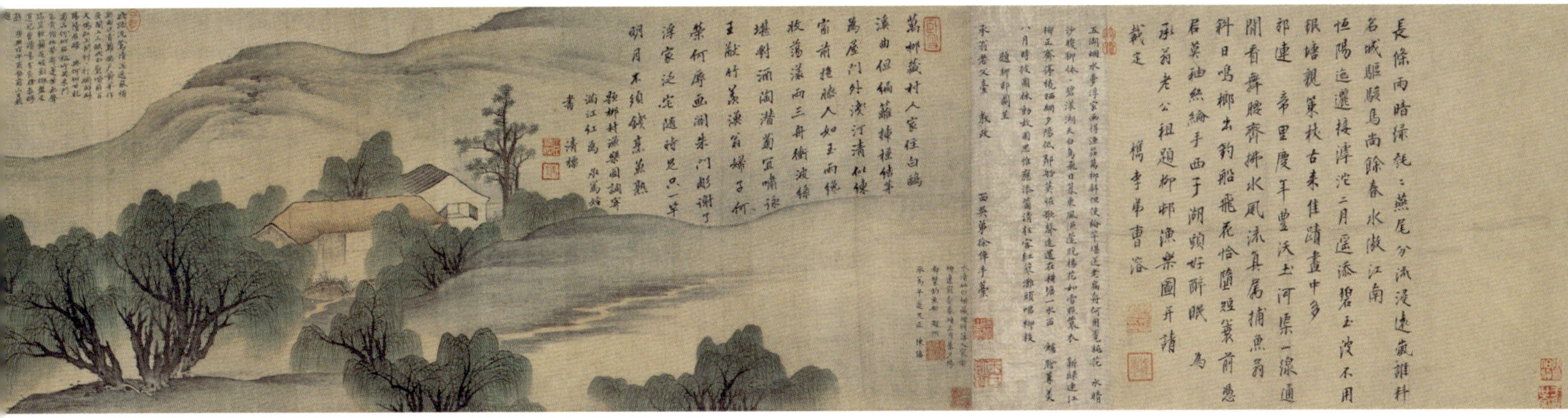

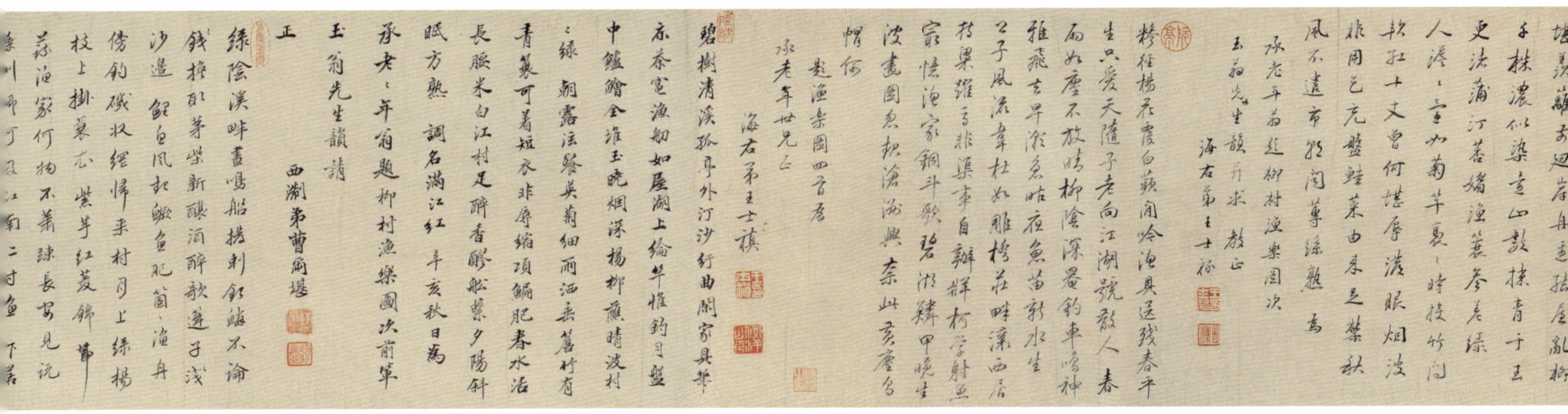

玉翁老先生原韻
江左布衣吳袞拜
東風搖颺晴沙曲楊柳垂々深
霞綠人家生事在漁舟烟樹參
差供罷曝集網澄潭弄夕暉放
船極浦迎朝旭鸂鶒鵁鶄俱有
情摘花糴米渾不俗已向滄波
長子孫祇疑淳朴自成邨得魚
沽酒即相覓野趣悠々老瓦盆
君不見潯陽漁父獨高蹈非夷
非惠寄嘯傲又不見五湖烟水
張志和綠蓑青笠叩舷歌是中
別有山川好世上榮辱何足多
春深何處無楊柳何處飛花不
似酒誰是遐情高寄人却羨扁
舟落君手我欲誅茅向村際短
衣褻興還鼓枻曉月茫々無處
尋紅雲碧草空遥商
戊午閏三月三日爲
治翁祖臺題并祈
教正　明州世年治弟周斯盛

欲詰流鶯清溪透風梢
幾曲沉青蘿垂户黄茅作
屋閣上三眠吹白氍皆前百
尺鳴紅玉問村、打網向斜
陽鬢眉綠 與何似甘札
菊品何似侶松竹笑朱門
富貴慣他榮辱蓮葉無聲
鈎笠較蘋花破影椰盤延
道兒曹讀一易有良朋春醪
熟 康熙戊午寒食前三日恭
題

42.《荷石水鸟图》轴

清・朱耷
纸本 墨笔 纵 127 厘米 横 46 厘米

朱耷（1626 ~ 1705），号八大山人，别号雪个、驴屋等。明太祖朱元璋之第十七子朱权后裔，封藩在江西南昌。明亡，出家为僧。其山水和花鸟画都具有强烈的个性化风格和高度的艺术成就，在绘画上以独辟蹊径，成为清代水墨写意画派的大师，对后世的"扬州八怪"、吴昌硕、齐白石，以至现当代的画家均有深刻影响。

图绘荷叶下一只水鸟栖于孤石上，形成全图之焦点。水鸟造形独特，单足独立，神态凄凉。它似在休息，更似在冷眼观望这冰凉的世界。作者孤寂凄凉的处境、强烈的反清复明思想以及面对清廷统治日固而无可奈何的心境，或多或少地呈现在了作品之中。

本幅款署："八大山人写。"钤"可得神仙""八大山人"白文印二方。鉴藏印有："虚斋珍玩"等三方。

（文金祥）

43.《对菊图》轴

清·石涛
纸本 设色 纵 99.5 厘米 横 40.2 厘米

石涛（1642～1707），俗姓朱，法名原济，字石涛，号清湘老人、苦瓜和尚等。明宗室靖江王朱赞仪十世孙，谱名若极，广西桂林人。明灭亡后，出家为僧。工于诗文，善绘山水、兰竹、花草及人物。其笔情纵恣粗犷，独具创新，对扬州画派和近、现代中国画的影响极大。著有《苦瓜和尚画语录》。

图绘双松虬结的庭院内，梅、竹互映，房舍错落，屋内高士观赏秋菊的情景，其生动传神的品菊举止，点明了“对菊”的画作主题。庭院外是迂回盘桓的山峦和自远而近的江水，它们为高士远离世俗的隐居之地又平添了几分清幽。此图与石涛贯有的笔墨雄健纵恣、豪放洒脱的画风不同，刻画工整细腻，或徐或疾的笔致和富于节奏变化的朱点、墨点，自得一股苍莽之气。此幅当属石涛居扬州时期创作的一幅难得的精细之作。

本幅自题七言诗一首，款署：“清湘石涛大滌草堂。”钤“清湘老人”朱文印、“膏肓子济”白文印。鉴藏印有：“唐云审定”等二方。

（李湜）

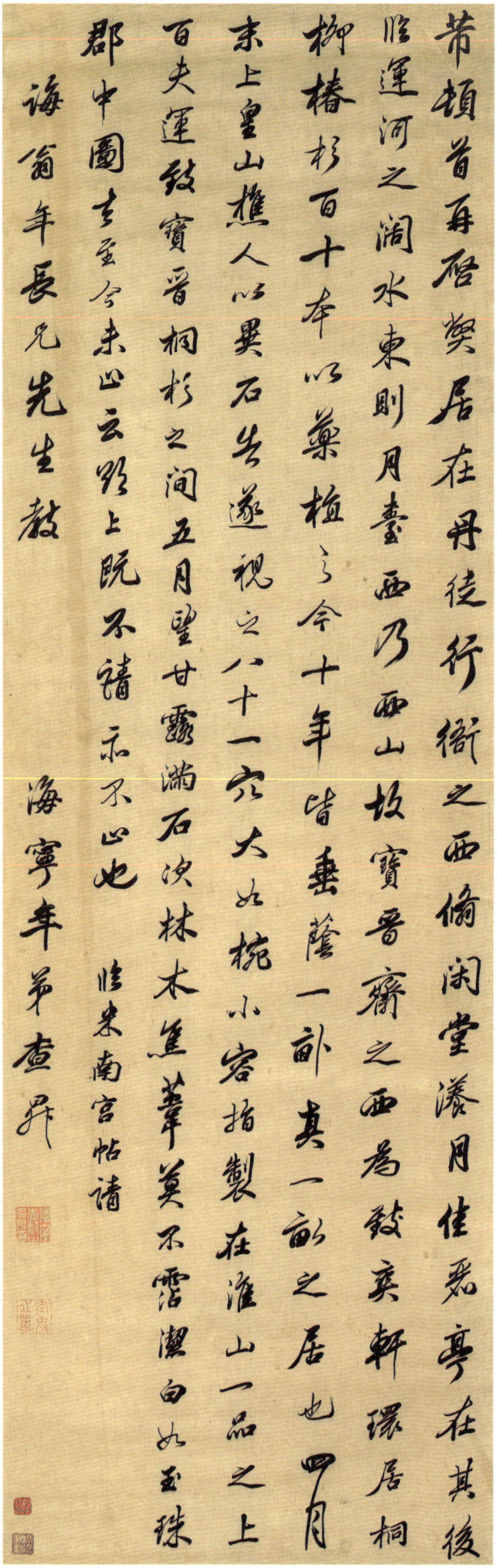

44.《临米帖》轴

清・查升
绫本 行书 纵 144.6 厘米 横 45.5 厘米

查升（1650~1707），字仲韦，号声山，浙江海宁人。康熙二十七年（1688）进士，官至少詹事。精诗文，富才华，与同族查士标、查慎行合称“三查”，有《淡远堂集》。
此帖临米芾《甘露帖》，内容记述米芾在崇宁元年（1102）52 岁时获上皇山异石及其祥异之事。原帖现藏台北故宫。查升书风追随董其昌，笔致流丽明快，风度爽健。
本幅款署：“请诲翁年长兄先生教。海宁年弟查升。”钤“海宁查声山名升印”白文印、“太史之章”朱文印。鉴藏印有：“载祥欣赏”白文印、“琴娱楼藏书画”白文印。

释文：芾顿首再启。弊居在丹徒行衙之西，翛闲堂、漾月、佳丽亭在其后，临运河之阔水。东则月台，西乃西山，故宝晋斋之西为致爽轩。环居桐柳椿杉百十本，以药植之，今十年，皆垂荫一亩，真一亩之居也。四月末，上皇山樵人以异石告，遂视之。八十一穴，大如椀，小容指，制在淮山一品之上。百夫运致宝晋桐杉之间。五月望，甘露满石，次林木焦苇，莫不霑，洁白如玉珠。郡中图去，至今未止。云欲上，既不请，亦不止也。临米南宫帖。请诲翁年长兄先生教。海宁年弟查升。

（华宁）

昔每啓樊居在丹徒行衢
洞之澗水東則月臺西乃西山
杉百十本以藥植之今十年
至山樵人以異石告遂視之八十一
延致寶晉桐杉之澗五月望甘露
圖去至今未山云盼上既不請云
簡年長兄先生教

45.《蔷薇山鸟图》轴

清・华喦
纸本 设色 纵 127.1 厘米 横 55.5 厘米

华喦（1682～1756），字秋岳，号新罗山人，福建上杭人，寓居扬州。一生布衣，靠卖画维生。创作题材广泛，尤擅花鸟画。从恽寿平清丽淡雅的没骨花卉入手，兼得宋人工笔花鸟的意趣，并融入写意画法，遂形成自身秀逸洗炼的画风，对当时及后世产生了深远影响。

华喦作为扬州地区的专业画家，在花鸟画创作上，善于捕捉自然界中最生动的天趣。图绘春光明媚的时节，一只山鸟栖于蔷薇枝头引吭高鸣的情景。其清脆的鸟鸣声，不仅令无声的画面声情并茂，而且生动地图解了“花气晴熏日，鸟声娇战春”的诗意。

此图笔墨松秀，设色清丽淡雅，造型自然传神，构图简约空灵，显示了画家在小写意花鸟画方面的非凡造诣和俊逸清新的独特画风。

本幅款署:“新罗山人写于解弢馆。”钤“华喦”白文印、“布衣生”朱文印。

（袁杰）

46.《秋山行旅图》轴

清·方琮
纸本 设色 纵 186.6 厘米 横 153.3 厘米

方琮（生卒年不详），字友璜，号石颠，浙江杭县（今杭州）人。乾隆中期为“内廷供奉”的如意馆画家，是张宗苍的弟子，所画山水，深得张氏之传。

此图是方琮代表作品之一，图中峰峦叠嶂，林木入秋，溪流小桥，行旅者行进其间。整个画面布局巧妙，结构严谨，房舍及行旅商贾，无不似从元人笔下而来，属雅俗共赏之作。

本幅款署：“臣方琮恭绘。”下钤“臣方琮”朱白文印、“常存□□”朱文印。有清乾隆壬辰（1772）御题七律一首。鉴藏印有：“乾隆御览之宝”、“嘉庆御览之宝”等九方。

（文金祥）

47.《梅花图》轴

清・汪士慎
纸本 设色 纵 93.4 厘米 横 52.9 厘米

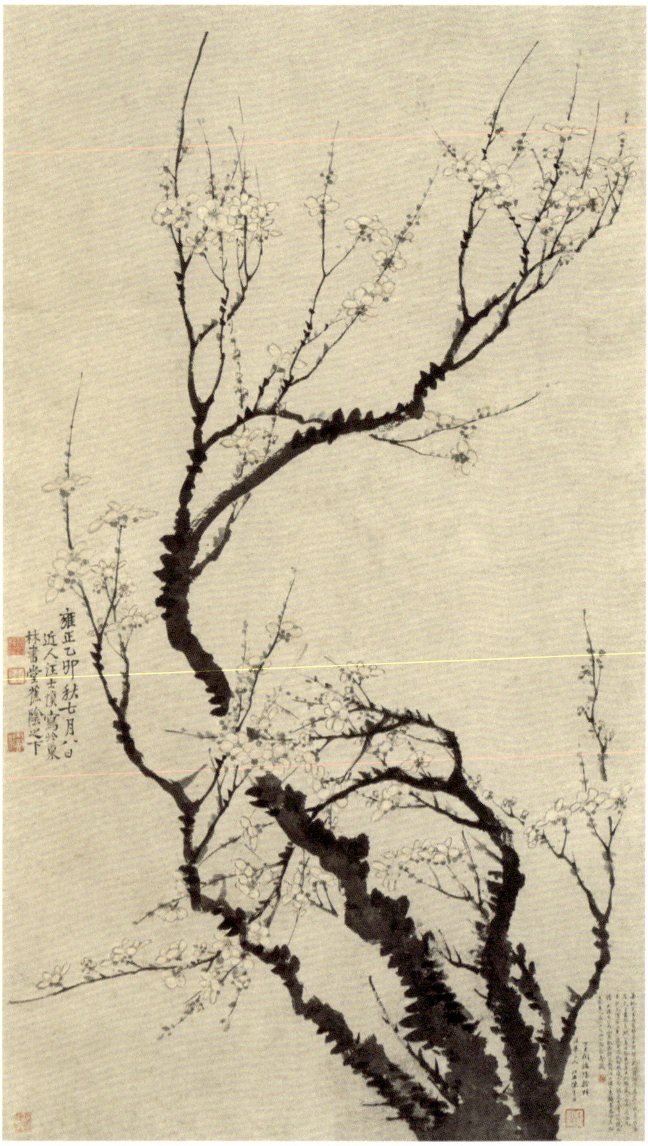

汪士慎（1686～1762），字近人，号巢林，别号溪东外史、晚春老人等，原籍安徽歙县，久居江苏扬州。擅诗文书画，为“扬州八怪”之一。书法以分隶最工，宗法古人。晚年双目失明，但仍能书画，金农谓其“盲于目不盲于心”。亦精篆刻。著有《巢林诗集》行世。

图绘一株生机盎然的梅树，盛开的梅花洁白无瑕，交错的枝干扶摇向上，显现出梅作为花中君子，具有“不恋世间佳丽地，独上寒山称骄子”的高逸之气。此图梅花以淡墨勾轮廓，线条工细，梅干以浓墨一挥而就，墨气淋漓。干与花巧妙地形成黑与白的对比，令简约的画面不失层次的变化。

本幅款署：“雍正乙卯秋七月八日近人汪士慎写于巢林书堂蕉荫之下。”钤“士慎私印”白文印、“近人”朱文印、“丙寅人”白文印。

画幅右下角有潘恭寿题记，款署：“道光壬寅重九后二日，人海小隐恭寿识。”钤“恭寿”朱文印。

“乙卯”为雍正十三年（1735），作者时年 50 岁，患疾已久的左眼尚未失明。

（李湜）

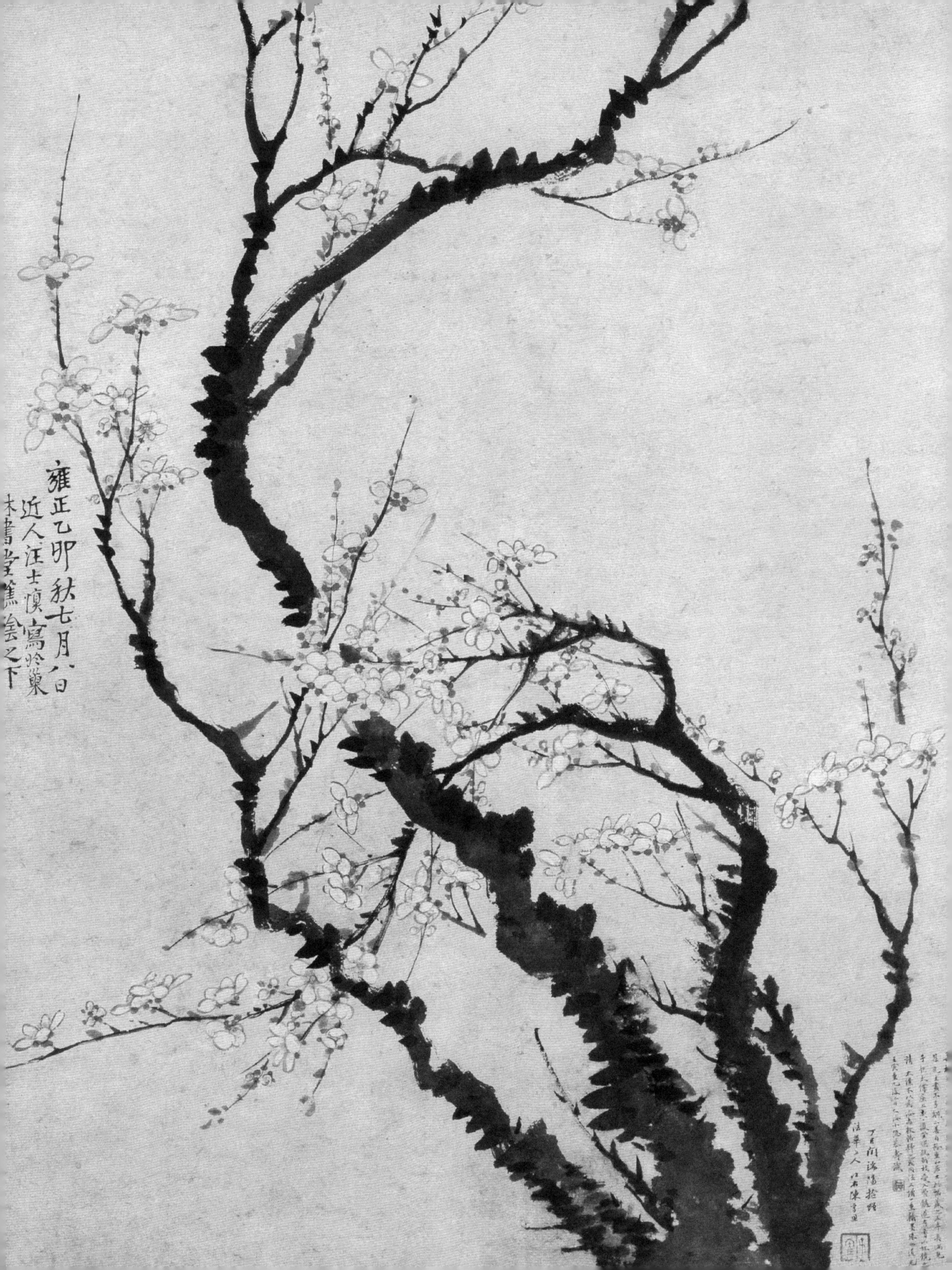
雍正乙卯秋七月八日
近人汪士慎寫於巢
林書堂蕉陰之下

48.《人物山水图》册

清·金农
纸本 墨笔或设色 共12开 每开纵24.3厘米 横31.2厘米

金农（1687～1763或1764），字寿门，号冬心，又号稽留山民、曲江外史、昔耶居士等，仁和（今浙江杭州）人，流寓扬州。博学多才，诗书画印无所不通。书法出入楷隶之间，所创“漆书”尤为奇古，颇具特色，富于金石味。画风古朴生拙，格调淳厚。秦祖永《桐荫论画》评其“涉笔即古，脱尽画家习气”。与郑燮、高凤翰、汪士慎等人并称为“扬州八怪”。

本图册分别绘佛像、山水、人物故事等。运笔灵活古拙，山石用意笔写之，淡墨轻染，岸柳、杂树、芭蕉用勾点夹叶法，荷叶用卧笔横点，佛像、人物、山鬼用笔滞涩朴拙，富有韵味。全画笔法生拙奇奥，设色清秀淡雅，意境幽深，为金农山水人物画代表作品。第一开：墨笔画“白描佛像、菩提树”，款题：“于无忧林

中，己卯八月苏伐罗吉苏伐罗画佛一躯。”钤“金吉金印”白文印。“己卯”为乾隆二十四年（1759），作者时年 73 岁。

第二开：设色画“礼佛图”，右方自题六行，款署：“心出家盦僧画记。”钤“金吉金印”白文印。

第三开：设色画“秋林共话”，左方自题八行，款署：“稽留山民记。”钤“莲峰居士”朱白文印、“金吉金印”白文印。

第四开：设色画“湖山采菱”，右下自题七言诗一首，款题：“此诗余题赵承旨《采菱图》之作也。今余画此与诗有合，故喜书之，冬心先生笔记。”钤“冬心先生印”朱文印。

第五开：设色画“青山汀浦”，上方自题词一首，款署：“乾隆二十四年八月十一日，七十三翁金农画记。”钤“金氏寿门”朱文印。

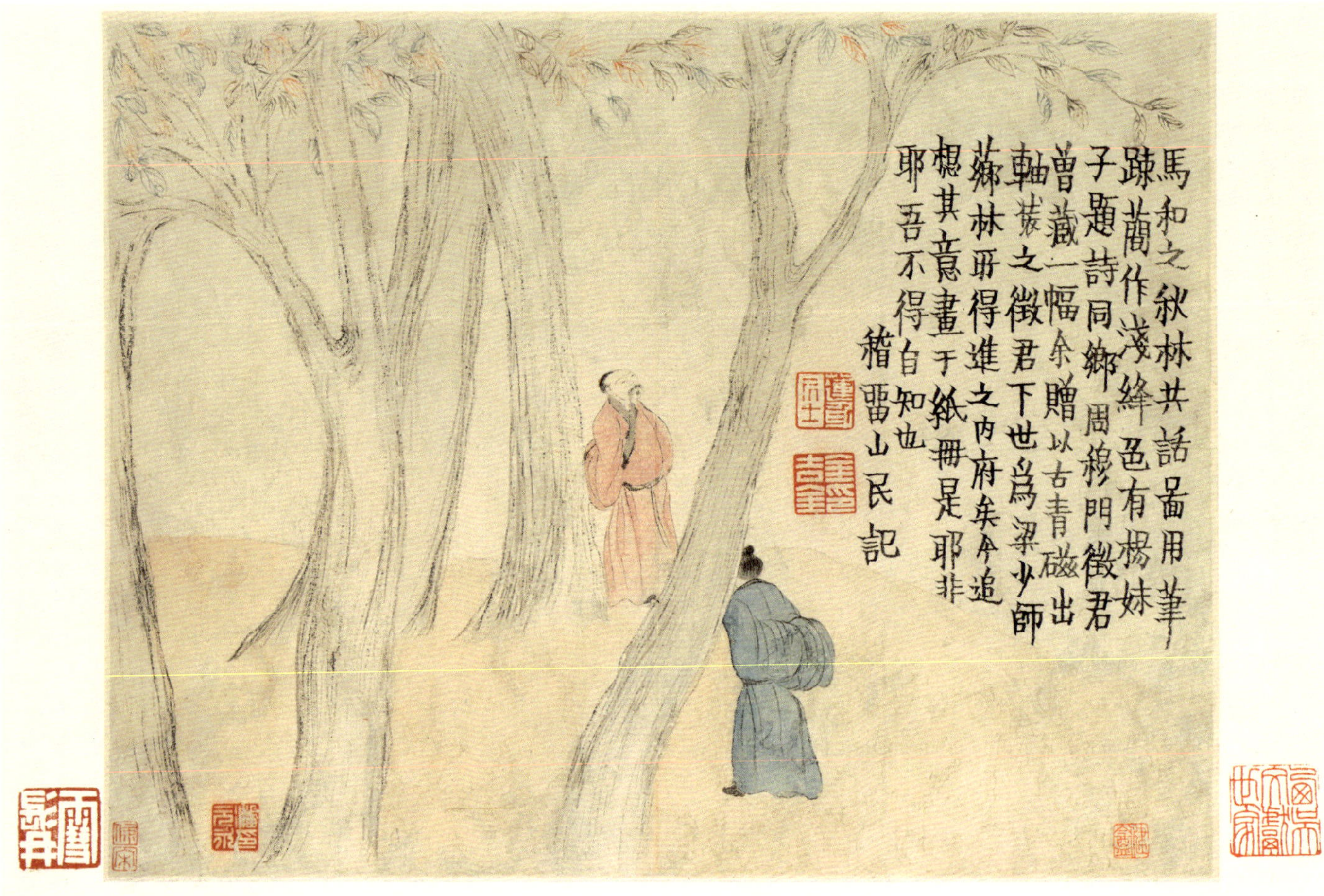

第六开：水墨画“鬼趣图”，左上自题七行，款署：“龙梭仙客记。”钤“金农”朱文印、“莲峰居士”朱白文印。

第七开：设色画“玉川煎茶”，款题：“玉川先生煎茶图，宋人摹本也，昔耶居士。”钤“寿”白文印。

第八开：设色画“板桥流水，桃林策杖”，左方自题七绝一首，款署：“金二十六郎画诗书。”钤一印，模糊不辨。

第九开：设色画“柳塘间舟”，右上自题七言诗一首，款署：“曲江外史画诗书。”钤“冬心先生”朱文印。

第十开：设色画“荷塘长亭”，上方自书词曲一首，款署：“金牛湖上诗老小笔并自度一曲。”钤朱文印二方：“寿”、“朋”。

第十一开：设色画“抱膝长思”，右上自题：“昔年曾见，金老丁晚年自号也。”钤“金老丁”朱文印。

第十二开：设色画“山僧叩门”，左方自题七言诗一首，款署：“昔耶居士并题。”钤“竹泉”朱文印。

图册裱边、附页有清末王秉恩、吴湖帆等人题跋，鉴藏印有：“张正学印”“湖帆审定”等六十二方。

庞莱臣《虚斋名画录》著录。

（潘深亮）

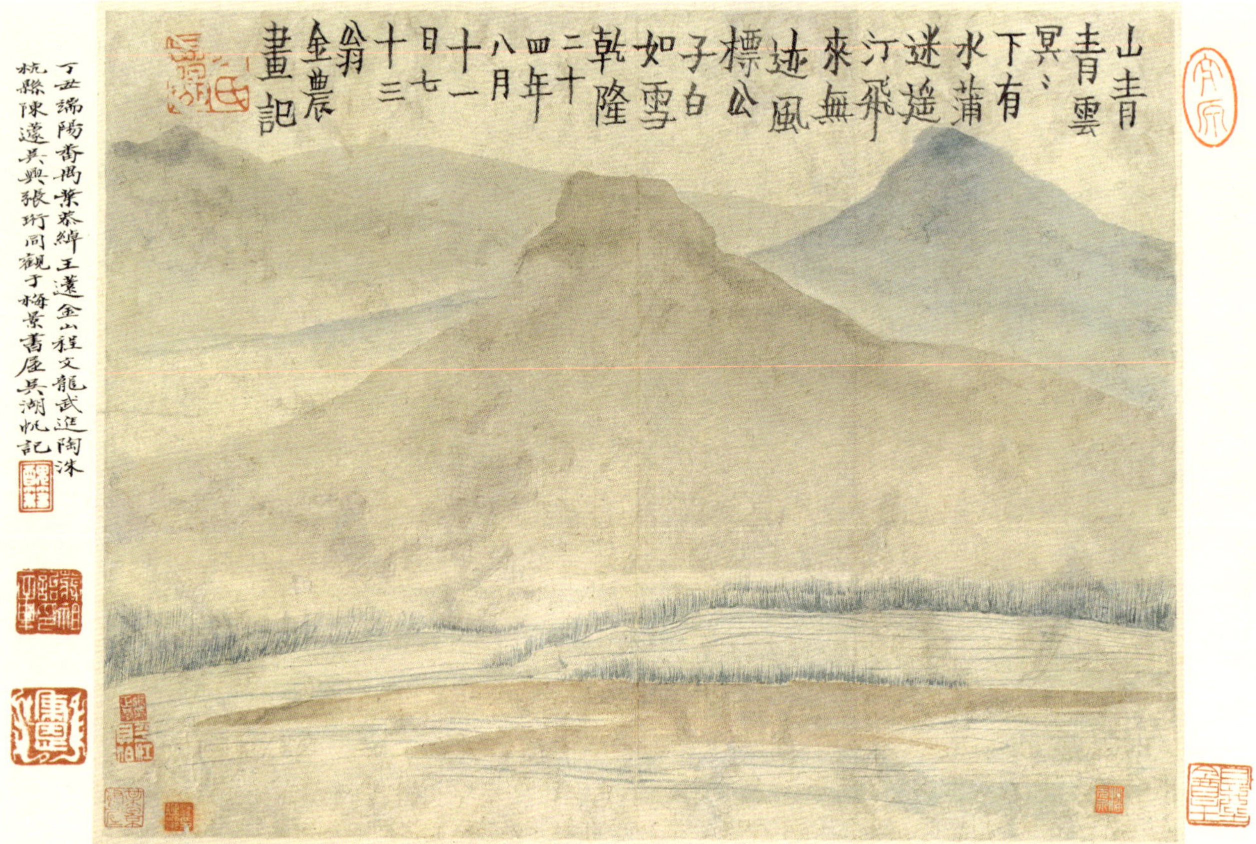
山青青
雲冥冥
下有水蒲迷遠汀
飛來無迹
風標公子白如雪
乾隆二十四年八月十一日七十三翁金農畫記
丁丑端陽番禺葉恭綽王蘧常金山程文龍武進陶洙杭縣陳邃吳興張珩同觀于梅景書屋吳湖帆記

宋龔開善畫鬼余亦戲筆為之落葉如雨乃有山魈林魅耶倏倏行路之人慎莫逢之不特受其邪惑也觀者可以知警矣龍梭仙客記
鬼趣圖粉本
丁丑孟夏廿二日健峯題
羅兩峯山人鬼趣圖題詠如林名重天下余秘弄有年惜已遁去今復得此帙見筆墨之妙更為神化嶽純可以知兩峯師承所自矣欣幸奚似
健峯記于石帆樓

玉川先生煎茶圖宋人摹本也
昔耶居士
此作自是晉唐名筆 今觀者精神肯
爽喜心欲狂矣名迹所以重於十五城也

畫舫空留波照影香輪行遠草
無聲怡來紅板橋頭立短命桃
花最薄情 金二十六郎畫詩書
此境古筆大似雲林 健菴題

迴汀曲渚
暖生煙風
柳風蒲
綠漲天我
是釣師人
識否白鷗
前導在
春船
曲江外史
畫詩書

荷花
開了
銀塘
悄〻
新涼
早碧
翅蜻
蜓多
少六
六水
窗通
扇底
微風
記得
那人
同坐
纖手
剝蓮
蓬
金牛
湖上
詩老
小華
并自
度一
曲

昔年曾見
金若丁晚年自號也
仙乎仙乎
健菴題

樹陰叩門、不應言豈是尋常粥飯僧今日重來空手立看山昨失一枝藤
山僧叩門圖
昔耶居士并題

49.《商山四皓图》轴

清・黄慎
纸本 设色 纵 120.2 厘米 横 68.3 厘米

黄慎（1687～1768），字恭寿，号瘿瓢，福建宁化人。少时家贫，一生布衣，寓居扬州卖画自给。早年师法上官周，凡人物、花鸟、山水、楼台等，无一不能。中年以后用狂草法作画，形成了他的绘画“初视如草稿，廖廖数笔，形模难辨，及离丈余视之，则精神骨力出”的粗犷精练画风。此图描绘的是秦末东园公、绮里季、夏黄公、甪里隐于商山（今陕西商县东南）的故事。四人皆八十高龄，为避秦暴政而隐居商山，时人称之为“商山四皓”。西汉初，高祖屡召之而不得。后，高祖欲废太子刘盈，改立戚夫人子赵王如意，群臣谏而不听。吕后用张良计，礼遇四皓。高祖以为太子既得此四皓，羽翼已成，只得打消了废太子的念头。图中峰峦高耸，飞瀑流泉，意境幽寂。人物分布错落有致，形貌神态生动自然，笔姿放纵而又不失法度，为黄慎晚年之佳作。

本幅自题：“莫莫高山，深谷逶迤。晔晔紫芝，可以疗飢。唐虞世远，吾将安归？驷马高盖，其忧甚大。富贵之畏人，不如贫贱之肆志。乾隆辛巳三秋，写于翠华官舍。宁化七五老人黄慎。”钤“黄”朱文印、“慎”白文印、“汉洗双鱼大吉祥”朱文印、“山高水长”朱文印。

“辛巳”为清乾隆二十六年（1761），黄慎时年 75 岁。

（文金祥）

50.《花鸟图》册

清·郎世宁
绢本 设色 共十开 每开纵 32.6 厘米 横 28.6 厘米

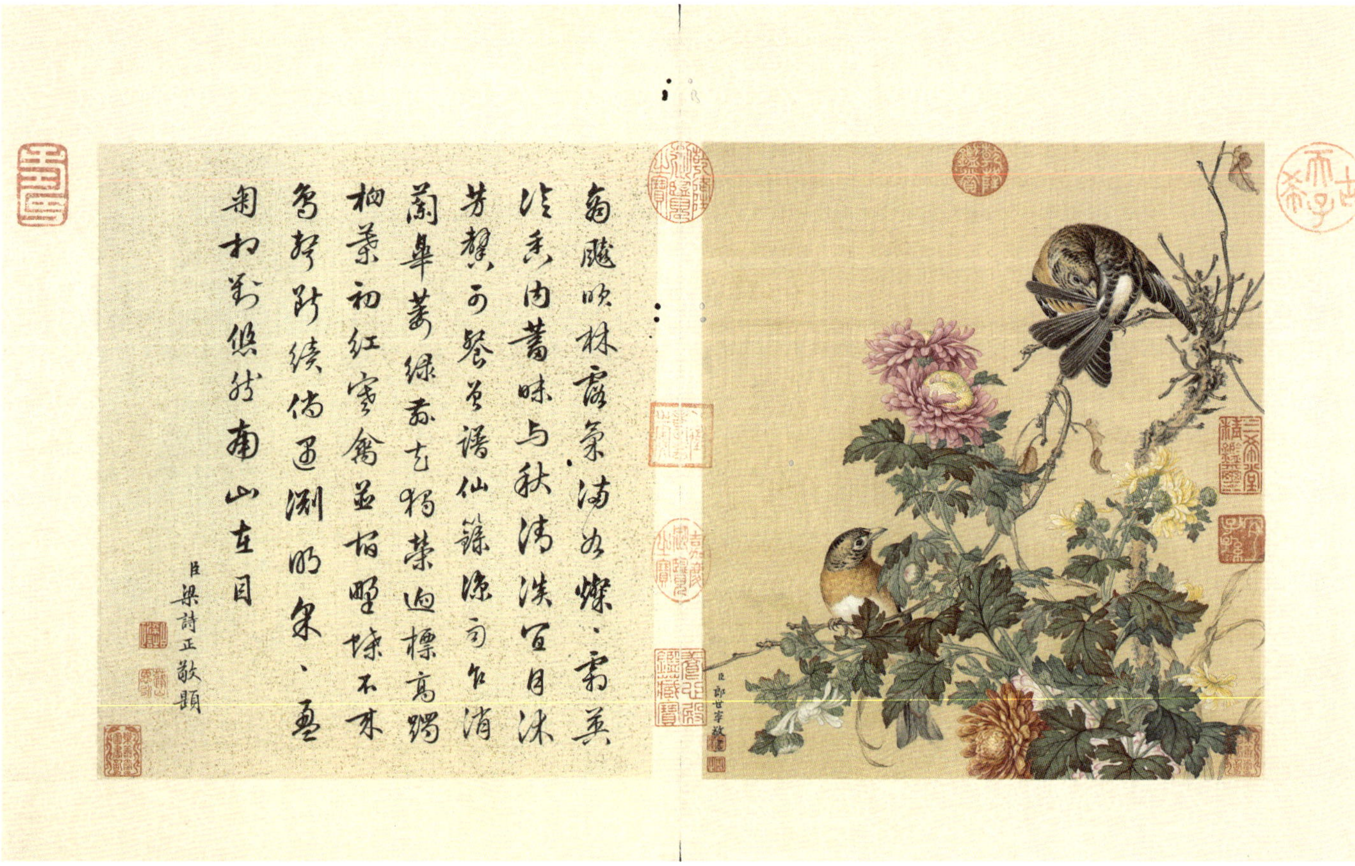

郎世宁（1688～1766），意大利米兰人。于康熙五十四年（1715）以欧洲耶稣会传教士身份来到中国，历任康熙、雍正、乾隆三朝宫廷画师，并参与圆明园建筑设计之事，官至三品。善画肖像、花鸟、走兽等，尤工战役图。与其后的王致诚、艾启蒙、安德义等“西洋画家”，共同创立清代宫廷绘画新风。

此图册分别描绘了牡丹、兰花、罂粟、萱花、荷花、梅花等艳丽多姿的花卉和体态生动的蝶、鸟。其在构图上取法中国传统花鸟画的格局，以虚托实，注重突出所绘物象。在表现技法上，则充分发挥了欧洲绘画注重明暗及透视的

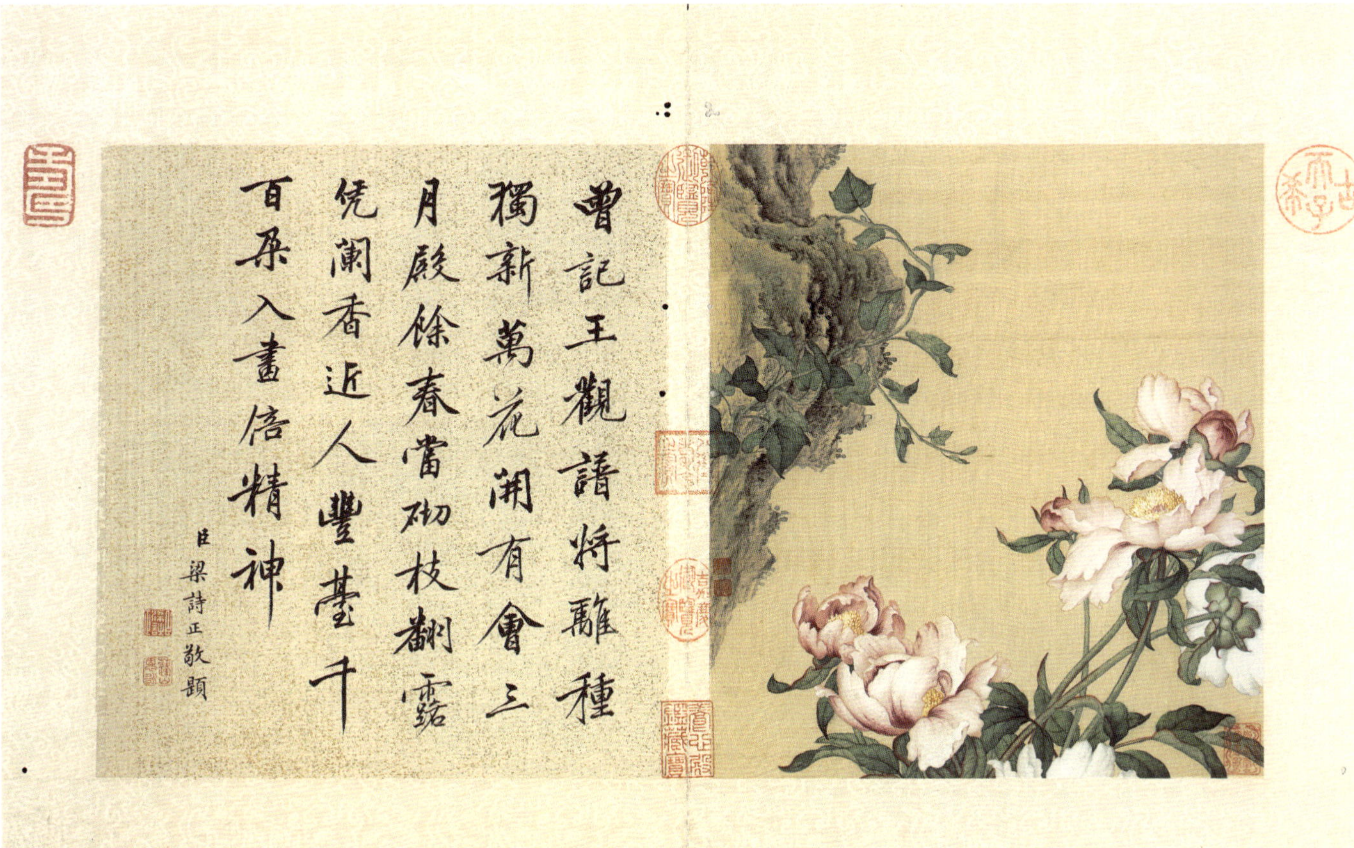

特点，以工致细腻的笔触，刻画出花瓣、叶片以及鸟雀的羽毛质感和体积感，呈现出与传统的中国花鸟画迥然不同的艺术风貌。其这种“中西合璧”的画风成为清代宫廷绘画艺术的一大特色，受到了清皇室的青睐，。

本幅款署：“臣郎世宁敬画”，下钤“郎世宁”朱文印、“写生”白文印。每开均有钤“郎世宁”“写生”印。鉴藏印有：“乐寿堂读书记”“古希天子”“乾隆御览之宝”“八徵耄念之宝”“嘉庆御览之宝”“养心殿鉴藏宝”等。每开均有乾隆朝内阁大臣梁诗正的题诗。《石渠宝笈》著录。

（袁杰）

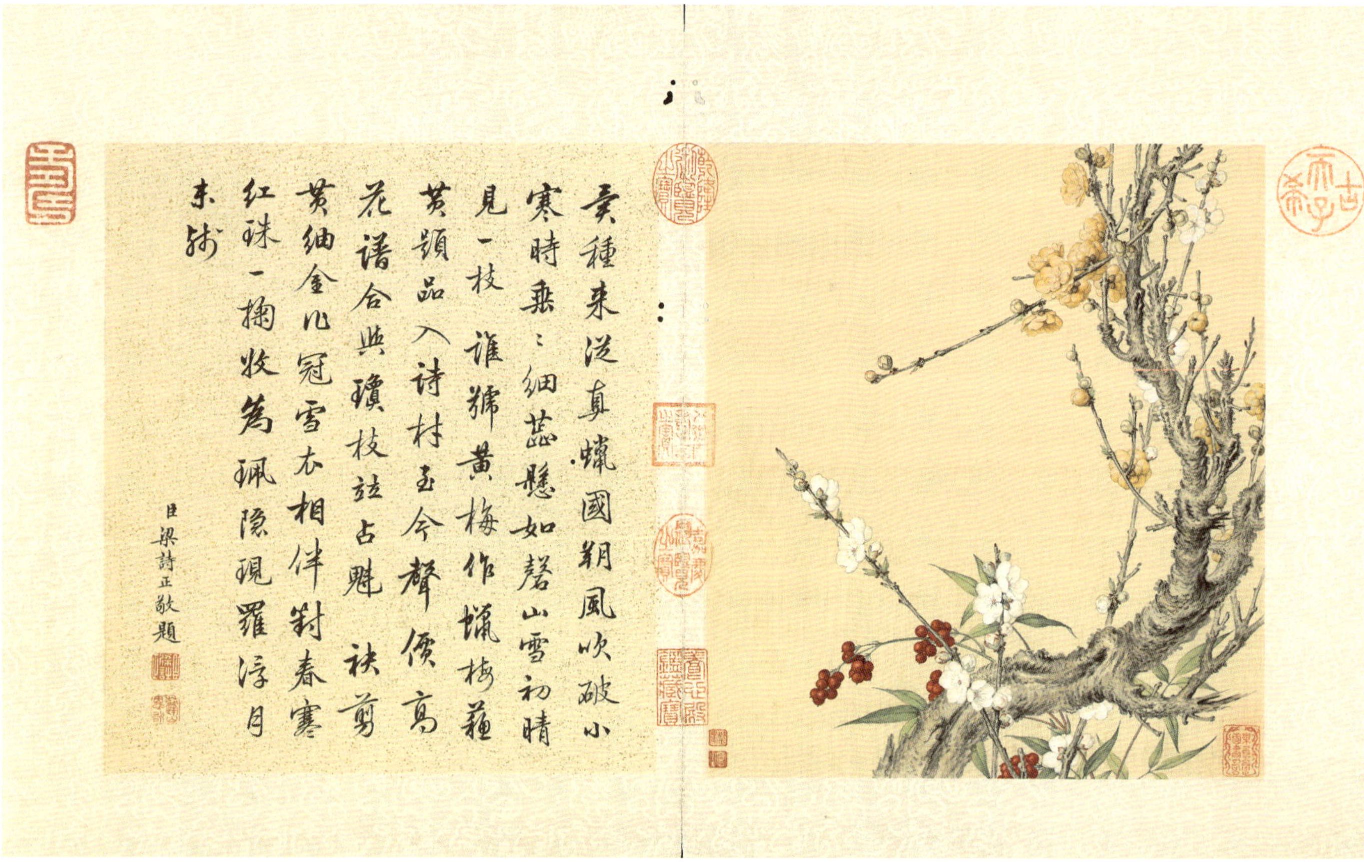
貢種來從真蠟國朔風吹破小
寒時垂垂細蕊懸如磬山雪初晴
見一枝誰猜黃梅作蠟梅蘿
黃頭品入詩村玉令聲價高
花譜合與瓊枝話占魁 祑翦
黃紬金几冠雪衣相伴對春寒
紅珠一掬收為珮隱現羅浮月
未殘
臣梁詩正敬題

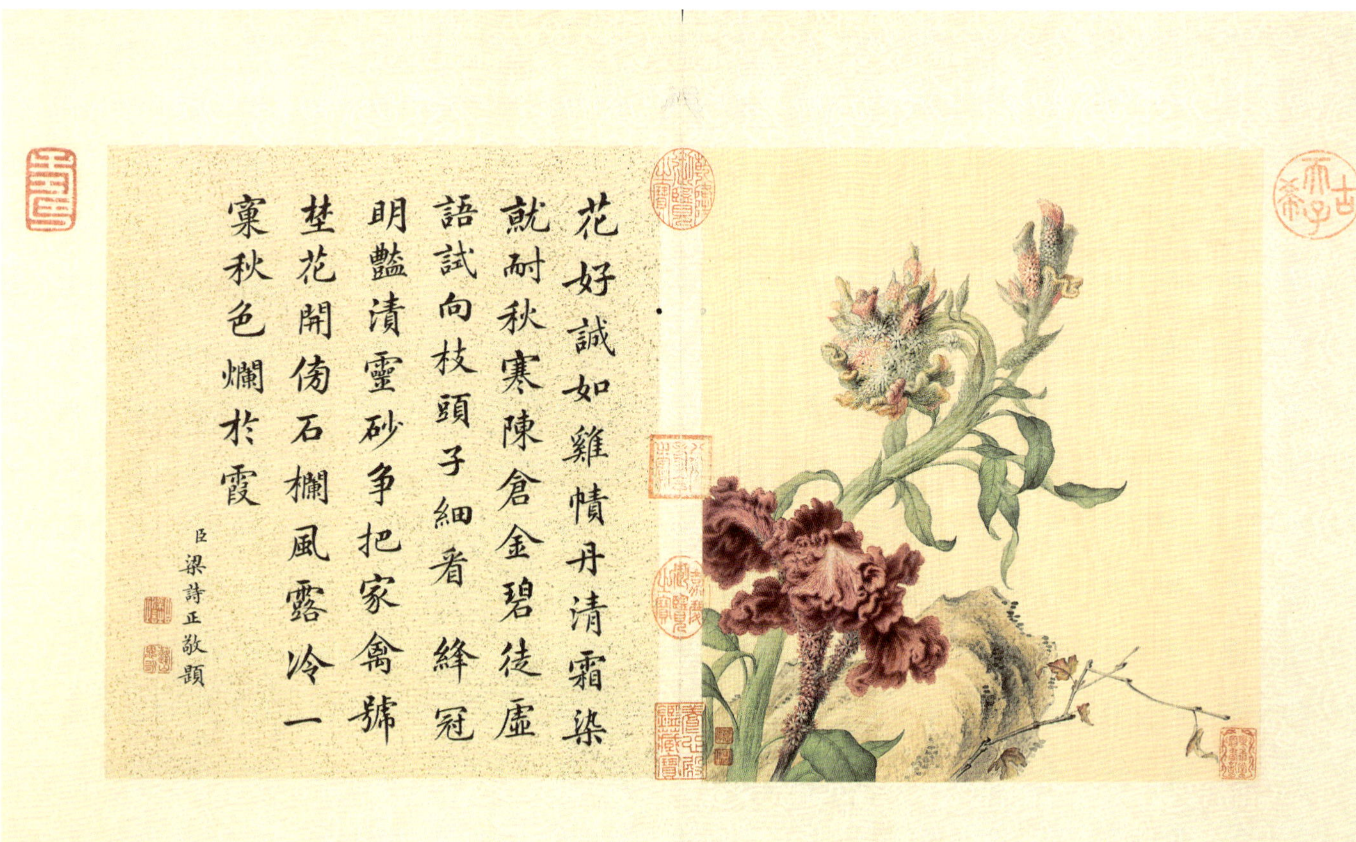
花好誠如雞幘丹清霜染
就耐秋寒陳倉金碧徒虛
語試向枝頭子細看 絳冠
明豔漬靈砂爭把家禽號
埜花開傍石欄風露冷一
窠秋色爛於霞
臣梁詩正敬題

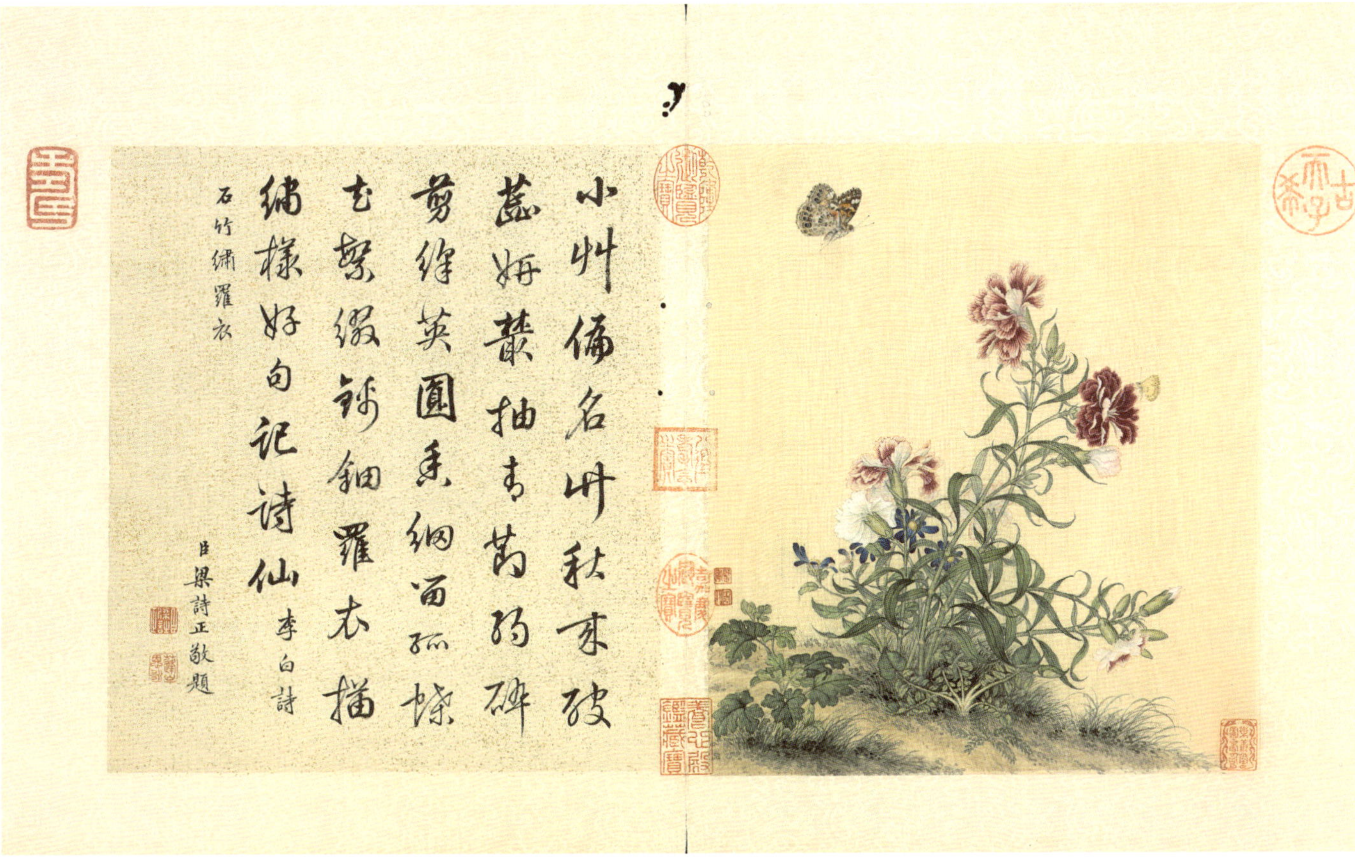
石竹綉羅衣
李白詩
臣梁詩正敬題

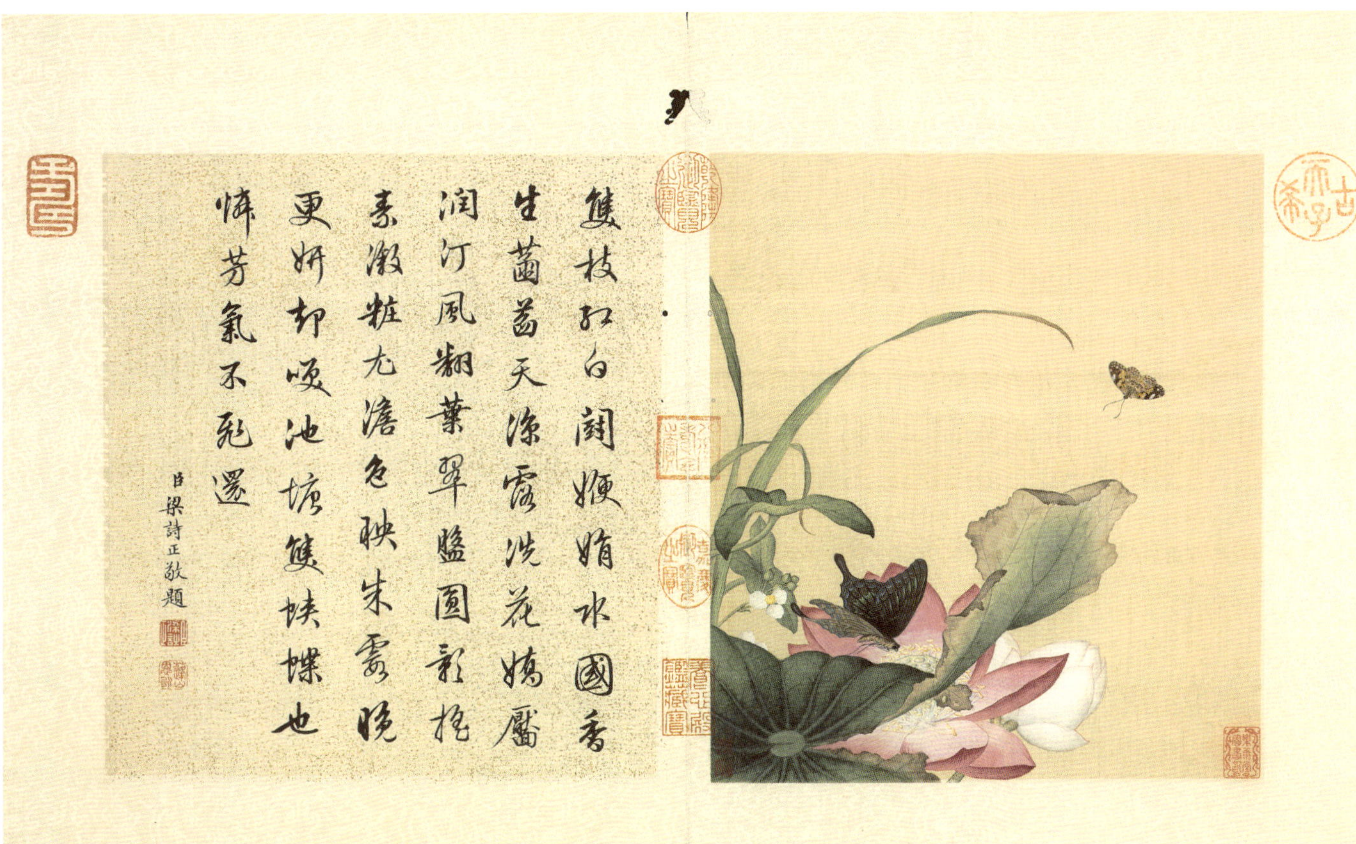
臣梁詩正敬題

翠朶娟娟淨花心曉露含
一枝香色異小袖剪雲藍露
濯枝條潤良薑吐碧花春風
添阿那吹隨小青霞　翠髻
塗仙黛紅衣裂絳綃一般顏
色蹙兩樣鬬嬌嬈

臣梁詩正敬題

種向秋塍三弄時
直待春殘不受東風
寂寞繁華負錦團
莫信風纔吹過扶闌
朶朶嫣然生色似分姚
魏寫來西蜀黃荃

臣梁詩正敬題

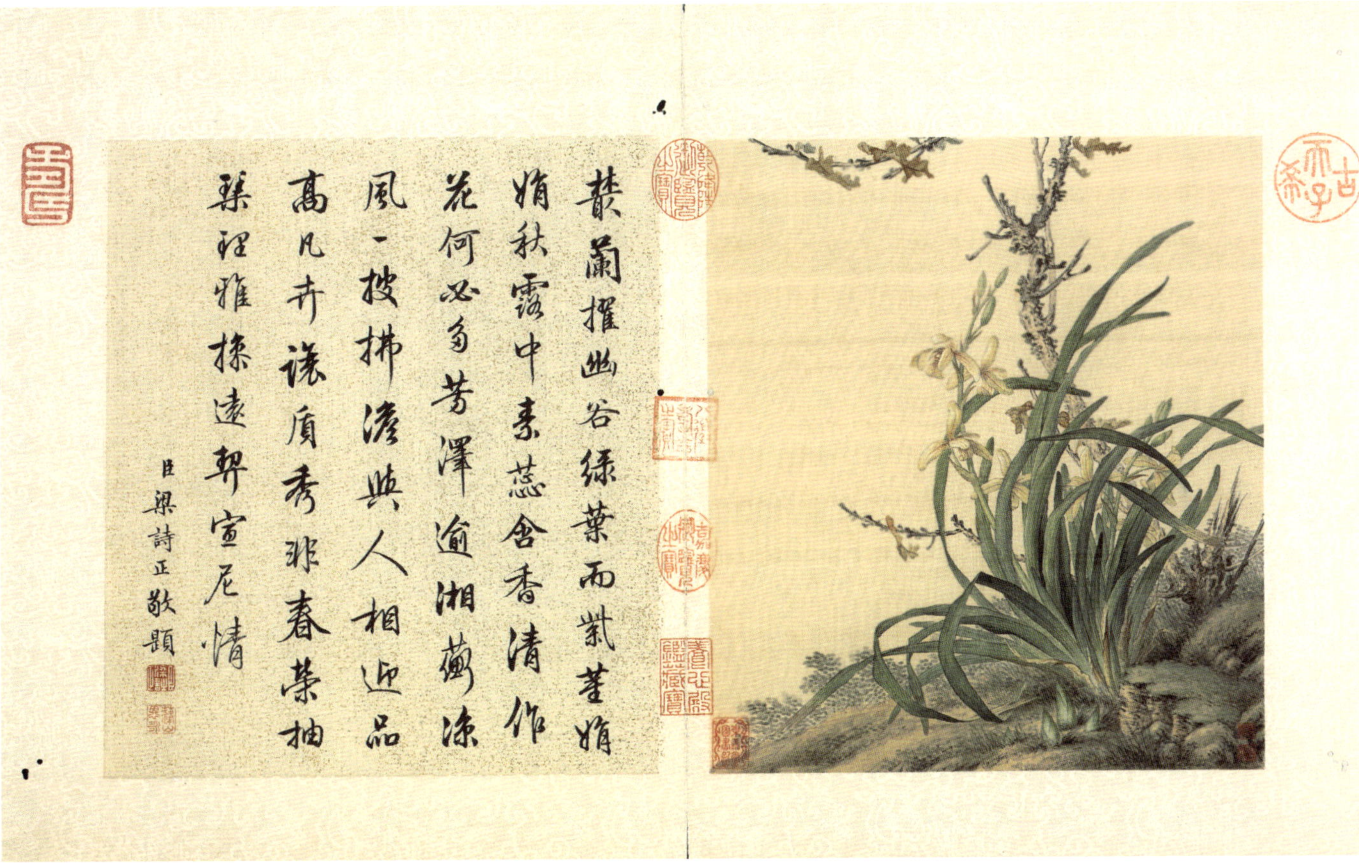
蓺蘭擢幽谷綠葉兩紫莖娟
娟秋露中素蕊含香清作
花何必多芳澤逾湘蘅滌
風一披拂濃與人相近品
高凡卉讓質秀非春榮抽
琴理雅操遠契宣尼情
臣梁詩正敬題

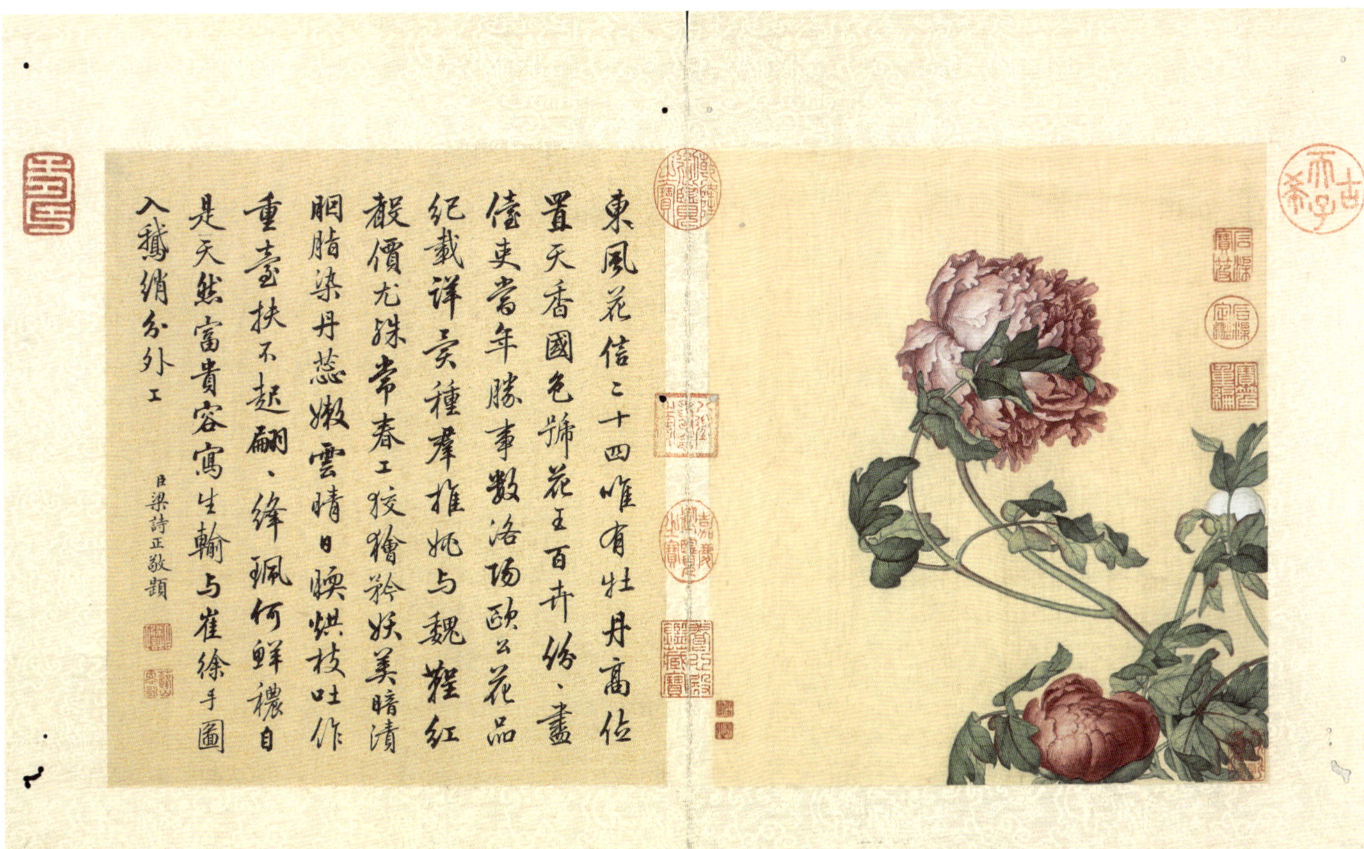
東風花信二十四唯有牡丹高位
置天香國色擁花王百卉紛紛盡
儓吏當年勝事數洛陽歐公花品
紀載詳奇種羣推姚與魏猩紅
聲價尤殊常春工狡獪矜妖美晴漬
胭脂染丹蕊嫩雲情日暎烘枝吐作
重臺扶不起翩翩絳珮何鮮穠自
是天然富貴容寫生輸與崔徐手圖
入鵝綃分外工
臣梁詩正敬題

51.《山庄清话图》轴

清・徐扬
绢本 设色 纵 189.3 厘米 横 73.7 厘米

徐扬（生卒年不详），号云亭，吴县（今江苏苏州）人。工人物、界画、花鸟、草虫等，无不入妙。乾隆十六年（1751）高宗南巡苏州，徐扬献画，遂入画院，钦赐举人，官至内阁中书。

图绘崇山磐岩、云雾蒸腾、苍松郁树、溪涧柴门、板桥通幽、高士话谈的山林幽谷之景。高远式的构图，画面充盈，移步换景，体现出一种清静悠遐的生活情趣。全幅为青绿山水画，以石青、石绿等色晕染，突出了山石的体积感及向背之分，细腻地刻画出溪水的流势和动感。此图以南宋院体绘画风格为本，融入写意的创作笔法，使画面既有装饰性又具有再现自然的生动性，呈现出清代宫廷青绿山水画的特点。

本幅款署："臣徐扬恭绘。"钤"敬慎"朱文印等。清内府收藏印"乾隆御览之宝"朱文印。

（陶静）

52.《梅花图》轴

清・李方膺
纸本 墨笔 纵 125.6 厘米 横 42.9 厘米

李方膺（1695～1755），字虬仲，号晴江，别号秋池，江苏南通人。曾以父荫出任山东乐安、兰山及安徽合肥等地县令。善画松、竹、梅、兰及小品，主张绘画创作应直接向生活学习，以形成自己独特的风格。落墨雄肆浑厚，沉着痛快，用笔横涂竖抹，以气势胜。与金农、罗聘等人同为“扬州画派”代表画家。

古人画梅或千花万蕊、或枯枝疏朵，梅树大多枝干虬曲，摇曳多姿。李方膺最爱画梅，曾题画梅诗云：“写梅未必合时宜，莫怪花前落墨迟。触目横斜千万朵，赏心只有两三枝。”从触目横斜的千万朵梅花中，画家捕捉最使人赏心悦目的两三枝，经过艺术构思，创造出比天然的梅花更为完美的艺术形象，以少胜多，令人回味无穷。郑板桥对此大加赞扬。此图中的折枝梅花具有强烈的个性特征，梅枝“豪气横行”，梅花圆润潇洒，暗香疏影，别有一番孤高冷峻的风度。李方膺好友袁枚评价其梅称：“傲骨郁作梅树根，奇才散作梅树花。”一语点明了他形成这一风格的缘由。李方膺爱梅成癖，故有“平生知己”之印，以画梅自喻其憨直、倔强、满怀正气之个性。“孤干长招天地风，香心不死冰霜下”，袁枚的话可谓知己之言。

本幅款题：“十日厨烟断米炊，古梅几笔便舒眉。冰花雪蕊家常饭，满肚春风总不饥。乾隆十有九年十月写于金陵借园。李方膺。”钤“梦中之梦”“换米糊口”“膺”“梅花手段”“小窗风雨”等。鉴藏印有：“楚珍。”

“乾隆十有九年”为 1754 年。李方膺时年 60 岁。

（杨丽丽）

古梅幾
花雪萬
春風搖不
十月寫
李方膺

53.《元人诗》轴

清·梁诗正
纸本 行书 纵 129 厘米 横 56.8 厘米

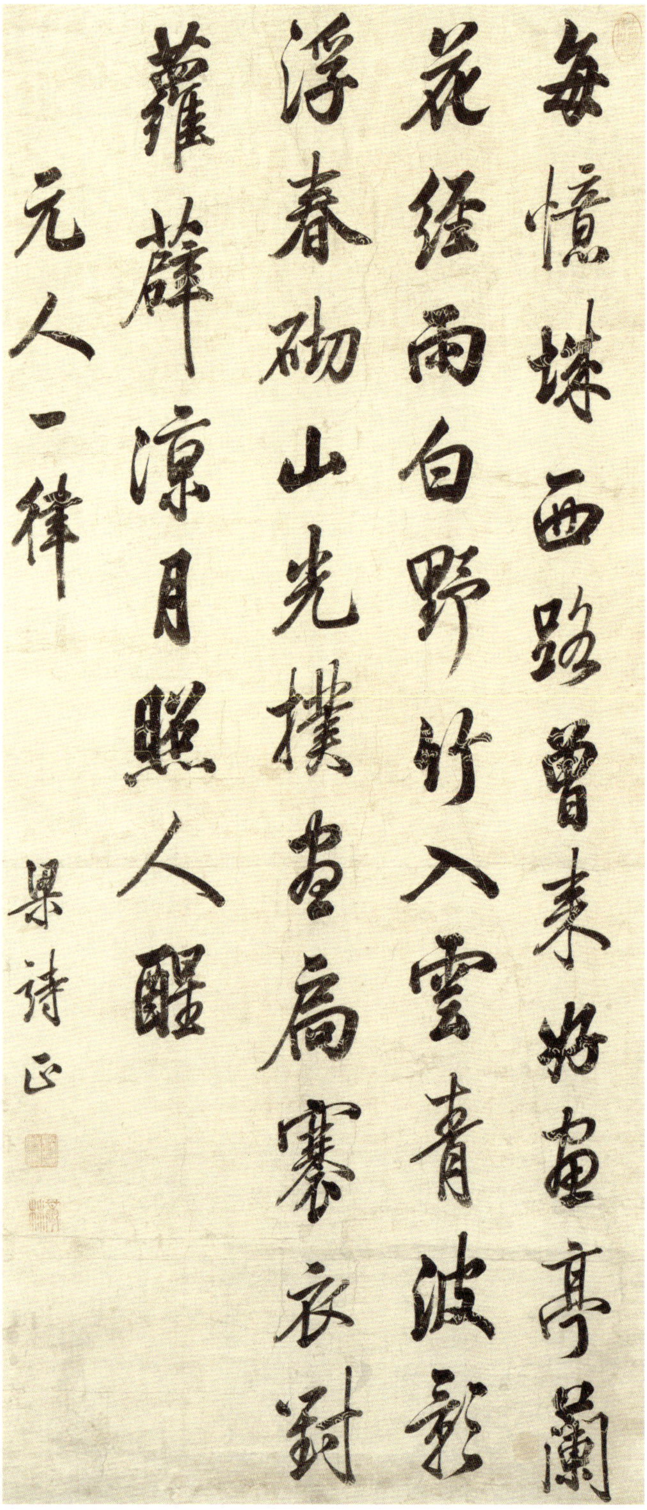

梁诗正（1697～1763），字养仲，号薌林，钱塘（今杭州）人。雍正八年（1730）探花，官至太子少师、吏部尚书、大学士，深得乾隆帝信赖。参与《秘殿珠林》《石渠宝笈》《西清古鉴》等书的编纂。精诗文，擅书法，名重当世。著《矢音集》。

此幅书元王士熙《题玩芳亭五首》之一。梁诗正书法初学柳公权，后参以赵孟頫、文徵明，晚年师法颜真卿、李邕。此作笔势伸展，结字严紧，骨力矫健，集众家之长，得雍容俊拔之态。

本幅款署："梁诗正。"钤"梁诗正"白文印、"薌林"朱文印，引首章为"十二楼前侍从印"朱文椭圆形印。

释文：每忆城西路，曾来好画亭。兰花经雨白，野竹入云青。波影浮春砌，山光扑昼扃。褰衣对萝薜，凉月照人醒。元人一律。梁诗正。

（华宁）

憶逢西路曾
經雨白野竹
春砌山光樓
薜涼月照

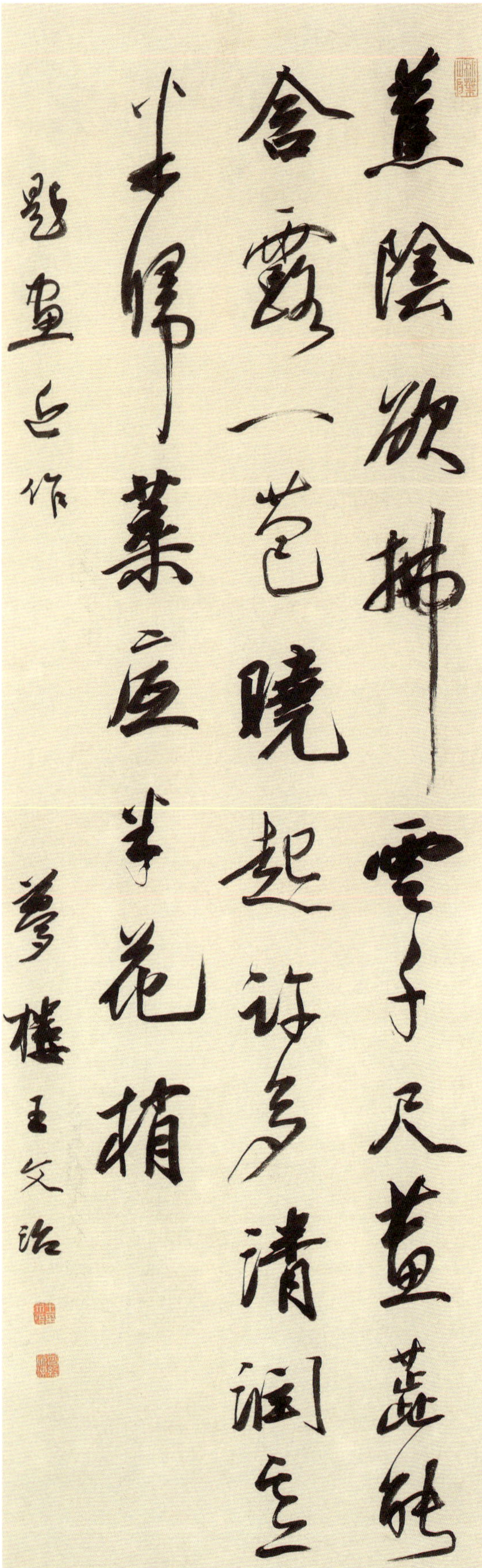

54.《题画诗》轴

清·王文治
纸本 行书 纵 132 厘米 横 40.3 厘米

王文治（1730～1802），字禹卿，号梦楼，丹徒（今江苏镇江）人。乾隆二十年（1755）随琉球国王册封使渡海至琉球，遂使书名远播海外。乾隆二十五年（1760）探花，授翰林院编修，擢侍读，出为云南姚安知县，后乞病归不复出仕，往来吴、越间，主讲杭州、镇江书院。工诗文，通音律，精鉴赏。书法初习二王，后受米芾、赵孟頫、董其昌影响，晚年出入张即之。书风以清淡姿媚、秀逸洒脱著称，与刘墉、翁方纲、梁同书并称于书坛。著有《梦楼诗集》《快雨堂题跋》。

此作书题画诗一首，风度健劲流美，颇具王氏特有的笔墨神采与飘逸韵致。

本幅款署："梦楼王文治。"钤"王文治印""曾经沧海"白文印二方，引首章为"柿叶山房"朱文印。

释文：蕉荫欲拂云千尺，蕙芷能含露一苞。晓起许多清润意，半归叶底半花梢。题画近作。梦楼王文治。

（华宁）

陰欲神
露一芭隨
歸葉之臣

55.《山水楼阁图》轴

清・袁耀
绢本 设色 纵 202 厘米 横 120 厘米

袁耀，字昭道，江都（今江苏扬州）人。有关其生平记载较少，根据流传作品推知，他大约生于康熙后期，卒于乾隆四十三年（1778）后。善画山水、花鸟、界画，画风工整、华丽，与袁江相似，其精品有胜于袁江者。他曾随袁江至山西太原作画，晚年在扬州病逝。

此图是袁耀中年时期创作的大幅画作。绘高山峻岭、山石陡峭、树木葱郁、楼阁华丽的优美景致。图中用笔严谨精到，山水以工笔画出，墨色富于浓淡变化，明净雅致，意境恬淡，别有一番韵味。

本幅款题："山雨欲来风满楼。己卯畅月邗上袁耀拟意。"钤，"袁耀之印""昭道氏"白文印二方。

"己卯"为乾隆二十四年（1759）。

（袁杰）

56.《墨梅图》轴

清・罗聘
纸本 墨笔 纵 125.5 厘米 横 42.5 厘米

罗聘（1733～1799），字遯夫，号两峰，又号花之寺僧等。原籍安徽歙县，寓居扬州。博闻好学，才华横溢，20 多岁随金农学诗和画。其人物、花鸟、山水兼善，画法受石涛、华嵒、金农等人的影响，以清奇、怪异的笔力见长，因画《鬼趣图》而轰动文坛。他与妻方婉仪和子女均工于梅画，有“罗家梅派”之称。

图绘傲风凌寒的梅花竞相绽放，一派生机勃勃的景致。图中花瓣或以仿元赵孟頫的“水墨”法墨晕，或以仿元王冕的“空圈”法线勾，无色晕染的花瓣于交叠辉映中，自得“不要人夸好颜色，只留清气满乾坤”的丽质，这种气质正是作者仿南宋葛长庚的梅画所要追求的清绝意韵。

本幅款题：“白玉蟾善画梅，梅枝戍削几类荆棘，著花甚繁，寒葩冻萼不知有世上人。玉蟾本姓葛名长庚，出游海上，号海琼子，又号缤庵、武夷散人、神霄散史、紫清真人，殆乎仙者也。昔年曾见其小幅题诗亦清绝，今拟之颇多合处。予初号两峰子，又号花之寺僧、金牛山人、蓼洲渔父、鹿裘生、人日生人，可谓遥遥相契于千载上矣。此帧为云峰先生作回溯厥画梅之源自若家始也。己亥孟冬罗聘记。”钤“两峰”白文印。

“己亥”为乾隆四十四年（1779），罗聘时年 47 岁。

（李湜）

白玉蟾善畫梅梅枝戊削幾類荊棘著花甚繁寒葩凍蕚不知有
世上人玉蟾本姓葛名長庚出游海上號海瓊子又號瓊庵武夷散人
神霄散吏紫清真人殆乎仙者也昔年曾見其小幅題詩亦清絕今擬
之頗多合處予初號兩峯子又號花之寺僧金牛山人蓼洲漁父鹿裘
生人日生人可謂遙遙相契于千載上矣然慎爲
雲峯先生作因朔一致畫梅之原自若家治也乙亥孟冬羅聘記

57.《七律诗》轴

清・邓石如
纸本 行草 纵 172.8 厘米 横 100.3 厘米

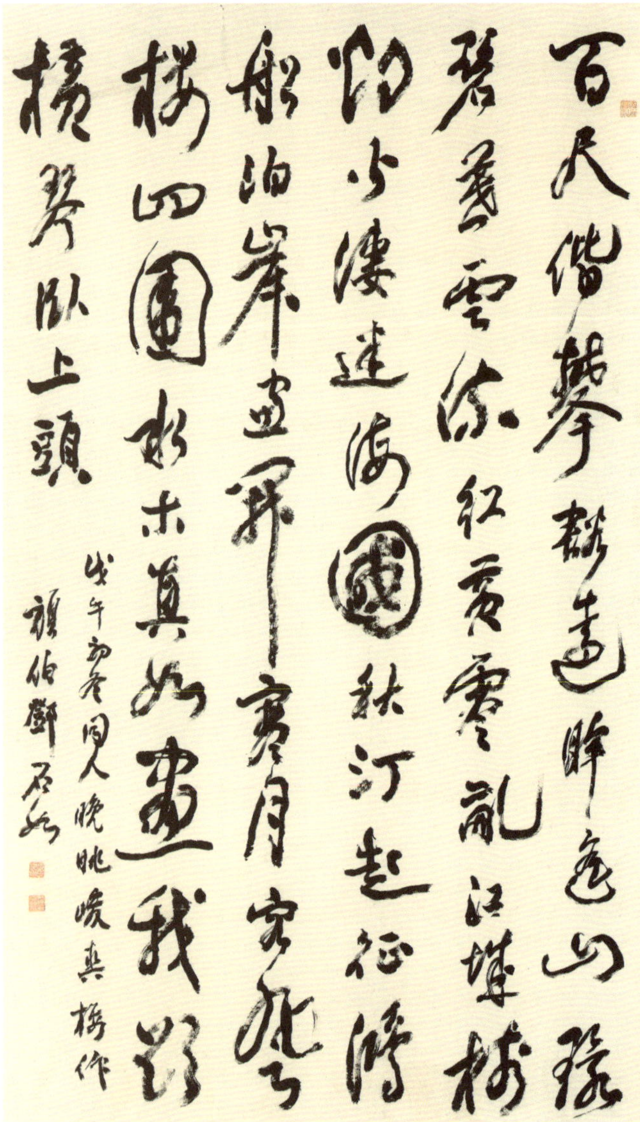

邓石如（1743～1805），初名琰，因避清仁宗讳，遂以字行，更字顽伯，号完白山人、笈游道人等，怀宁（今安徽安庆）人。清代乾、嘉时期碑学大师。少好刻石，弱冠谒江宁梅镠，梅家多藏金石善本，尽出与石如，使专摹习。客梅氏八年，学既成，又客于两江总督毕沅幕府。3 年后辞归。工书法、篆刻。书工各体，以篆、隶为最精，颇得古法，兼融各家之长，形成独特风格。清李兆洛谓其书“真气弥满，楷则俱备，其手之所运，心之所追，绝去时俗，同符古初，津梁后生，一代宗仰。”对清代中、后期书坛有巨大影响。著有《完白山人篆刻偶存》等书，《清史稿》有传。

本幅自书七律《登峻爽楼》一首，作于嘉庆三年（1798），时年 56 岁，为晚年书作。邓石如书法篆、隶、真、行、草五体俱精，尤以篆书著称，存世行草书较少，而此幅行草书可见其植根于篆、隶，又汲取了北碑的点滴，既“苍劲朴厚”又“流丽清新”。康有为在《广艺舟双楫》中曰：“他的草书，潇洒遒劲，更觉气满神光、跌宕奇肆，隽永耐味，笔气流丽。”充分说明邓石如的行草书法艺术的高度，令后世敬仰。

本幅款署：“戊午初冬同人晚眺峻爽楼作，顽伯邓石如。”钤“邓氏完白”白文印、“邓石如字顽伯”白文印。引首钤“家在龙山凤水”朱文印

释文：百尺偕攀豁远眸，遥山环碧暮云流。红黄零乱江城树，烟火凄迷海国秋。汀起征鸿船泊岸，画开寒月客登楼。四围水木真如画，我欲横琴卧上头。戊午初冬，同人晚眺峻爽楼作。顽伯邓石如。

（李艳霞）

潮擊群書醉危迴
雲餘紅更零亂江
接遠海國秋汀起
屏遙開寒月空
圓水亦真如畫我

58. 篆书轴

清 · 钱坫
纸本 纵 125 厘米 横 56.7 厘米

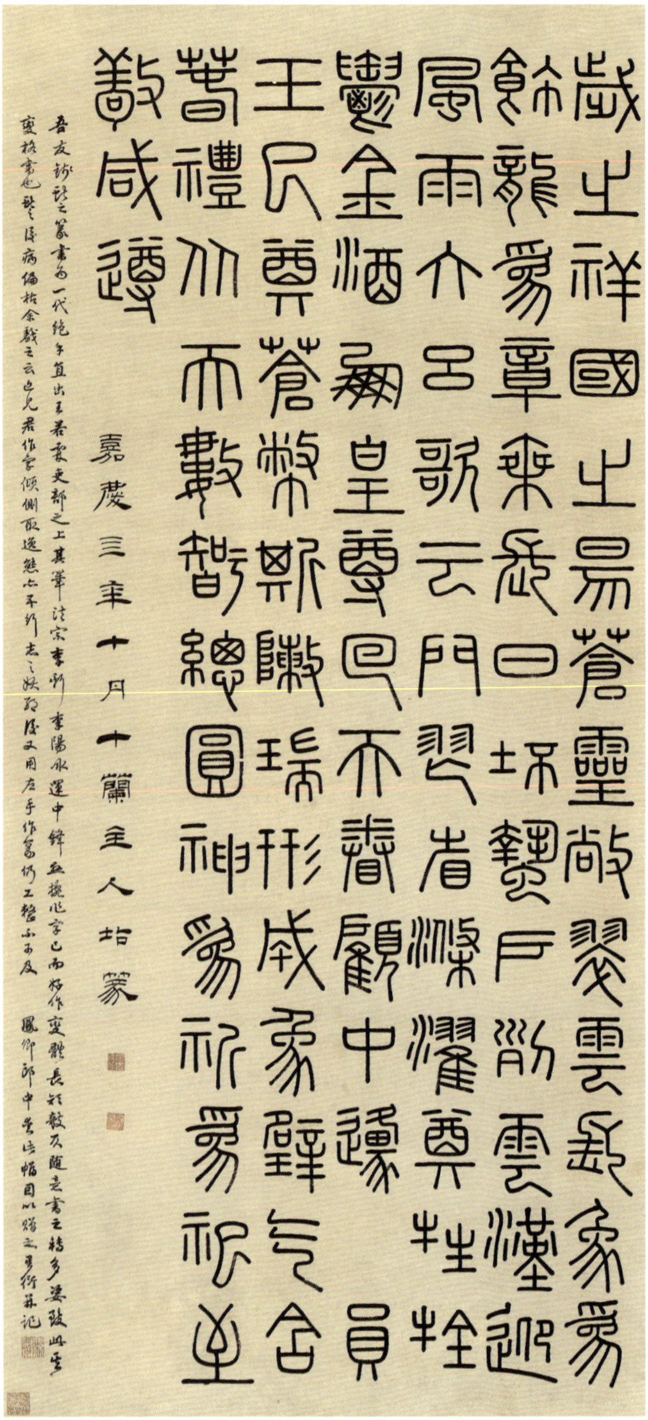

钱坫（1741～1806），字献之，号十兰、篆秋，江苏嘉定人，钱大昕族子。官乾州州判，兼署武功县。为乾嘉学者，著述宏富，有《史记补注》《论语后录》《尔雅释义》《十经文字通正书》等多种。工书法，尤精铁线篆，大昕授以李阳冰《城隍庙碑》，昼夜习之，遂以篆名天下，自负直接李阳冰。兼工治印，能画梅兰竹石。晚年右体偏枯，以左腕书画。著有《篆人录》《古器款识》等。

此轴以篆书抄录《隋书》卷十四昭夏、登歌二篇，书于嘉庆四年（1799），钱坫时年59岁。幅上有孙星衍题记一则，对钱坫篆书成就和不同时期风格变化特点作了精辟阐述："吾友钱献之篆书为一代绝手，直出王若霖吏部之上。其笔法宗李斯、李阳冰，运中锋，悬腕作字。已而好作变体，长短欹仄，随意书之，转多姿致。此其变格书也。献之后病偏枯，余戏之云：近见君作字，倾侧取逸态，亦五行志之娱耶。后又用左手作篆，仍工整不可及。凤卿郎中爱此幅，因以赠之。星衍并记。"

本幅款署："嘉庆四年十月十兰主人坫篆。"钤"钱坫私印"朱文印，"梁山祭尊"白文印。鉴藏印有："嘉定徐郙收藏书画金石"朱文印。

释文：岁之祥，国之阳。苍灵敞，翠云长。象为饰，龙为章。乘长日，坯蛰户。列云汉，迎风雨。大吕歌，云门舞。省涤濯，奠牲牷。郁金酒，凤凰樽。回天眷，顾中原。

员玉已奠，苍币斯陈。瑞形成象，璧气含春。礼从天数，智总圆神。为祈为祀，至敬咸遵。

嘉庆四年十月十兰主人坫篆。

（华宁）

易蒼靈敬習雲
處日坏鞠斤淅
云門習者滌濯
要回不讀觀中
斯職張形成象
智總圓神易祈

59.《赵孟頫大士赞》卷

清・永瑆

纸本 楷书 纵 32.8 厘米 横 89 厘米

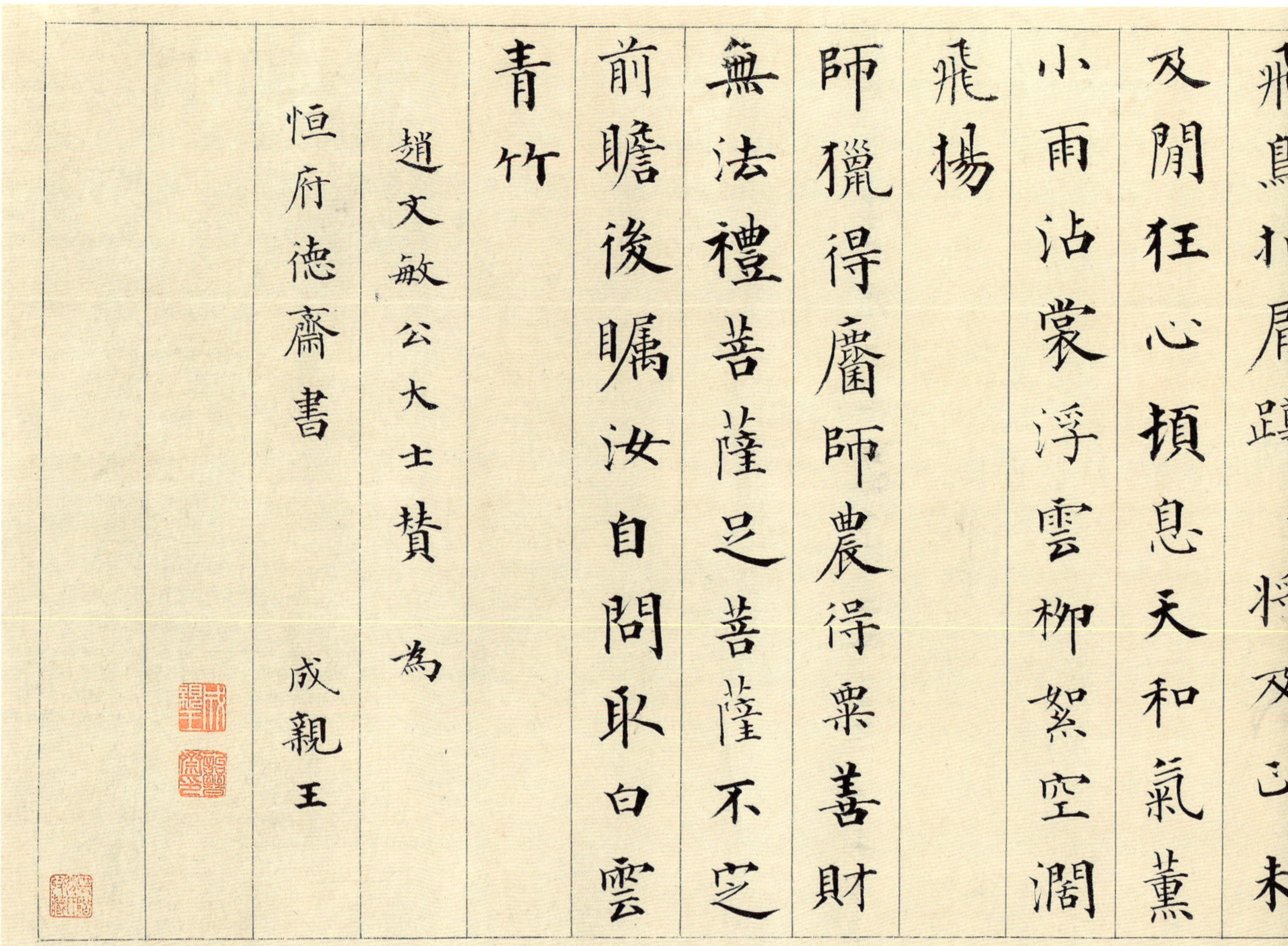

永瑆（1752～1823），字镜泉，号少庵、诒晋斋主人。清乾隆皇帝第十一子，淑嘉皇贵妃所生，封成亲王。自幼工书，颇受乾隆皇帝喜爱。工诗文，书法初师赵孟頫、欧阳询，后涉足前代诸家，“深得古人用笔之意”。精真、行二体，兼及篆、隶，名重当时。在清中期，永瑆书名与刘墉、翁方纲、铁保齐名，合称“乾隆四家”。刻有《诒晋斋帖》。此作以恭楷录《赵孟頫大士赞》。用笔清劲峭拔，结字整肃，极见唐人楷法之精绝。

本幅款署：“为恒府德斋书。成亲王。”钤“成亲王”“诒晋斋印”白文印二方。鉴藏印钤：“芸阶姚氏收藏”朱文印。外有题签“成哲亲王书赵文敏公大士赞。石雪居士题签”。钤“徐宗浩印”。知此卷曾为徐石雪所藏。徐石雪（1880～1957），名宗浩，字养吾，祖籍江苏常州，久居北京，画家、篆刻家、文物收藏家。工画山水、兰、竹，尤擅画竹，著有《竹谱》行世。亦工诗，著有《石雪诗草》。一生收藏甚富，逝世后，遗嘱将所藏

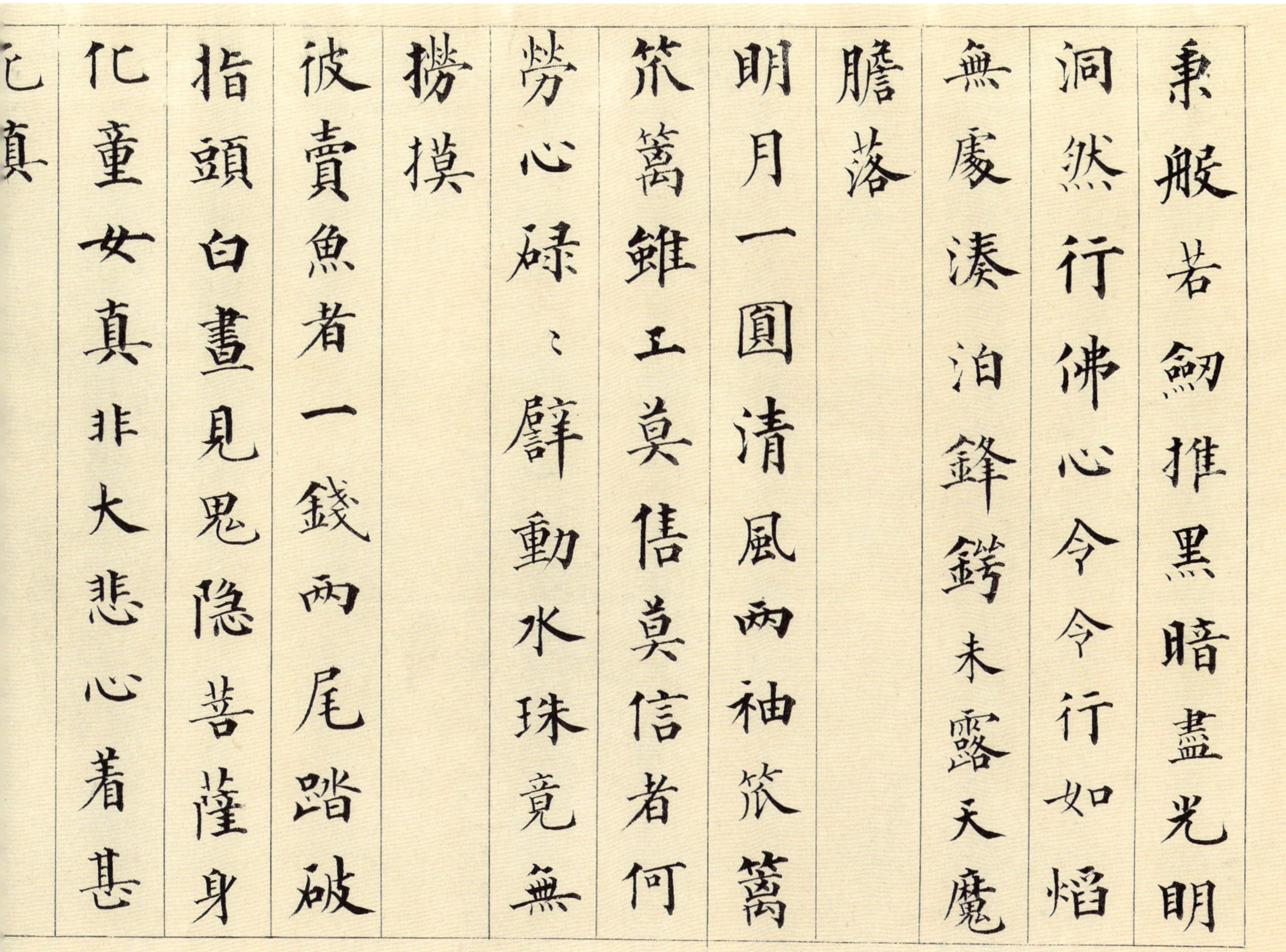
秉般若劍推黑暗盡光明
洞然行佛心令令行如焰
無處湊泊鋒鍔未露天魔
膽落
明月一圓清風兩袖笊篱
笊篱雖工莫售莫信者何
勞心碌〻譬動水珠竟無
撈摸
彼賣魚者一錢兩尾踏破
指頭白晝見鬼隱菩薩身
化童女真非大悲心着甚

法书、绘画、碑帖等500多件文物捐献给故宫博物院。

释文：秉般若。剑推黑暗尽光明。洞然行佛心，令令行如焰。无处凑泊，锋锷未露，天魔胆落。
明月一圆，清风两袖。笊篱笊篱，虽工莫售。莫信者何，劳心碌碌。譬动水珠，竟无捞摸。
彼卖鱼者，一钱两尾。踏破指头，白昼见鬼。隐菩萨身，化童女身。非大悲心，着甚死嗔。
飞鸟拍肩，蹲蹲将及。正未及闲，狂心顿息。天和气薰，小雨沾裳。浮云柳絮，空阔飞扬。
师猎得麕，师农得粟。善财无法，礼菩萨足。菩萨不定，前瞻后瞩。汝自问取，白云青竹。
赵文敏公大士赞。为恒府德斋书。成亲王。

（郝炎峰）

60.《京口三山图》卷

清 · 张崟
纸本 设色 纵 29.3 厘米 横 193 厘米

张崟（1761～1829），字宝岩，号夕庵，晚号且翁、城东蛰叟，所居曰“饮渌草堂”，丹徒（今江苏镇江）人。贡生。能诗擅画，工山水、花卉、竹石及佛像。其山水画初仿文徵明，后改宗沈周，脱“四王”窠臼，形成笔致细密，设色雅致的画风。平生不肯轻易落墨，遇山水赏心处，则累月不归。从学者较多，有“京江派（又作丹徒派）”之称。其妙于绘松，与工于绘柳的时人顾鹤庆并称，享有“张松顾柳”之誉。

此图通过画卷横向展开的方式，以纪实的表现手法，逐一展现了作者家乡“京口三山”的名胜景观。“京口三山”指北固山、焦山、金山，它们之间成犄角之势，鼎立对峙。其中北固山背临长江，峭壁如削；焦山耸立于江心，犹如“中流砥柱”，山寺隐约，林木苍翠；金山似“江心一朵芙

蓉”，塔寺台阁皆依山傍势，凿岩而建，形胜天然。此图基于宋画写实的手法，刻画入微，有清馨之气；墨色多次重叠，犹如“积墨法”，使山体、树木呈现苍浑丰郁之势。此图作为一幅带有鲜明地域色彩的实景写照作品，对于后人研究“京口三山”的地理、地貌具有着重要的意义。

本幅款署：“京口三山图，呈云汀大人钧鉴，丁亥正月，丹徒张崟。”钤“张崟之印”白文方印。鉴藏印有：“筠州吴应南收藏书画印”朱文长方印、“雷洛”朱文长方印。“丁亥”为道光七年（1827），作者时年67岁。

（陶静）

61.《八言联》

清・何绍基
纸本 楷书 纵 191.4 厘米 横 42.8 厘米

何绍基(1799～1873),字子贞,号东洲,晚号蝯叟,道州(今湖南道县)人。道光十六年(1836)进士，授编修，充武英殿国史馆协修、总纂。先后任福建、贵州、广东乡试考官,四川学政,后执教于山东、长沙、浙江等地书院。博学多才。嗜金石。书法面目独特，自成一家。著有《惜道味斋经说》《东洲草堂金石跋》《东洲诗文集》等。

何绍基书法初学北魏张玄墓志，后师法颜真卿，并追溯篆、隶书渊源，特别研习《张迁碑》，晚年喜摹欧阳询，融入沉着雄健韵味。此作虽为楷书，但结体宽绰，稍作斜欹，笔致飘逸自由，不拘成法，具有个性风范。

本幅款署:“韫斋大公祖大人正。弟何绍基。”钤“何绍基印”朱文印、“子贞”白文印。

释文：古砚华笺分桂上露，清言妙理来松下风。韫斋大公祖大人正。弟何绍基。

(华宁)

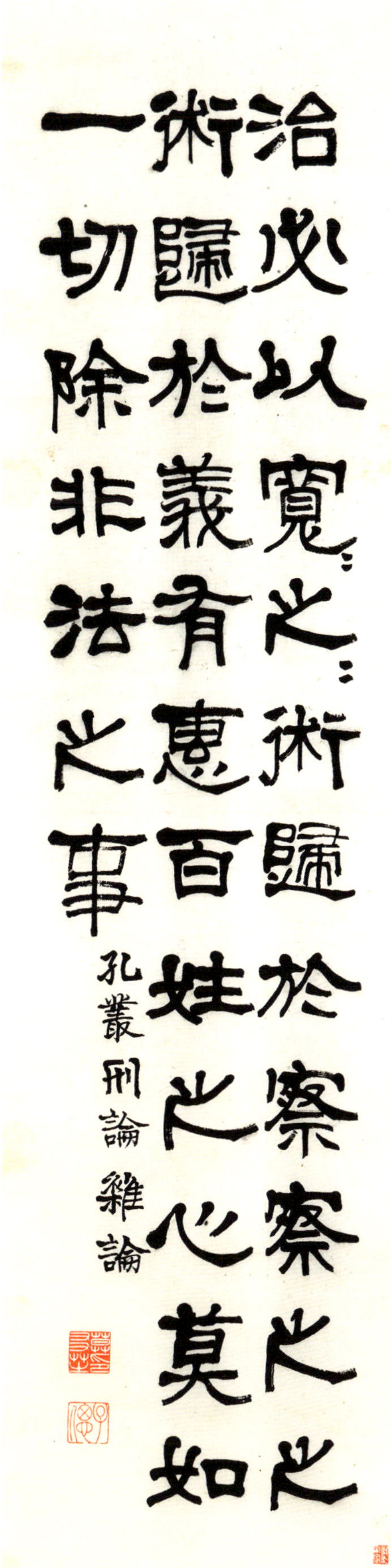

62. 录语轴

清・莫友芝
纸本 隶书 纵 124 厘米 横 31 厘米

莫友芝（1811～1871），字子偲，号郘亭，晚号眲叟，贵州独山人。道光十一年（1831）举人，官知县。曾任曾国藩幕僚，后寓金陵。工诗，有《郘亭诗钞》。精通金石考据之学，与遵义郑珍齐名，号郑莫。擅书法，尤精篆、隶。此篇录文择自汉孔鲋所撰《孔丛子》。笔法结合隶书与魏碑的特点，浑厚顿错，具有浓重的金石意味。

本幅款钤：“莫友芝印”白文印、“子偲”朱文印。鉴藏印有：“龙友审定”白文印。

释文：治必以宽，宽之之术归于察，察之之术归于义。有惠百姓之心，莫如一切除非法之事。孔丛刑论杂论。

（华宁）

63.《陈云柯小像图》轴

清·费丹旭
纸本 设色 纵 85 厘米 横 59.5 厘米

费丹旭（1801～1850），字子苕，号晓楼、环渚生、偶翁，乌程（今浙江湖州）人。自幼从父珏（芝原）习画，善绘仕女，笔致轻灵淡雅，颇得女性娟秀之美，病弱之态。工于肖像，以如镜取影、情神酷肖为人称道。亦能山水、花卉，取法恽寿平，笔墨洁净清丽，具闲散意趣。长年流寓上海、江浙一带，交游于文士间，艺术修养广博深邃。

图绘须髯垂髫、笑容可掬的像主陈云柯坐于平石之上，左右以竹、石相伴。人物的面部以传统的写真方式表现，用线勾勒，淡彩渲染，其线条柔和精细，刻画细腻生动，富有立体感。衣纹以线条为骨，流畅而又古拙。图中坚硬的山石以湿墨皴擦出形，秀挺的青竹以浓淡墨相衬晕染，朦胧有致。石与竹有机的结合，以物托志，标示出像主高志朗逸的内在情怀。

本幅款署："癸巳冬十一月，云柯先生属写。晓楼费丹旭。"钤"子苕"朱文印。鉴藏印有："徐宗浩印""石雪斋秘笈印"等，共四方。

"癸巳"为道光十三年(1833)，作者时年 33 岁。

（陶静）

64.《十万图册》

清·任熊
泥金笺 设色 共十开 每开纵 26.3 厘米 横 20.5 厘米

任熊(1823～1857),字渭长,又字湘浦,浙江萧山人。人物、花卉、山水无所不能,工笔、写意兼长。人物线条圆劲,形象夸张。花鸟则工笔重彩与没骨写意兼收并蓄,情调清新。山水布局奇巧,笔墨精微,色彩缤纷。

此十幅山水精品,因题目均以“万”字起首而得名“十万图册”,即“万点青莲”“万壑争流”“万林秋色”“万丈空流”“万横香雪”“万松叠翠”“万笏朝天”“万峰飞雪”“万竿烟雨”“万卷诗楼”,以寓至多尽善、完满俱足之意。画面多取材于苏州太湖一带的山水而内容又有所扩大,如“万笏朝天”“万横香雪”即以苏州天平山和香雪海为素材,“万点青莲”描绘的应是杭州西湖的景色,而“万丈空流”“万竿烟雨”则是想象中的海岛和潇湘奇景。总之,画家是以“十”“万”来概括天下美景与赏心乐事。作品笔法细腻,构思精微,意境深邃,并富有装饰趣味,于写实中充满浪漫情调。尤其是作者充分运用金笺纸的底色作用,使青绿设色愈显得绚丽多彩,浓艳华贵而不失雅逸的艺术效果。每开分别钤“任熊印信”白文印。

(汪亓)

影横香雪

萬松疊翠

萬竿煙雨

65.《彭公像》轴

清・虚谷
纸本 设色 纵 125.2 厘米 横 63.6 厘米

虚谷（1824～1896），姓朱，名虚白，字怀仁，出家为僧后以虚谷名，号紫阳山民、倦鹤等。祖籍新安（今安徽歙县），寓居扬州、苏州、上海等地，卖画维生。能诗擅画工于书法，尤以善绘人物肖像、瓜果鱼蔬、禽鸟等为人称道。喜用枯笔焦墨，具有拙于外秀于内的笔墨特点。与任颐、胡公寿等交往密切，是晚清著名的海上名家。

图绘像主彭公手执菊花，倚石而坐的正面形象。人物五官刻画细腻、清晰，富有立体感，显现出"人淡如菊"的儒雅风貌。湖石块垒，或留白不加涂抹，或以浓、淡墨晕染，其丰富的色调变化，表现出湖石"皱、漏、瘦、透"的结构之美。图中挺拔的双松、漫步的白鹤，以及盛开的丛菊和茏葱的秋树，均以工整的笔致精心点染，与湖石的笔法形成鲜明的对比，可见作者既能随心写意又妙于工笔重彩，具有较全面的绘画造诣。

（李湜）

66.《古柏灵芝图》轴

清·赵之谦

纸本 设色 纵 140.8 厘米 横 37.8 厘米

赵之谦（1829～1884），字益甫，号撝叔，别号悲盦、梅盦等。会稽（今浙江绍兴）人。咸丰九年（1859）举人。晚年寓上海卖画为生。书法初学颜真卿，后专意于北碑，篆、隶师法邓石如，又变化成自家面貌。其花卉画笔墨酣畅，色彩浓郁，在师承明代徐渭、陈道复等人的基础上，又以金石、书法入画，以画风独特，称誉画坛。

图绘一株参天的柏树，粗壮的树干上疤痕累累，显现出久经岁月的磨难。交叠成荫的叶片郁郁葱葱，透发出一派春意，令古柏于苍翠间表现出宁折不屈的顽强生命力。柏树下低矮的灵芝，茁壮而富有生气，颇有“迈众芳而秀出，冠杂卉而当闱”的神采。

此图以刚劲有力的书法用笔绘枝干，并以焦墨皴擦勾勒，生动地表现出古树的伟岸。叶片和树下的青草、灵芝以仿恽寿平的没骨法点染，笔致灵活，以神韵、情趣取胜，它们与树干形成刚柔相映的有机对比，令画作具有多层次的视觉空间，是赵之谦以书入画的代表作。

本幅款署：“竹君一兄大人正，赵之谦画。”钤“赵之谦印”白文印。

（李湜）

67.《玉兰图》轴

清・吴昌硕
纸本 设色 纵 174.8 厘米 横 47.5 厘米

吴昌硕（1844～1927），初名俊，后改俊卿，字昌硕（一作仓石），后以字行。号缶庐，晚号大聋，浙江安吉人。工书法，精篆刻，中年以后始学画，近师赵之谦、任颐，远法徐渭、朱耷诸家，擅以篆、隶及狂草笔法入画，雄健古拙，别具新貌，为画坛“海派”代表人物。

图绘玉兰花依石而开的景致。白描的玉兰与墨染的山石，形成强烈的黑白对比，它们于相互依托中虚实相生，令简约的布局不失雄强之势。兰、石以金石篆籀的笔法入画，浑厚老辣的笔墨融入简率疏野的写意花鸟画格之中，营造出“豪放而馨香”的绮丽效果，与图中苍劲有力的书法，相映生辉，此幅当属诗书画有机结合的佳作。

本幅款署:“木笔年年纪岁华,昌硕。”钤“昌硕”白文方印。右下自题五言诗:“风过影玲珑，帘开雪未融。色移来蜀后，光欲夺蟾宫。不夜云归晚，无暇玉铸工。青莲真失计，贪赋鼠姑红。己酉夏四月,安吉吴俊卿。”钤“仓翁”白文方印、“古鄣”白文方印。

“己酉”为宣统元年（1909），作者时年 66 岁。

（陶静）

Dynastic Paintings and Calligraphy in the Palace Museum Collection

Chinese painting and calligraphic art enjoy a long history. Both were derived from primitive symbols, nourished by Chinese civilization, executed with the same tools, i.e., brush pen, ink, paper, and inkstone, and both were created using lines and strokes as the basic elements. Chinese painting and calligraphy both strive for brilliant brushwork and lyric aesthetics. Although they developed into two independent art forms - calligraphy emphasizing emotional release, and painting focusing on sketching likenesses - for millennia there was mutual interplay and development. Through constant interaction, the two arts complemented and enhanced each other such that they were popularly employed in other traditional arts, and continue to thrive even today. With their long history, unique presentation and aesthetics, Chinese painting and calligraphy have played an indispensable role in the fine arts.

The Jin (265-420), Tang (618-907), Song (960-1279), and Yuan (1272-1368) dynasties constitute a vital period during which Chinese painting and calligraphy became established with their own masterpieces and time frames. The calligraphy practiced by the Jin dynasty master Wang Xizhi (303-361,or 321-379) greatly expanded the artistic possibilities of the emerging Chinese writing system, setting criterion for later calligraphic works. In the Jin dynasty, figure painting with Gu Kaizhi (345-406) as the leading painter also reached a high level. In the Sui and Tang dynasties painting continued to thrive with new categories such as landscape with buildings, equestrians, and quadrupeds. Famous works by Zhan Ziqian (act.ca.latter half of the 6th c.), Yan Liben (ca. 600-673), and Han Huang (723-787) among others reflect a splendid flourishing era. Structures of Chinese characters formed by Tang dynasty regular-script masters including Ouyang Xun (557-641), Yu Shinan (558-638), Chu Suiliang (596-659), Xue Ji (649-713), Yan Zhenqing (709-785), and Liu Gongquan (778-865) established standards for later generations that are still used today.

Painting matured in the Five Dynasties and the Song dynasty: masters of landscape, figure, and bird-and-flower paintings emerged. With consummate skill, they emphasized the fidelity to objects, developing a refined style. These developments were related to the establishment of the imperial painting academy, the policy of promoting and awarding talented painters, and the popular participation of the scholar-elite in art creation. Calligraphers of the Song and Yuan dynasties advocated distinctive personal styles to show literary cultivation within the norms of calligraphy. Calligraphy was infused with cultural messages beyond serving as a pragmatic system of writing. The notable figures were the "Four Masters of Song" (Su Shi [1037-1101], Huang Tingjian [1045-1105], Mi Fu [1051-1107], and Cai Xiang [1012-1067]), Xianyu Shu (1246-1301), and Zhao Mengfu (1254-1322). In painting, the "Four Masters of Yuan" raised the visibility of "literati paintings", concerning themselves with truth to an essence other than the appearance of the object. They left room for further development in the Ming (1368-1644) and the Qing (1644-1911) dynasties.

In the Ming dynasty Chinese painting and calligraphy blossomed. Inheriting the tradition of the Song dynasty (960-1279), painting and calligraphy achieved tremendous progress theoretically and technically. Many regions produced groups of artists with distinct idioms. The most notable Ming dynasty calligraphy was the cursive script by the "Three Songs" (Song Ke [1327-1387], Song Sui [1344-1380], and Song Guang [act. 14th c.] and the "court style" regular script by "Two Shens" (Shen Du [1357-1434] and his brother Shen Can). Dominating the painting sphere were the unrestrained "Zhe school" and the "Academic style" led by Dai Jin (1388-1462) and Lin Liang (ca. 1436-1487). From the second half of the fifteenth century, Wumen (today's Suzhou in Jiangsu province) became the center for painting and calligraphy. Calligraphers such as Wu Kuan (1435-1504) and Wang Chong (1494-1533) escaped the restraint of the "court style" regular script. The "Four Masters of Wumen" (Shen Zhou [1427-1509], Wen Zhengming [1470-1559], Tang Yin [1470-1523], and Qiu Ying [ca. 1505-1552]) replaced the "Academic style" with thin, delicate colored literati paintings. Chen Chun (1483-1544) and Xu Wei (1521-1593) enriched the brushwork with their innovative free-style bird-and-flower paintings. In the late Ming dynasty, Dong Qichang (1555-1636) developed theories of painting and calligraphy, exerting substantial influence during his lifetime and the succeeding Qing dynasty (1644-1911). Meanwhile, Zhao Zuo (d. after 1636) and Shen Shichong (act. early 17th c.) of the "Songjiang school", Lan Ying (1585-ca. 1666) and Chen Hongshou (1598-1652) based in Hangzhou, Zhejiang Province, all demonstrated their distinct talents in painting, brightening the art of the turbulent late-Ming society.

Qing dynasty paintings and calligraphy benefited from inheritance and innovation. In the seventeenth century, inheriting late Ming calligraphic styles, masters such as Wang Duo (1592-1652) and Fu Shan (1607-1684) as loyalists to the vanquished Ming dynasty released their cynical rage in monumental, strange, and unrestraint brush strokes. The clear and forceful works of the "Four Masters of the Kangxi reign" (Jiang Chenying [1628-1699], He Zhuo [1661-1722], Wang Shihong [1658-1723], and Chen Bangyan [1678-1752]) showed their debt to Dong Qichang. In painting, Wu Li (1632-1718), Yun Shouping (1633-1690), and the "Four Wangs" occupied the "orthodox" position by synthesizing the past and bringing painting techniques to the highest development. By contrast, a new "individual" style of landscape was pioneered by the "Four Monks" (Shitao [1642-1707], Zhu Da [1626-1705], Kuncan [1612-1673], and Hongren [1610-1663]), the "Jinling school" of Nanjing, and the "Huangshan school" of Anhui Province.

Mid-Qing scholars embraced the idea of reviving the past to establish the new. The promotion of Jin (265-420) and Tang (618-907) rubbings by Liu Yong (1720-1804) and Weng Fanggang (1733-1818) elevated the study of epigraphy. By introducing clerical and seal scripts into calligraphy, Deng Yan (Deng Shiru, 1743-1805) and Yi Bingshou (1753-1815) initiated the study of stele inscriptions. At the court, Western painting techniques were adapted to vary pictorial expression. The emergence of the "Yangzhou school" revitalized painting. In the late Qing dynasty enthusiasm for transcribing and copying clerical and seal scripts from steles increased. Calligraphers He Shaoji (1799-1873), Zhao Zhiqian (1829-1884), and Wu Changshuo (1844-1927) were the most prominent. Works of the "Shanghai school" and the "Lingnan school" were appreciated by both educated and common folks for their lively reflection of the times and raised the curtain on modern painting.

The Palace Museum's rich and eclectic holdings of traditional Chinese calligraphy and paintings encompass not only extremely rare early masterpieces but also representative works from every historical period. These art works help in understanding the history of traditional Chinese calligraphy and painting. Here, the Palace Museum presents a selection of the finest works in order to introduce visitors to the classics, to share the sophistication of the works, and to reveal the profundity of Chinese culture.

Index

01.Song dynasty copy after Gu Kaizhi (345-406), Eastern Jin dynasty (317-420)
Admonitions of the Court Instructress to Palace Ladies

02.Yan Zhenqing (708-784), Tang dynasty (618-907)
Huzhou Manuscript in Running Script

03.Fan Zhongyan (989-1052), Northern Song dynasty (960-1127)
Two Letters in Running Script

04.Guo Xi (ca. 1020-ca. 1090), Song dynasty (960-1279)
Nest of Rocks on a Plain

05.Attributed to Li Gonglin (1049-1106), Song dynasty (960-1279)
Vimalakīrti Preaching Buddhist Doctrine

06.Mi Youren (1074-1153, or 1086-1165), Song dynasty (960-1279)
Rare Views of Xiao Xiang

07.Zhao Bosu (1124-1182), Song dynasty (960-1279)
Golden Halls in Pine Forest

08.Lu You (1125-1210), Southern Song dynasty (1127-1279)
Poem Cherishing Memories of Chengdu in Running Cursive Script

09.Fachang (d. after 1279), Song dynasty (960-1279)
Fruit, Birds, and Fish

10.Xianyu Shu (1246-1301), Yuan dynasty (1272-1368)
Pentasyllabic Quatrain in Running Script

11.Zhao Mengfu (1254-1322), Yuan dynasty (1272-1368)
Septasyllabic Quatrain in Running Script

12.Song Guang (act. ca. latter half of the 14th c.), Ming dynasty (1368-1644)
Ci Poem to the Tune "Wind in the Pines" in Cursive Script

13.Zhu Zhanji (1399-1435), Ming dynasty (1368-1644)
Zhuge Liang Reclining

14.Bian Jingzhao (act. ca. early 15th c.), Ming dynasty (1368-1644)
Bamboo and Cranes

15.Liu Jue (1410-1472), Ming dynasty (1368-1644)
Septasyllabic Octet in Cursive Script

16.Ni Duan, Ming dynasty (1368-1644)
Liu Biao Engaging Pang Degong

17.Shen Zhou (1427-1509), Ming dynasty (1368-1644)
Landscape after Dong Yuan and Juran

18.Zhou Chen (act. late 15th-early 16th c.), Ming dynasty (1368-1644)
The Merriment of Fishermen

19.Zhu Jianshen (1448-1487), Ming dynasty (1368-1644)
Auspicious Omen of the New Year

20.Guo Xu (1456-1532), Ming dynasty (1368-1644)
The Ballad of the Pipa Lute

21.Wu Wei (1459-1508), Ming dynasty (1368-1644)

The Great Ultimate

22.Wen Zhengming (1470-1559), Ming dynasty (1368-1644)
A Pentasyllabic Octet in Running Script

23.Wen Zhengming (1470-1559), Ming dynasty (1368-1644)
Ten Chants on Tea Sets

24.Tang Yin (1470-1523), Ming dynasty (1368-1644)
Palace Ladies of the Former Shu State (Four Beauties)

25.Xu Wei (1521-1593), Ming dynasty (1368-1644)
A Septisyllabic Octet in Running Script

26.Ma Shouzhen (1548-1604), Ming dynasty (1368 -1644)
Orchid, Bamboo, and Narcissus

27.Dong Qichang (1555-1636), Ming dynasty (1368 -1644)
Copying the Four Calligraphy Masters of the Song Dynasty

28.Mi Wanzhong (1570-1628), Ming dynasty (1368-1644)
A Septisyllabic Couplet in Running Script

29.Li Liufang (1575-1629), Ming dynasty (1368-1644)
Ink Play of Tanyuan

30.You Qiu (act. ca. late 16th c. - ca. early 17th c.),
Ming dynasty (1368-1644)
Hongfu Falling in Love with General Li Jing

31.Wen Chu (ca. 1594-1634), Ming dynasty (1368-1644)
Flowers

32.Wu Bin (act. ca. late 16th-early 17th c.),
Ming dynasty (1368-1644)
Portrait of Samantabhadra

33.Yang Wencong (1579-1649), Ming dynasty (1368-1644)
Immortal in a Village

34.Wang Shimin (1592-1680), Qing dynasty (1644-1911)
A Pentasyllabic Poem in Clerical Script

35.Wang Jian (1598-1677), Qing dynasty (1644-1911)
After Ni Zan's Pavilion, Stream, and Mountains

36.Wang Hui (1632-1717), Qing dynasty (1644-1911)
Reading by Windows in a Mountain Cottage

37.Yun Shouping (1633-1690), Qing dynasty (1644-1911)
Skyscraping Cliffs and Falling Rapids

38.Wang Yuanqi (1642-1715), Qing dynasty (1644-1911)
Complete Spirit and Sufficient Momentum

39.Fu Shan (1606-1684), Qing dynasty (1644-1911)
A Tang Poem in Seal Script

40.Kuncan (1612-1673), Qing dynasty (1644-1911)
The Heavenly-capital Peak of Mount Huang

41.Fan Qi (b. 1616), Qing dynasty (1644-1911)
Fishermen's Joy at the Willow Village

42.Zhu Da (Bada Shanren, 1626-1705), Qing dynasty (1644-1911)
Lotus, Rocks, and Bird

43.Shitao (Buddhist name Yuanji,
1642-ca. 1707),Qing dynasty (1644-1911)
Facing Chrysanthemums

44.Zha Sheng (1650-1707), Qing dynasty (1644-1911)
Imitating Mi Fu (1051-1107) in Running Script

45.Hua Yan (1682-1756), Qing dynasty (1644-1911)
A Blackbird on a Rose Bush

46.Fang Cong (act. mid 18th c.), Qing dynasty (1644-1911)
Travelers in an Autumn Mountain

47.Wang Shishen (1686-1762), Qing dynasty (1644-1911)
Plum Blossom

48.Jin Nong (1687-ca. 1763), Qing dynasty (1644-1911)
Figures and Landscapes

49.Huang Shen (1687-1768), Qing dynasty (1644-1911)
Four Recluses in Mount Shang

50.Giuseppe Castiglione (Chinese name Lang Shining,
1688-1766), Qing dynasty (1644-1911)
Flowers and Birds

51.Xu Yang, Qing dynasty (1644-1911)
Chat at a Mountain Villa

52.Li Fangying (1695-1755), Qing dynasty (1644-1911)
Plum Blossoms

53.Liang Shizheng (1697-1763), Qing dynasty (1644-1911)
Poems of Yuan Dynasty in Running Script

54.Wang Wenzhi (1730-1802), Qing dynasty (1644-1911)
A Poem Inscribed on Painting in Running Script

55.Yuan Yao (d. ca. 1778), Qing dynasty (1644-1911)
Landscape and Pavilions

56.Luo Pin (1733-1799), Qing dynasty (1644-1911)
Ink Plum Blossoms

57.Deng Shiru (1743-1805), Qing dynasty (1644-1911)
A Poem in Running Cursive Script

58.Qian Dian (1741-1806), Qing dynasty (1644-1911)
Handwriting in Seal Script

59.Aisin Gioro Yongxing (1752-1823), Qing dynasty (1644-1911)
Transcribing a Eulogy by Zhao Mengfu in Regular Script

60.Zhang Yin (1761-1829), Qing dynasty (1644-1911)
Three Mountains in Jingkou

61.He Shaoji (1799-1873), Qing dynasty (1644-1911)
Eight-character Couplet in Regular Script

62.Fei Danxu (1801-1850), Qing dynasty (1644-1911)
A Small Portrait of Chen Yunke

63.Mo Youzhi (1811-1871), Qing dynasty (1644-1911)
A Transcription in Clerical Script

64.Ren Xiong (1823-1857), Qing dynasty (1644-1911)
Ten Magnificent Landscapes

65.Xugu (1824-1896), Qing dynasty (1644-1911)
A Portrait of the Revered Mr. Peng

66.Zhao Zhiqian (1829-1884), Qing dynasty (1644-1911)
Ancient Cypress and Lingzhi Fungus

67.Wu Changshuo (1844-1927), Qing dynasty (1644-1911)
Magnolia

Some Creative Figures; Enjoying Paintings on Paper and Silk

Nie Hui

The ninth rotation of the exhibition "Dynastic Paintings and Calligraphy in the Palace Museum Collection" is opening on schedule in the Hall of Martial Valor. Among the exhibits, *Nest of Rocks on a Plain* by Guo Xi (act. 1068-1085) is considered the origin of the "Northern School" of landscape painting, while *Rare Views of Xiao Xiang* by Mi Youren (1074-1153) is a perfect paragon of the Mi family's "cloud-and-mountain" landscape style. The *Golden Halls in Pine Forest* by Zhao Bosu (1124-1182) is an exemplary work of the "blue-and-green" landscape genre. Other works of note are *Fruit, Birds, and Fish* by the Buddhist monk Fachang and *Lotus, Rocks, and Bird* by Zhu Da (Bada shanren, 1624-1705), both in unrestrained brush style and laden with Buddhist allegorical meanings; fully aristocratic are *Cranes and Bamboo* by the imperial court painter Bian Jingzhao (act. ca. early 15th c.) and *Birds and Flowers* by the Italian Jesuit Giuseppe Castiglione (Chinese name Lang Shining, 1688-1766).

While the tranquil style of landscape paintings and the luxurious color scheme of bird-and-flower paintings reflect careful observation of nature by painters of every period, paintings that take human figures as subjects and visually document people's lives provide the most direct presentations of the past. Figural painting is the earliest genre in the development of traditional Chinese paintings. The concern for the human form and the need to personify deities are the origin of Chinese figural paintings. Figural paintings, according to their different content, can be categorized in four groups: historical stories, portraits, women, and religious figures. Needless to say, the categorization is only relative - a figure painting can belong to several groups. This article is dedicated to introducing figural paintings from this rotation.

Part I

Five figure paintings in this rotation are based on historical stories. They are *Admonitions of the Court Instructress to Palace Ladies* after Gu Kaizhi (ca. 345-406), *Liu Biao Engaging Pang Degong* by Ni Duan, *Zhuge Liang Reclining* by Zhu Zhanji (1399-1435), *Hongfu Falling in Love with General Li Jing* by You Qiu (act. ca. late 16th c. - ca. early 17th c.), and *Four Old Recluses in Mount Shang* by Huang Shen (1687-1768).

In his monograph *Records of Famous Paintings of All the Dynasties* (*Lidai minghua ji*), the Tang dynasty (618-907) art critic Zhang Yanyuan (act. 9th c.) stated in the first chapter that "Now painting is a thing which perfects the civilizing teachings (of the Sages) and helps (to maintain) the social relationships. It penetrates completely the divine permutations (of Nature) and fathoms recondite and subtle things. Its merit is equal to that of (any of) the Six Arts (of Antiquity)...." (translation quoted from William Reynolds Beal Acker, *Some T'ang and Pre-t'ang Texts on Chinese Painting* [Leiden: E. J. Brill, 1954], 61.) His later statement expounds painting's function, which had risen to the level of moral education and natural revelation. In the subsequent chapter, Zhang continued, "biographies record one's life but cannot write out his appearance; eulogies praise one's beauty but cannot provide his image." Apparently, Zhang was basing his argument on figure paintings. Formal content facilitates viewers' deciphering the imagery – this is the significance of realistic paintings. In terms of functions, figural paintings evolved from serving religious preaching, political persuasion to secular needs. Early archaeological finds of silk paintings are primarily those with such primitive religious themes as ascending to Heaven to become immortals and invoking spirits. It is only on the pictorial stones datable to the Han (206 BCE-220 CE) and the kingdom of Wei (220-265) that motifs of historical stories and life scenes are adopted. However, painting in its real sense was never been created until Gu Kaizhi of the Eastern Jin dynasty (317-420).

Gu Kaizhi was said to have "three perfections" (*san jue*): perfect in painting, supremely talented, and perfectly foolish. Historical record has it that during the Xingning reign (363-365) of the Eastern Jin dynasty, monks gathered court scholars to the construction site of Waguan Temple in Jinling (today's Nanjing) to raise funds for it. Most scholars donated no more than a hundred thousand bronze coins, while Gu generously promised one million. Everyone thought he was boasting. When the temple was built, Gu was asked to realize his promise. Instead of giving the money, Gu asked for a blank wall in the temple. He locked himself in the room painting a portrait of Vimalakirti on the wall, leaving the pupils to be dotted. One day he told the monk, "Anyone who wants to see me add the pupils needs to donate one hundred thousand bronze coins on the first day, fifty thousand on the second day, and any amount at will after the third day." The day he opened the room, donors thronged the temple. In no time one million bronze coins had been raised. Dramatic as the story is, Gu's legendary and confident brush-dots are extremely impressive for us in an age which is more than a millennium later than his time.

Adding the pupils to the eyes is critical in creating a portrait. For years, Gu Kaizhi didn't dot the eyes. Asked why, he replied "The beauty or ugliness of the four limbs has really nothing to do with the subtle point. For conveying the spirit and copying the expression depends exactly on these [pupils of the eyes]". (trans. Acker 1954, 44.) When painting a human, no matter how complicated his gestures are, there must be a physical form. But it is a higher standard of art to accurately represent one's aura through the expression. Gu once commented, "(the line) 'the hand sweeps over the five strings' is easy, but 'with my eyes I follow the wild geese going home' is hard." (trans. quoted Acker 1954, 44.). The tradition of Chinese figural paintings – "to describe the spirit via forms" and "to have both the body and the spirit" – is the ultimate goal for painters of every dynasty and the fundamental aesthetics of Chinese figural paintings alike. Aesthetic concepts including "body and spirit" and "spirit resonance" were developed based on the achievements of figural painting at that time.

Of the surviving works of Gu Kaizhi, *Admonitions of the Court Instructress to Palace Ladies* and *Nymph of the Luo River* are the most famous. In the Western Jin dynasty (265-316), Zhang Hua (232-300), the Marquis of Guangwu, wrote a text titled "Admonitions of the Court Instructress to Palace Ladies" (*nüshi zhen*). It warns against dangerous behavior of women. Gu Kaizhi illustrated the text with brush to make it easier to understand. Since the two masterpieces illustrate texts of different styles, each of them presents distinctive aura. The "Nymph of the Luo River" is a love-themed lyric prose poem composed by Cao Zhi (192-232), son of the Emperor Wu of Wei Kingdom. Inspired by its legendary content, Gu created a painting with lofty figures wearing billowing robes and sashes. Moreover, he adorned the painting with rare plants, divine beasts, and celestial birds, creating a fantastic ambience. The painting *Admonitions of the Court Instructress to Palace Ladies*, however, aims to admonish women and inspire proper conduct. It tries to modify behavior by quoting ancient parables. On this account, all the figures in the painting are portrayed dignified and in good structure, which is more realistic than *Nymph of the Luo River*. Later generations described Gu's fine and undulating brush lines as "highly archaic flowing silk strands" or "threads spun by spring silk worm". The brush lines are long, continuous, and consistently fine. He moved the brush tip in the manner of practicing *taiji* boxing, so that the turns of the brush look round and smooth. The Tang copy of *Admonitions of the Court Instructress to Palace Ladies* by Gu Kaizhi is now in the collection of the British Museum in London. The scroll displayed in this rotation is a version dating to the Song dynasty (960-1279). This copy was painted without shading or ink wash but only outlines. Fine and smooth like floating clouds and flowing water, the brush lines are somehow more robust and forceful than Gu's "highly archaic flowing silk strands" and closer to the outline drawing style of the Northern Song dynasty painting master Li Gonglin (1049-1106).

In court paintings the political purpose of figural paintings is obvious. Of those court paintings of the Ming dynasty (1368-1644), figural paintings amount to a considerable percentage. Take, for example, *Emperor Taizu Calling on Zhao Pu on a Snowy Night* by Liu Jun-act.1465-1487, *Guan Yu Capturing His Enemy Pang De* by Shang Xi (act. 1465-1487), and *Liu Biao Engaging Pang Degong* by Ni Duan. These works were demands of the emperor to encourage contemporary court officials with images of heroic events of able and virtuous men. In this rotation, *Liu Biao Engaging Pang Degong* illustrates the historical event in the third century Three Kingdoms period (220-265) of the Regional Inspector of Jingzhou, Liu Biao, inviting the hermit Pang Degong back to service. The artist made equal efforts in the figural and landscape presentations. The finely outlined and beautifully colored figures, the grand mountain view, and flourishing trees, all display the dignified and sumptuous court style.

Zhuge Liang Reclining by the Ming dynasty emperor Zhu Zhanji (the Xuanzong emperor, r. 1426-1435) looks more like a portrait. The protagonist is Zhuge Liang (181-234), the

Chancellor of Shu Han of the Three Kingdoms period who was famous for his fierce loyalty; in his "Post Memorial on Sending Forth the Army" (*Hou chushi biao*) he proclaimed "Bend the body and exhaust one's energy until death" and on this account became a paragon of loyal sprit. The Xuanzong emperor bestowed this painting on Chen Xuan, the veteran official who had already served the court for three successive reigns. At the time Chen was over sixty; he must have understood what his master meant. The skill and artistic taste of the painting make it a rare masterwork among those by emperors of any dynasty. The figure of Zhuge Liang is outlined with brush lines in the style of "nail head and rat-tail end". These long, tapering lines are drawn with the side tip of the brush put down firmly to produce a strong dot, then, with less pressure, tapering off to a fine point. It is easy to find the beginning of the stroke with its characteristic flat head resembling that of a nail and tapering end resembling a rat tail. Although this painting was executed by an emperor, it shows no aristocratic airs. Bamboos are adopted for the background of the portrait, suggesting the untainted quality of the noble man.

Hongfu Falling in Love with General Li Jing illustrates events that took place at the turn of the Tang dynasty. The main character of the painting, Hongfu, was then a maid of the powerful aristocrat Yang Su (d. 606) of the Sui dynasty. She met Li Jing for the first time in Yang's residence when the former was calling upon the latter. Although Li Jing was only a commoner, Hongfu foresaw his potential in his impressive personality. She resolved to run away from Yang's residence that night and went to Li Jing as a life companion. This story enjoyed tremendous popularity during later generations. In the painting, Yang Su is surrounded by some half dozen maids (of which the one holding a horsetail whisk is Hongfu), forming a group portrait. In addition, the artist elaborately presented trees, rocks, a screen, and the surrounding installation including table and couch. In this ink monochrome, figures, the paulownia tree, and the banana plant are double outlined, while the aged cypress is rendered with texturing and dots. The scholar's rocks are not only outlined but also washed. Throughout the painting, different brush styles interplay with each other including dots, lines, and washes in varied tones of black, white, and grey. Thus a complex of subjects is clearly presented. Merely an ink monochrome, the painting contains many subjects without looking crowded or tedious which is indeed a supreme artistic achievement in the sphere of ink paintings.

Huang Shen, one of the Eight Eccentrics of Yangzhou (*Yangzhou baguai*), was a figure painter. His distinctive painting style makes him a latter-day star in the genre of Chinese figure painting. Before viewing his painting, we need to understand his calligraphy, the style of which he evolved from the wild-cursive script of the Tang dynasty monk Huaisu (725-785). The brush strokes are continuous but modulated. Someone described his calligraphy "as strange as bursting rocks and falling stones, with a momentum like dancing orioles and frightened dragons", and as "sparse shadows cast horizontally or slantingly, and coiling rattan". Huang Shen incorporated the wild-cursive strokes into his paintings, overturning the traditional canon of brush strokes and presenting spirit rather than likeness. He wielded the brush freely, combining lines with texturing and wash. With big brushes, he executed untrammeled brush lines and dots while paying equal attention to the presentation of forms. *Four Old Recluses in Mount Shang* portrays both figures and landscape. Although the proportion of figures against the entire painting is not appreciable, it is a common method to use the environment to reveal personalities. Set against steep cliffs from which waterfalls cascade down, a reclusive life is presented where the four grey-haired men play chess under green pines.

Part II

The origin of the genre of women paintings can be traced back to Gu Kaizhi of the Eastern Jin dynasty (317-420). His *Admonitions of the Court Instructress to Palace Ladies* illustrates more than one vignette from historical stories. Therefore, history takes a major part in this painting. However, because the important figures in it are all female, it can be also regarded as representative of women paintings of the Eastern Jin dynasty. The *Admonitions of the Court Instructress to Palace Ladies* show us the beauty of the Jin people – graceful, detached, and archaic. In the Tang dynasty, the archetypes of women paintings was set by Zhang Xuan (act, early 8th c.)

and Zhou Fang (early 13th c.). *The Lady of the Guo State on a Spring Excursion* by Zhang and *Ladies with Fans* by Zhou visualize women with round faces, plump figures, and gorgeous dresses. The faithful representation of makeup, dress, and accessories recalls the fashions of the High Tang.

In this rotation, *Palace Ladies of the Former Shu of the Wang Family* by Tang Yin (1470-1523) shows its debt to Tang dynasty painting styles. The bright colors and the charming appearance of the women are impressive. Because they palace ladies are of the Former Shu (891-925), the artist emphasized the makeup style of the preceding Tang dynasty. The women's faces are thickly powdered to accent the forehead, the nose, and the chin, to show the white fine skin and delicate makeup. Such technique is properly used not only in terms of the costume style but also in the artistic presence of the sumptuous dresses and heavy makeup. However, the portrayal of the two maids follows Ming dynasty aesthetic taste which put a high priority on austerity and gracefulness. The women have symmetrical figures, sloping shoulders, narrow backs, willow-leaf brows, and chignons. The maids' dresses with floral patterns are delicately delineated. The brush lines are long, thin, and sinuous, like lute strings dropped on a table. From the mid-Ming on, the Wumen school became the mainstream painting school. Of the "four masters of the Wumen school", the simple style of Shen Zhou (1427-1509) and the refined style of Wen Zhengming (1470-1559) typify literati paintings, while the fact that Tang Yin and Qiu Ying (ca.1505-1552) incorporated worldly aesthetics into their works shows their inclination toward professional painting. Characterized by fine lines and lavish colors, figural paintings by Tang and Qiu appealed to elites and common people alike.

The Ballad of the Pipa Lute by Guo Xu (1456-1532) was created based on the poem composed by the great Tang dynasty poet Bai Juyi (772-846). It illustrates the meeting of Bai with a song girl. The draperies are primarily drawn with straight brush lines which are stiff at the turns. Long, stiff, and with sudden changes of direction, these lines are known as "broken-reed lines" (*zhelu miao*). In addition, although it is a figural painting, two thirds of the scroll is filled with the calligraphy of the long poem *The Ballad of the Pipa Lute* (*Pipa xing*) in running-cursive script. The ingenious rendering of the space between characters and within the structure of the characters adds spirit to this monologue-like painting, making the scroll more impressive and demonstrating the organic integration of poem, calligraphy, and painting which is a special feature of traditional Chinese painting.

Part III

Portraits are a sub-category of figural paintings. However, the very word "portrait" was generated from the West. Although portraits existed in dynastic China, the term "portrait painting" did not exist. Chinese expressions for "portrait" are "transmitting spirit" (*chuan shen*), "sketching a likeness" (*xie zhen*), and "depicting the appearance" (*xie zhao*), among others. Compared with figural paintings, portraits have their own special characteristics. First, the subject of a portrait should be a real historical person . Second, fidelity is of paramount importance. The fidelity to the appearance of the sitter prioritizes the conveyance of spirit. These two basic elements distinguish portraits from common figural paintings. Early Chinese portraits were often those documenting real events. For example, *Emperor Tang Taizong Receiving a Tibetan Envoy* by Yan Liben (ca. 600-673), *Night Revels of Han Xizai* attributed to Gu Hongzhong (ca. 10th c.), and *Listening to a Zither* by Zhao Ji (1082-1135). It was not until the fourteenth century that the portrait as an independent category was formed. Traditional Chinese portraits are basically outline drawings, with facial features subtly washed with ink or color. The sitters are usually portrayed from the front or in profile. To accurately represent a person's appearance, other theories specialty dedicated to portraiture were applied. First, fidelity does not mean sticking to every detail of the subject. One should put effort into the face which is the most distinguished part of a person. Apart from the facial features (i.e., eyes, ears, nose, and mouth), dotting the pupils of the eyes is the final touch. Asked why not dotting the pupils for the portraits of Ji Kang (224-263) and Ruan Ji (210-263) (both Ji and Ruan were members of the Seven Sages of the Bamboo Forest), Gu Kaizhi replied, "How can the pupils be dotted? If they are dotted, the figure must speak".

Fei Danxu as a late Qing-dynasty painter of women enjoyed tremendous popularity. He joined Gai Qi (1773-1828), the Songjiang-based painter, as the famous "Gai-Fei". His contemporaries praised his portraits as "reflections from a mirror". His masterwork *A Small Portrait of Chen Yunke* is rendered in traditional ways. The protagonist is set in a tall bamboo forest, which indicates his noble character. The lean and weak figure and the clear facial features that the artist created with round modulated brush lines and mellow colors reveal the mainstream style of figure paintings at the time.

The monk painter Xugu (1823-1896) was fond of using worn brush and dry ink. Instead of sinuous lines, he preferred to use short straight lines with square turns so that his works look unskillful, if not awkward. His paintings have a uniquely cold and solemn style. The *Portrait of Lord Peng* is set in a courtyard with chrysanthemums and a bamboo fence, suggesting the detached idiosyncrasy of the sitter. The dry brush lines that render the pines, chrysanthemums, and scholar's rocks are typical of Xugu, while the draperies are delineated with nervous and oscillating lines – a traditional painting technique earlier used by Zhou Wenju (ca. 907-975) in his *Playing Chess before a Double Screen*. This kind of line is suitable for presenting the thinness and the weight of the garment. The application of amber pigment to the face gives it volume and shading. The glints of white left in the pupils make the gaze extremely sharp. Xugu's figural paintings, with mellow color scheme and simple, unrestrained brush styles, extend the domain of figural paintings.

Part IV

The highest level of figural painting is the pursuit of not only the faithful representation of the form but also the capture of the facial expression. Paintings of religious figures necessitate the artistic conveyance of the transcendent spirit out of human bodies.

Vimalakīrti Preaching Buddhist Doctrine attributed to Li Gonglin (1049-1106) is a painting of Buddhist theme. In the Song dynasty, Li was without equal in his consummate outline-drawing technique. While internalizing the traditionally continuous and archaic brush lines typical of Gu Kaizhi, he incorporated the legendary "ribbon-billowing-in-the-wind" brush style invented by Wu Daozi (ca. 680-759), making the lines more flexible and expressive. Strongly preferring ink over color pigments, Li Gonglin fully demonstrated the traditional principle of "using the brush with the bone method" (*gufa yongbi*, one of the "Six Principles" formulated by Xie He [act. 5th c.]). His outline drawings (*baimiao*) broke the confines of drafts and blueprints to become a new type of painting. His figural paintings executed in such a manner set examples for painters of later generations. Painting masters including Zhao Mengfu (1254-1322) and Chen Hongshou (1598-1652) all based their styles on Li's outline-drawing technique. *Vimalakīrti Preaching Buddhist Doctrine* employs both the iron-wire lines and the floating-silk-thread line, with which the varied facial expressions of the figures were successfully presented.

The *Auspicious Omen of the New Year* by Zhu Jianshen, Ming Xianzong (the Chenghua Emperor, r. 1465-1487), depicts the demon-like Zhong Kui, the ghost queller in Chinese folklore who was worshipped by the multitudes. Zhong Kui was the subject of religious paintings. He holds a *ruyi* scepter while the demon holds plates containing twigs of cedar (*bai*) and persimmons (*shi*), creating the rebus "may a hundred things turn out as you wish" (*baishi ruyi*). To ward off evil spirits and to pray for good fortune, images of Zhong Kui were hung on household gates which was an important practice of traditional Chinese customs before the mid-Ming dynasty. While the folk images of Zhong Kui are mostly composed in the same way and rendered with bright colors, the *Auspicious Omen of the New Year* is ingeniously original and largely in ink monochrome. The draperies are rendered with bold and resolute lines.

Wu Wei (1459-1508) was the most eminent artist among the "Zhe School" painters. His figural paintings can be grouped into outline-drawing style and free-sketch style. The latter is a continuance and advancement of the "abbreviated brush style" of Liang Kai (act. early 13th c.) of the Southern Song dynasty. Liang Kai was a leading master who painted a wide variety of themes including figures, Buddhist themes, supernatural beings, landscapes and bird-and-flower paintings. Dubbed "Liang the lunatic", he served the imperial court as an academy painter for a while, but later resigned his position because he could not stand the formalities. His major painting techniques were "delicate brush" and "abbreviated brush". His abbreviated brush technique significantly influenced later generations of painters. Wu Wei, however, had something in common with this predecessor. Similar to Liang Kai, he had been twice recruited to the imperial painting academy - in the Chenghua reign and in the Hongzhi reign (1488 - 1505). Out of favor and recognition, the Hongzhi Emperor bestowed on him a seal bearing the legend "the Topmost Painter", but as a man of pride and unyielding character he eventually chose to leave the court. Perhaps because of similar personalities, Wu and Liang shared the same painting style. In *The Great Ultimate* (*Taiji tu*) for instance, the figure is painted with untrammeled brush lines. Using lines and side-tip wash, the artist moved the brush in the fashion of strong wind and heavy downpour, which reveals his unrestrained character.

In the late Ming dynasty, such artists as Ding Yunpeng (1547-1628), Wu Bin (act. ca. late 16th - early 17th c.) and Chen Hongshou (1597-1652) all made considerable contributions to the development of figural paintings with innovative drive. As an artist fond of exaggerated presentations of Buddhist figures, Wu Bin portrayed the Bodhisattva Samantabhadra (Chinese translation "Puxian", meaning "Universal Worthy") in bright red robe and surrounded by disciples. Other than repeating the conventional pattern of the Bodhisattva riding an elephant, Wu Bin incorporated secularism in his work. The flourishing flowers and outlandish plant as the backdrop of the painting help to create an aura that is strange, beautiful, archaic, and elegant.

Part V

There are many monographs and treatises dedicated to the techniques of portraiture. The *Secrets of Portraiture* (*Xiexiang mijue*) written by Wang Yi (b. 1333) is the first systematic summation of portraiture techniques. The book discusses how to observe people's appearance and figures. He recommended working from the inside out and capturing the expression of the true personality. According to him, the nose should be painted first, then the eyes and other elements, and finally the contour line of the face. In the Qing dynasty (1644-1911), Jiang Ji (1714-ca.1787) in his *The Key Words of Transmitting the Spirit* (*Chuanshen miyao*) listed twenty-seven principles to analyze composition, the gesture of the sitter, the movement of the brush, and the color scheme, among others. In addition, *Secrets of Sketching Likeness* (*Xiezhen mijue*) by Ding Gao (d.1761), *How Jiezhou Studies Painting: on Transmitting the Spirit* (*Jiezhou xuehua bian: chuanshen*) by Shen Zongqian (18th - 19th c., style name Jiezhou), and *Portrait Guide to Retrieve the Appearance* (*Zhuirong xiangpu*) by Gao Tongxuan (1835-1906) all discuss the portraying of the face that distinguishes one person from another. In *How Jieshou Studies Painting: on Transmitting the Spirit*, Shen Zongqian stated, "Ears, eyes, the mouth and nose are basically the most essential points for [presenting] the form," ... "As for the structure and the rise and fall of bones, the amount and visibility of skin wrinkles, [if] each is not wrongly [depicted], then the form will be captured and the spirit will naturally emerge."

In Chinese paintings, lines are the basic element for shaping human figures. The richness of the type of lines determines the variety of figural paintings. In his *Guide for Issues of Painting* (*Huishi zhimeng*), the Ming dynasty art critic Zou Dezhong categorized drapery lines into eighteen types. He based his categorization on figural paintings of the past in which draperies were depicted, and named them after the shape of the lines. The creation of the "eighteen delineation techniques" (*shiba miao*) is not only a summation of prior achievements, but also the beginning of standardized painting techniques for later generations.

The overall trend of Chinese painting is from fine-lined colored paintings to spontaneous ink-splash paintings. To some extent, figural paintings followed this general direction, although the transmission is less apparent than in landscape paintings. Because different painting styles developed and flourished on their own, surviving paintings have various styles. Through the world of figural paintings - full of vivid appearance of human figures, colorful and varied dress and furnishings, as well as legends, mythologies, and folklore - past ages are presented to us.

01.Song dynasty copy after Gu Kaizhi (345-406), Eastern Jin dynasty (317-420)
Admonitions of the Court Instructress to Palace Ladies
Undated, handscroll, ink on paper, 27.9 × 600.5 cm

A native of Wuxi, Jiangsu Province, Gu Kaizhi was born into an elite family of the Eastern Jin dynasty (317-420). A proficient poet, essayist, and calligrapher, Gu was especially celebrated for his expertise in painting portraits, Buddhist figures, animals, and landscapes. He was hailed by his contemporaries as "unrivalled in exceptional talent, painting skills, and single-minded devotion". Gu's paintings are characterized by a spontaneous, uninterrupted flow of brush lines, a style that was continued by Wei Xian (act. 937-975), a Five Dynasties period (907-960) painter. Gu paid special attention to depicting the figures' eyes in order to "convey the spirit" (*chuanshen*). In his *Famous Paintings of Successive Dynasties* (*Lidai minghua lu*), Tang dynasty critic Zhang Yanyuan (act. 9th c.) quotes Gu Kaizhi as saying that "the beauty or ugliness of the four limbs has really nothing to do with the subtle point. For 'conveying the spirit by reproducing the appearance' (*chuanshen xiezhao*) everything depends exactly on these [pupils of the eyes]" (trans. modified William R. B. Acker, *Some T'ang and pre-T'ang Texts on Chinese Painting* [Leiden: E. J. Brill, 1954, 1974], p. 44). Gu Kaizhi authored three books on painting theory: *On Painting* (*Lun hua*), *Introduction to Famous Paintings of Wei and Jin Dynasties* (*Weijin shengliuhua zan*), and *Record on Painting the Yuntai Mountain* (*Hua yuntai shan ji*).

The scroll is inspired by the admonitory prose-poem of the same title by Zhang Hua (232-300), Marquise of Wuguang of the Western-Jin dynasty (265-316), on Confucian standards of honorable behavior for virtuous women. Gu Kaizhi's illustration renders Zhang's writing more straightforward. The earliest extant copy of Gu's *Admonitions* scroll is believed to be a Tang (618-907) copy. Originally from the Qing imperial collection, it is now in the collection of the British Museum. This scroll in the Palace Museum collection is a Song (960-1279) copy of the original work. Divided into eleven individual scenes, the figure painting in line-drawing style features masterful use of brush to create forceful, fine, and continuous ink lines. The painter added extra kinetic energy to traditional brush-line formula resembling long, waving loose strands of a spider's web. This innovative style bears certain resemblance to works by painters such as Li Gongling (1049-1106). Antique spirit permeates the palace lady figures portrayed in the painting. The Song copy of the *Admonitions* scroll has two extra scenes which do not exist in the British Museum's Tang copy, providing valuable resources for studying Gu Kaizhi's original as well as the evolution of early Chinese figure paintings. The beginning of the scroll bears a four-character inscription "The Beginning of Kingship" (*wanghua zhishi*) by the Qianlong Emperor (r. 1736-1795). Following the painting are inscriptions by Bao Xilu (act. mid-14th c.), Xie Xun (act. 14th c.), Zhang Meihe (act. 14th c.), and Zhao Qian (act. 14th c.). There are twenty-two collectors' seals including those of the Qianlong Emepror, the Jiaqing Emperor (r. 1796-1820), the Xuantong Emperor (r. 1909-1911), and of Liang Qingbiao (1620-1691). It is included in volume thirty-two and thirty-five of *The Precious Collection of the Stone Moat: the First Edition* (*Shiqu baoji chubian*).

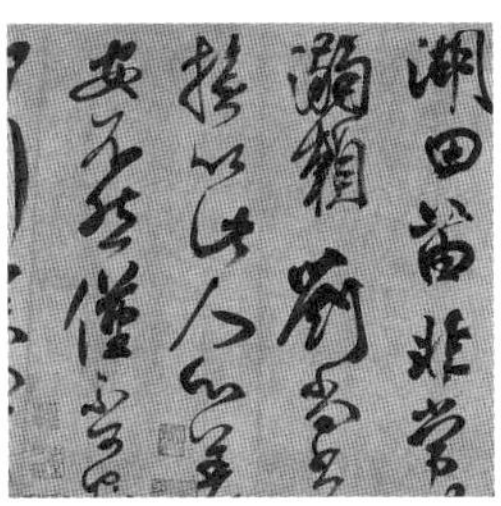

02.Yan Zhenqing (708-784), Tang dynasty (618-907)
Huzhou Manuscript in Running Script
Undated, handscroll, ink on paper, 27.6 × 50.2 cm

A native of Linyi, Langya (today's Linyi, Shandong Province), Yan Zhenqing earned his "presented scholar" (*jinshi*) degree during the Kaiyuan reign (713-741). In late Tianbao reign (742-756), he was appointed Governor (*taishou*) of Pingyuan. With his brother Yan Gaoqing, the Governor of Changshan, he led a successful resistance against the rebellion of An Lushan in 755, thus was regarded as an outstanding example of Confucian loyalty. He was granted high positions such as Minister of Personnel (*libu shangshu*) and Grand Preceptor of the Heir Apparent (*taizi taishi*). In 767 he received the title Duke of Lu. An official of honesty and integrity, he was renowned for his outspoken frankness with the emperor, which offended the eunuch Lu Qi (d. 785). Lu later had Yan Zhenqing sent on a mission to pacify the rebellious Governor of Huaixi Li Xilie, who took him prisoner and had him strangled.

From a family of scholars, Yan Zhenqing was an erudite intellectual proficient in Confucian letters and in calligraphy. His works in regular script are characterized by compact structure of the characters and are incisively executed in brush strokes full of energy and strength. His distinctive brush style formed a prominent School of calligraphy (*Yanti*) and attracted numerous admirers and followers throughout the history of calligraphy.

This letter was written by Yan Zhenqing when he served as Regional Inspector (*cishi*) of Huzhou. In the letter he recorded a flood in Huzhou region in the year 775 (the seventh lunar month in the tenth year of the Dali reign [766-779]) and that Minister of Personnel Liu Yan (718-780) visited the region for disaster relief. Aside from being exemplary calligraphy, it also has important value as an historical record of a particular event. Some researchers argue that the brushstrokes, though bearing certain typical features of Yan's style such as the extraordinary spiritual vigor and excellent control of the ink flow, are at some points slightly slack and droopy, with occasional oblique strokes (*cefeng*) that betray its authenticity. Therefore it was believed to be a copy by Northern-Song (960-1127) calligrapher Mi Fu (1051-1107).

The scroll bears several collectors' seals, including two spurious seals "Zhenghe". One of the reign titles of Emperor Huizong (r. 1101-1125) of the Northern Song dynasty, indicating the period from 1111 to 1118, implying that the scroll was once in the Song imperial collection, and "Shaoxing",one of the reign titles of Emperor Gaozong (r. 1127-1162) of the Southern Song dynasty (1127-1279), indicating the period from 1131 to 1162. Other seals include "Qiuhe tushu" of the Southern-Song minister Jia Sidao (1213-1275), "Seal of Ouyang Xuan" of the Yuan (1272-1368) historian Ouyang

Xuan, and Ming-dynasty (1368-1644) Palace Treasury (*neifu*) seal "Seal of Directorate of Rituals and Discipline" (*dianli jicha si yin*) during the Hongwu reign (1368-1398), several seals of Xiang Yuanbian (1525-1590), and those of Qing collectors such as Liang Qingbiao (1620-1691) and An Qi (d. ca. 1744).

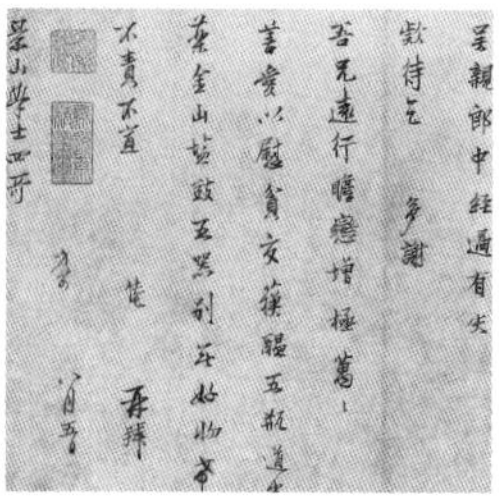

03.Fan Zhongyan (989-1052), Northern Song dynasty (960-1127)

Two Letters in Running Script

Long Journey Manuscript: Undated, handscroll, ink on paper, 31 × 41 cm

Frontier Warfare Manuscript: Dated 1043, handscroll, ink on paper, 32 × 39 cm

A native of the Wu county in Suzhou (today's Suzhou, Jiangsu Province), Fan Zhongyan earned his "presented scholar" (*jinshi*) degree in 1015 (the eighth year of the Dazhong xiangfu reign [1008-1016] of the Northern Song [960-1127] Emperor Zhenzong [r. 998-1022]). In 1041 (the first year of Emperor Renzong's Qingli reign [1041-1048]), he was appointed Deputy Military Commissioner (*jinglüe anfu fushi*) of Shaanxi. He ordered garrison troops to open up wasteland and grow grain in preparation for long-term frontier defense against a Tangut invasion. In 1043 (the third year of the Qingli reign), Fan Zhongyan was promoted as Participant in Determining Governmental Matters (*canzhi zhengshi*). He submitted a ten-point proposal advocating reforms on different aspects of government policies, most of which were adopted by Emperor Renzong (r. 1023-1063). The reform movement was later called "The New Policies of the Qingli Reign" (*Qingli xinzheng*) by historians. In 1045, however, the emperor rescinded the reform decrees, and Fan fell from power. He was banished from the capital and demoted to serve as Administrator in places like Binzhou, Dengzhou, Hangzhou, and Qingzhou. He turned out to be a diligent and benevolent administrator welcomed by the locals. As an outstanding statesman and military strategist, he was also an excellent writer and calligrapher. His *Record of Yueyang Tower* is still oft-quoted and widely popular in present times.

Very few of Fan Zhongyan's calligraphic works are extant today. This one was originally in the Qing imperial collection. The characters in lesser running script are neatly and crisply composed, imbued with a uniquely vigorous spirit. Some historical records suggest that the *Long Journey Manuscript* addresses a friend who would soon depart; the letter is written before the Qingli reign, when Fan Zhongyan was banished from the court and stayed at home. The *Frontier Warfare Manuscript*, on the other hand, was written in 1043 (the third year of the Qingli reign) addressed to Fu Yan, the Prefect of Suzhou. Regarding warfare on the northwestern frontiers, it is of special historical value.

Fan Zhongyan signed the letter, "Again, humble salutations from Zhongyan, humble salutations from Zhongyan". Main collectors' seals include those of the imperial collections of the Qianlong (r. 1736-1795), Jiaqing (r. 1796-1802), and Xuantong (r. 1909-1911) reigns.

04.Guo Xi (ca. 1020-ca. 1090), Song dynasty (960-1279)

Nest of Rocks on a Plain

Dated 1078, hanging scroll, ink and light color on silk, 120.8 × 167.7 cm

A native of Wen county, Henan Province, Guo Xi was active mainly in the Xining and Xianfeng reigns of Song emperor Shenzong (r. 1068-1085). He was probably a professional Taoist priest in his early years. Without receiving any formal training, he gained painting proficiency through self-teaching. He entered the imperial painting academy in 1068 and later was appointed Chief Academy Painter-in-waiting of the Hanlin Academy, the highest official post in the painting academy. An earnest and passionate painter throughout his life, he never ceased to hone his skills. His paintings in his late years, instead of becoming banal and monotonous, burst with unflagging energy. He was regarded as a landscapist unequaled in his generation after Li Cheng (919-967) and Fan Kuan (act. ca. 1023-1031). At the same time, he was also an art theorist. His thoughts were compiled by his son Guo Si into a book called *Lofty Ambition in Forests and Streams* (*Linquan gaozhi, submitted to the throne 1117*). It is the first book that thoroughly and systematically discusses the rules of painting landscapes in China.

In the foreground is a shallow, clear stream; on the bank are several boulders and a tree with tortuous branches. In the far distance are wasteland and lofty mountains. The clear, crisp sky indicates that it is a deep autumn scene in the north. The texture strokes resembling rolling clouds are applied to depict fantastically eroded schist, suggesting the boundlessness of the northern landscape. With clever composition and crisp brushstrokes, Guo Xi succeeded in avoiding depicting the autumn scene as the usual desolate and bleak landscape; instead, he lent a hint of solemn tranquility and serene atmosphere. Clear and limpid water flows in the creek, as if the viewer can see the rocks on the bottom. The three types of Chinese mountain perspective—high distance, deep distance, and level distance—were first summarized by Guo Xi. This painting employs the "level distance" perspective; the clearly arranged levels of distance from the foreground all the way through to the distant background give the scene linear perspective. Created in 1078, when Guo was already elderly, the minimal depiction vividly conveys an extensive and magnificent territory.

The painter inscribed, "*Nest of Rocks on a Plain*, painted by Guo Xi in the *wuwu* year of the Yuanfeng reign (1078-1085)", and affixed "Seal of Guo Xi" (relief). Collectors' seals include "Seal of Jin Guokui" (relief), "Bower of Pine Shade" (relief), "Imperially-bestowed Seal of Huzong at Linji" (relief), and "Seal of Zhengsong" (relief).

05.Attributed to Li Gonglin (1049-1106), Song dynasty (960-1279)

Vimalakīrti Preaching Buddhist Doctrine

Undated, handscroll, ink on paper, 34.6 × 207.5 cm

A native of Shucheng county in today's Anhui Province, Li Gonglin was a prominent painter of the Northern Song dynasty (960-1127). He earned his "presented scholar" (*jinshi*) degree during the Xining reign (1068-1077) of Emperor Shenzong (r. 1068-1085). He was later promoted Gentleman for Court Service (*chaofeng lang*). An erudite antiquarian, Li delighted in collecting ancient bronze objects, paintings, and calligraphy. He is particularly renowned for equestrian paintings, figures, and works of Buddhist and Taoist themes. His monochrome brush paintings were considered unrivalled among his contemporaries.

The scroll illustrates a scene in a story in the Buddhist classic *Vimalakīrti Sūtra*—under the order of the Buddha Śākyamuni, Bodhisattva Mañjuśī visits Vimalakīrti, who stayed at home under the pretext of illness. Vimalakīrti then preaches Mahāyāna doctrines in front of the Boddhisattva. The painting aims to present his eloquence and profound knowledge of Buddhist doctrine.

From Eastern Jin dynasty (317-420) painter Gu Kaizhi's works to murals in the Mogao Grottos in Dunhuang created during the Sui (581-618) and Tang (618-907) dynasties, Vimalakīrti was long depicted as a person "with bristling beard and eyes like burning torches". However, in this painting, he is portrayed as a Buddhist disciple completely assimilated by Chinese culture. With his elegant and poised manner, Bodhisattva Mañjuśī is depicted as an aristocrat. Though respectful and cautious, the heavenly maidens appear to be relaxed and sprightly, without the usual religious piety. Secular literati thinking lends a cordial atmosphere to religious painting, rendering the image both touching and easily approachable. A combination of winding and highly expressive brush lines like iron wire (*tiexian miao*) and others resembling floating silk threads from antiquity (*gaogu yousi miao*) are used in place of coloration. The vivid configuration of various figures through neat and crisp brush lines well fits the spirit discussed in Buddhist doctrine: "Form is emptiness and the very emptiness is form".

No self-inscription or painter's seal is found on the scroll. There are three main assumptions concerning who created this painting. Ming connoisseurs such as Shen Du (1357-1434), Wang Zhideng (1535-1612) and Dong Qichang (1555-1636) all claimed that it was painted by Li Gonglin; contemporary scholar Jin Weinuo (b. 1924) believed that it was painted by Jin-dynasty (1115-1234) painter Ma Yunqing; some other scholars tend to attribute this painting to an anonymous Song-dynasty painter. After the painting Shen Du inscribed *The Heart Sutra* and a colophon. There are also colophons by Wang Zhideng and Dong Qichang. The scroll is affixed with fifty-seven collectors' seals, including "Jingzhong from the Ke Family" by Yuan (1272-1368) painter-calligrapher Ke Jiusi (1290-1343, or 1312-1365), "Precious Collection of Paintings and Books by Suo from Changbai (Mountain)" by Qing-dynasty (1644-1911) scholar-official Songgotu, and "Xuantong Personally Appreciated" (Xuantong yulan zhibao) by Emperor Xuantong (r. 1909-1911) of the Qing dynasty.

06.Mi Youren (1074-1153, or 1086-1165), Song dynasty (960-1279)

Rare Views of Xiao Xiang

Dated 1135, hand scroll, ink on silk-floss paper, 19.8 × 289 cm

The painting was included in *Inscriptions and Colophons of Calligraphy and Painting* (*Shuhua tiba ji*) by Yu Fengqing (act. mid 17th c.), *A Collective Study on Calligraphy and Painting in Shigu Studio* (*Shigutang shuhua huikao*) by Bian Yongyu (1645-1712), *General Review of the Calligraphy and Painting* (*Daguan lu*) by Wu Sheng (ac. early 18th c.), and *Records on Calligraphy and Painting of the Tower of Passing Clouds* (*Guoyunlou shuhuaji*) by Gu Wenbin (1811-1889).

Mists and clouds condense onto the paper. The painting shows that Mi's central concern was with atmospheric change – the shifting shapes of clouds, the transformation from rain to sun, from darkness to light. He fixed in images what is transient, if not evanescent, in nature. In the painting, he relied on the movements of the brush and tonalities of ink.

Mi Youren, with his father the calligraphy master Mi Fu (1051-1107), created a landscape style based on slanted ink dots, which *Rare Views of Xiao Xiang* superbly exemplifies.

07.Zhao Bosu (1124-1182), Song dynasty (960-1279)

Golden Halls in Pine Forest

Undated, handscroll, ink and color on silk, 27.7 × 136 cm

A member of the Song-dynasty imperial clan, Zhao Bosu was the younger brother of famous painter Zhao Boju. He served as Defense Commissioner of Hezhou, and he once visited the Jurchen Jin state as assistant envoy. He was proficient in painting blue-and-green landscapes. He emulated the style of the Tang (618-907) landscape master Li Sixun (651-716/8), but his paintings always manifest his own innovation and creativity.

In "blue-and-green landscape" fashion, the scroll depicts pine forests and pavilions by a lakeside of the Jiangnan region (a geographic area to the south of the lower reaches of the Yangtze River). Refined and exquisite brush lines lend the scene a clean and elegant ambience. It embodies the change of aesthetic taste of the Southern Song court and aristocrats. This painting demonstrates that Song landscapists turned away from the depiction of the imposing and magnificent northern landscapes and paid more attention to green mountains and rivers of the Jiangnan region.

There is no painter's signature or seal found on the scroll. Yuan (1272-1368) master Zhao Mengfu (1254-1322) inscribed a colophon stating that it was an authentic piece by Zhao Bosu. Collectors' seals include those of Qing (1644-1911) collectors Liang Qingbiao (1620-1691), An Qi (ca. d.1744) , and the imperial collection seal of the Qianlong (1736-1795) and the Xuantong (1909-1911) reigns. There are also inscriptions by Yuan painter Ni Zan (1301-1374) and Zhang Kun. The painting is mentioned in An Qi's *A Compilation of Ink Works* (*Moyuan huiguan*) and Wu Sheng's *General Review of the Calligraphy and Painting* (*Daguan lu*).

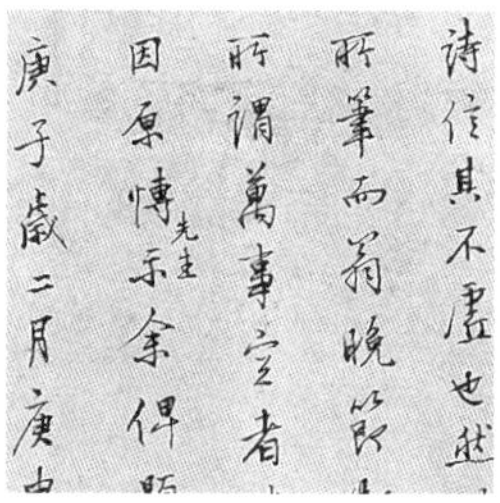

08.Lu You (1125-1210), Southern Song dynasty (1127-1279)

Poem Cherishing Memories of Chengdu in Running Cursive Script

Dated after 1178, handscroll, ink on paper, 34.6 × 82.4 cm

A native of Shanyin, Yuezhou (today's Shaoxing, Zhejiang Province), Lu You served in official posts such as Junior Compiler (*bianxiu*) at the Bureau of Military Affairs (*Shumi yuan*), Prefect of Kuizhou and Yanzhou, and Edict Attendant (*daizhi*) at the Pavilion of Glorious Course (*Baomo ge*). A great patriotic poet, he composed nearly ten thousand poems during his lifetime. He advocated a militant policy toward the invading tribes and maintained the importance of restoring the lost territories that originally belonged to the Song court but that were lost in invasions. A proficient calligrapher, his calligraphic works feature a highly idiosyncratic style with thin, lean brush strokes. Due to his reputation as an exceptional poet, his attainment in calligraphy is less known to the public.

The scroll features a poem entitled *Poem Cherishing Memories of Chengdu* which Lu You dedicated to a friend. It is included in volume ten of *Poetry Drafts from Jiannan* (*Jiannan shigao*). The poem was composed in 1178 (the fifth year of the Chunxi reign [1174-1189]), when the poet was about fifty-four *sui*. The calligraphy work is probably created slightly later than the year the poem is dated. In the poem, Lu You reminisces about those romantic years in his early fifties when he served as Consultant (*canyi guan*) in Chengdu, Sichuan Province. Those happy days formed a stark contrast with his lonely and insipid life after he retired from government service and returned home.

The poet inscribed: "Brother Xing'an considers that this piece is relatively more acceptable in the collection. Therefore he ordered me to transcribe it. You".

There are also seven colophons by Ming dynasty's Lu Yi (b. 1494), Xie Duo (1435-1510), Cheng Minzheng (1446-1499), Wang Ao (1450-1524), Zhou Jing (1440-1510), Yang Xunji (1456-1544), and Shen Zhou (1427-1509), respectively. Some major collectors' seals include "Yuanbo" by Wu Kuan (1435-1504) of the Ming dynasty (1368-1644), "Authentic Piece Authenticated by Song Luo of Shangqiu" by the Qing dynasty (1644-1911) scholar-collector Song Luo (1634-1713), and imperial collection seals of the Qianlong (1736-1795), Jiaqing (1796-1820), and Xuantong (1909-1911) reigns.

09.Fachang (d. after 1279), Song dynasty (960-1279)

Fruit, Birds, and Fish

Undated, handscroll, ink on paper, 47.3 × 841.1 cm

Fachang is also known by his sobriquet Muxi. A native of Sichuan, Fachang was a painter active in the late Southern Song (1127-1279) and early Yuan (1272-1368) dynasties. His favorite painting motifs include dragons, tigers, apes, cranes, birds, landscapes, trees and rocks, and figures. His leisurely and minimalist style conveys concise ideas. Because many of his paintings were taken to Japan by Japanese monks who visited China to study with learned Buddhist masters, only a very few of his works can be found in China. Considered one of the founders of Chan imagery, he is highly revered and very influential in Japanese artistic circles. His crisp, coarse, and minimal brushstrokes and the style imbued with Chan allusions had direct and profound influences on monochrome ink paintings in Japan. He is even called "the great benefactor of painting".

A great number of motifs in Fachang's painting derive directly from common objects in daily life, yet he seemed to possess the unique ability to reveal the true meaning of life through the most ordinary things. The flowers, fruits, birds, fish, shrimp in this scroll are all depicted with seemingly effortless lucidity. These motifs appears to be randomly grouped together, resembling a daily-life scene, yet the dense, enshrouding ink wash, surprising diversity, and intricate composition all embody Chan allegorical references. The background is left completely blank, reminding people of philosophic allusions such as "know the white and keep the black" (*zhibai shouhei*, meaning that although rights and wrongs are perfectly clear in mind, one should be in the dark and remain silent) and "treat the white the same way as you treat the black" (*jibai danghei*, meaning that both the black and the white take an active role in the shaping of the imagery in the eyes of the beholder). Such compositions, while emphasizing the individuality of each object, renders all an organic whole. The structural tension encourages the viewer's imagination as if the space that is left blank is the most ingenious part of the painting. The whole painting is imbued with a thought-provoking spirit of serenity, introspection, and understatement.

Shen Zhou (1427-1509) wrote in a colophon that "[the painting is] without coloration, with unconstrained ink-splashing, as if [all the objects] are real, living things. Looking back to painters such as Huang Quan (903-968) and Shunju (the style name of Qian Xuan [1235-after 1301]), their styles are getting worse". No signature can be found on the scroll. Shen Zhou stated that it is an "authentic Song-dynasty piece". According to Xu Bangda (b. 1911), in Shen Zhou's colophon, traces indicate that the character "mu" (as in Fachang's sobriquet Muxi) seems to have been altered. Therefore the original may have stated, "It resembles Muxi's painting but actually is not his". Collectors' seals include that of the modern collector Ye Gongchao (1881-1968).

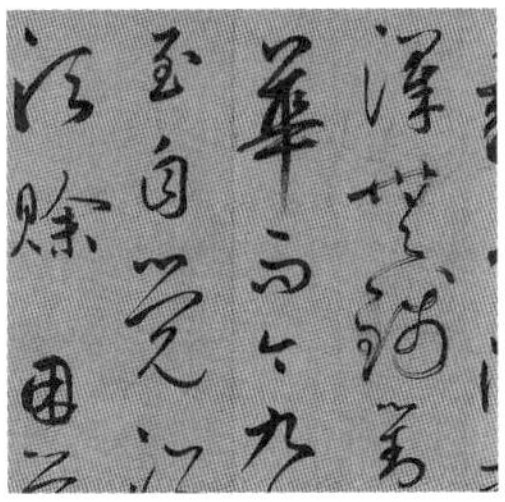

10.Xianyu Shu (1246-1301), Yuan dynasty (1272-1368)
Pentasyllabic Quatrain in Running Script
Undated, album leaf, ink on paper, 34.3 × 35.9 cm

A native of Yuyang (today's northern part of Beijing), Xianyu Shu lived most of his life in Yangzhou and Hangzhou. He served as Retainer for Militia (*shuaifu congshi*), and was later transferred to the State Finance Commission (*sansi*). He also served the official post of Archivist for Court of Imperial Sacrifices (*Taichang si dianbu*). He was a proficient poet, musician, and calligrapher. In Yuan-dynasty calligraphy circles, his accomplishment in running cursive script can only be rivaled by Zhao Mengfu (1254-1322).

Xianyu Shu transcribed the eleventh poem from a poetry collection by Du Fu (712-770) known as *Twelve Poems about Returning Melancholy* (*Fuchou shiershou*) (with slight discrepancies compared with the current version). In spite of the album leaf's modest scale, the loose composition, vigorous brushstrokes fully embody the calligrapher's highly individualistic style featuring bold and unconstrained rendering of the characters.

The scroll has the calligrapher's signature "Kunxue" (an abbreviated version of Xianyu Shu's sobriquet), and his seal "Recluse Official in Tiger Grove" (*Hulin yinli*).

Important collectors' seals include the seal "Forever Kept by Sons and Grandsons of the Prince of Qianning" (*Qianningwang zizisunsun yongbaozhi*) by Ming-dynasty (1368-1644) official Mu Ang (1379-1445) and the modern seal "Private Seal of Zhang Heng".

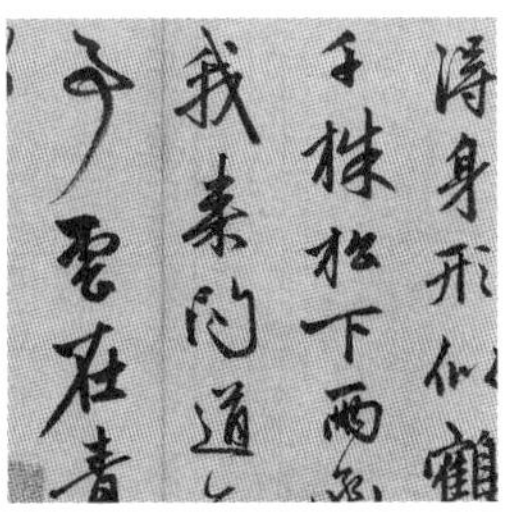

11.Zhao Mengfu (1254-1322), Yuan dynasty (1272-1368)
Septasyllabic Quatrain in Running Script
Undated, album leaf, ink on paper, 34.7 × 35.3 cm

As one of the most prominent literati of his time, Zhao Mengfu (1254-1322) was a member of the Song imperial clan. After the conquest of 1279, he accepted Kublai Khan's offer of an official post and served under five emperors in a number of high posts, including Hanlin Academician Recipient of Edicts (*Hanlin xueshi chengzhi*) and Grand Master for Glorious Happiness (*Guanglu dafu*). He excelled in painting landscape, portraiture, horses, birds and flowers, bamboo and rocks. He advocated the view that calligraphy and painting had a common origin. His legacies significantly influenced later generations of literati painters.

Zhao Mengfu transcribed for Monk Yueke (style name Zhongting) a septasyllabic quatrain entitled *Dedicated to Eminent Monk Weiyan of Yaoshan Mountain* (with slight discrepancies compared to the current version) by Tang (618-907) poet Li Ao (772-841). Rendered in a seasoned, virtuoso fashion, the characters are all well-structured and ingeniously-spaced in terms of composition. Though its scale is small, it is still regarded as one of Zhao Mengfu's mature running-script masterpieces.

The calligrapher signed "written by Ziang (style name of Zhao Mengfu) for the elder man Zhongting", and affixed the seal "Ziang of the Zhao Family".

Important collectors' seals include the seal "Forever Kept by Sons and Grandsons of the Prince of Qianning" (*Qianningwang zizisunsun yongbaozhi*) by Ming-dynasty (1368-1644) official Mu Ang (1379-1445) and the modern seal "Private Seal of Zhang Heng".

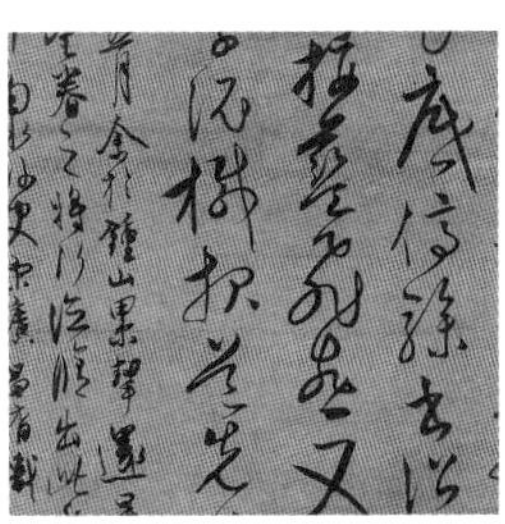

12.Song Guang (act. ca. latter half of the 14th c.), Ming dynasty (1368-1644)
Ci Poem to the Tune "Wind in the Pines" in Cursive Script
Dated 1379, hanging scroll, ink on paper, 101.7 × 33.7 cm

A native of Nanyang, Henan Province, Song Guang excelled at both painting and calligraphy. He served in the official post of Associate Administrator (*tongzhi*) of Mianyang. He modeled his calligraphy style after those of Wang Xizhi (303-361, or 321-379), Wang Xianzhi (344-386), Zhang Xu, and Huaisu (725-785). He slightly transformed their styles creating a personal style featuring smooth and elegant brushstrokes, and refined, delicate character structure. Song Ke (1327-1387), Song Sui (1344-1380), and Song Guang were called the "Three Songs".

The calligrapher wrote: "Signed by Song Guang Changyi (his style name), personnel of Hanlin Academy (*waishi*) from Jushui", and affixed "Seal of Songguang" (intaglio) and "Old Family of Nanyang" (*Nanyang shijia*, intaglio).

This poem was composed by celebrated Yuan (1272-1368) scholar Yu Ji (1272-1348). With its fresh lyrics, it is oft-quoted and much relished. Song Guang transcribed this poem for his friend Lu Dexiu in 1379. In terms of cursive script, the exquisitely spontaneous strokes and handsome composition embody the highest attainment of Song Guang.

13.Zhu Zhanji (1399-1435), Ming dynasty (1368-1644)

Zhuge Liang Reclining

Dated 1429, handscroll, ink and pale color on paper, 27.7 × 40.5 cm

Zhu Zhanji was the eldest son of Emperor Rezong (r. 1425) of the Ming dynasty (1368-1644). He was enthroned as Emperor Xuanzong (r. 1426-1435) with the reign name Xuande. A highly literate ruler, he was also a passionate and proficient painter who excelled at landscapes, figures, birds and flowers. Most of his paintings are executed in monochrome ink with slight coloration. His bird-and-flower and bamboo-and-rock paintings show the influence of the "boneless" (*mogu*) technique of Sun Long as well as of literati paintings. Because he often bestowed his paintings on court officials as a reward, he developed the habit of inscribing the date and the name of the official on the painting. His passion for painting and his aesthetic tastes directly influenced the development of academy paintings of the Ming dynasty.

This scroll was given by Emperor Xuanzong to Earl of Pingjiang Chen Xuan in 1429 (the fourth year of the Xuande reign). There is also a colophon dated to 1483 (the nineteenth year of the Chenghua reign [1465-1487]) by scholar Cheng Minzheng (1445-1500). Chen Xuan mentioned in his colophon that the painting is said to depict Zhuge Liang (181-234), the Prime Minister of the Kingdom of Shu (221-263) in the Three Kingdoms period (220-265). A scholar reclines in a bamboo grove, with his left hand supporting his cheek, and right hand resting on his arching right knee. The pose suggests great ease and comfort. The bear-chested figure with swollen belly lends a hint of humor to the painting. It also manifests the figure's uncommon personality. The figure's face is delineated with fine, meticulous monochrome ink lines, while the draperies are conveyed with crude, wide brush lines, emphasizing the variation of width created by pushing the brush tip against the paper with different degrees of force. The minimal style suggests the possible influence of the Chan painting techniques which came to the fore in the Southern Song dynasty (1127-1279). As for the bamboo grove with luxuriant foliage and spreading branches, the bamboo is configured through monochrome ink brush strokes, instead of the "double-outline–and-color" fashion conventionally employed by court painters. Yet, to some extent, the neatly arranged bamboos and leaves resembles the "Academy style".

On the right side of the painting, Emperor Xuanzong inscribed: "In the *wushen* year of the Xuande reign, imperially painted in playful mood for Earl of Pingjiang Chen Xuan". The relief seal "Treasure from Vast Territories" (*Guangyun zhibao*) is affixed. Other collectors' seal include "Jiaqing Personally Appreciated" (*Jiaqing yulan zhibao*, relief), "Xuantong Personally Appreciated" (*Xuantong yulan zhibao*, relief), "The Precious Collection of the Stone Moat" (*Shiqu baoji*, relief), "Final Sequel of the Precious Collection" (*Baoji sanbian*, relief), "Jiaqing Authenticated" (*Jiaqing jianshang*, intaglio), "Precise Authentication Seal of the Room of Three Rarities" (*Sanxitang jingjianxi*, relief), "For the Benefit of Later Generations" (*Yi zisun*, intaglio), "Xuantong Authenticated" (*Xuantong jianshang*, relief), "Precise Authentication Seal of the Wuyi Studio" (*Wuyi zhai jingjianxi*, relief). The two-character title "Supreme Loyalty" (*jingzhong*) is inscribed in seal script by a certain Shi Min. There are also two colophons by Chen Xun and Cheng Minzheng.

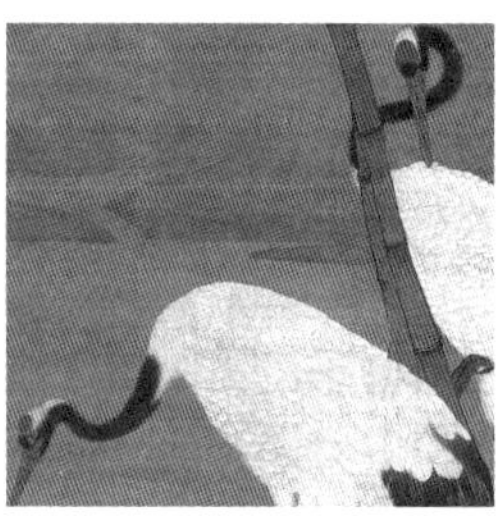

14.Bian Jingzhao (act. ca. early 15th c.), Ming dynasty (1368-1644)

Bamboo and Cranes

Undated, hanging scroll, ink and color on silk, 180.4 × 118 cm

As a court artist during Emperor Chengzu's reign (1402-1424), Bian Jingzhao was a prominent name in Ming dynasty (1368-1644) academic painting. He inherited the Song dynasty (960-1279) Painting Academy style and also incorporated in his work some features usually seen in scholar-amateur paintings. Most of his works are characterized by realism, precise outlines, and bright colors.

Meticulous brush lines and bright colors convey the feather, flippers, and the crowns of the two cranes, vividly representing the exquisite beauty of the cranes with their sleek feathers. The "outline-and-color" technique is used for the depiction of bamboo. The painter held the brush in an oblique position using one side of the tip to create the lines conveying the vast and rolling reaches. The simple and deliberately archaic manner in which the brush is handled and the imposing style are features that resemble paintings of the Southern Song (1127-1279) Academy, but with individual creativity. In *Sequel of Precious Mirror of Paintings* (*Tuhui baojian xubian*), Ming-dynasty art connoisseur Han Ang commented that "not only is the outlining excellently handled, the ink is also properly used. Since the Song (960-1279) and Yuan (1272-1368) dynasties, this kind of painter has been extremely rare".

The painter wrote: "Created by Bian Jingzhao, painter from the Qinghua Pavilion". The two seals affixed are illegible. Collectors' seal include "Heartly Appreciated by Huang Zhou" (*Huang Zhou xinshang*, intaglio), and "Preciously Collected by Huang Zhou" (*Huang Zhou zhencang*, relief), and "Pei" (relief).

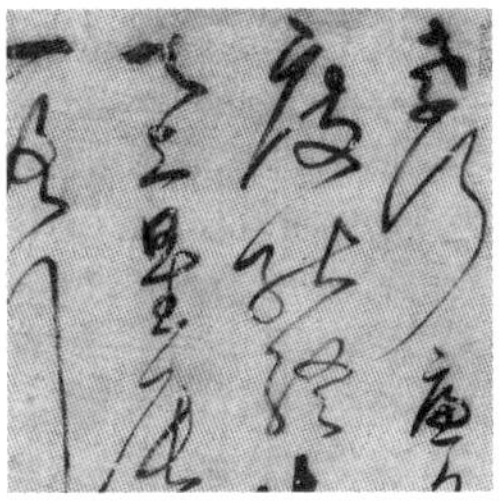

15.Liu Jue (1410-1472), Ming dynasty (1368-1644)

Septasyllabic Octet in Cursive Script

Dated 1466, hanging scroll, ink on paper, 121.2 × 42.2 cm

A native of Changzhou (today's Suzhou, Jiangsu Province), Liu Jue once rejected the county administrator's offer to recommend him for government service. In 1438 (the third year of the Zhengtong reign [1436-1449]), he passed the Imperial Examination held in the Yingtian prefecture and became a government student. Later he served as Secretary of the Ministry of Justice (*xingbu zhushi*), and then was promoted Assistant Surveillance Commissioner (*ancha qianshi*) of Shanxi. A benevolent administrator, he was also a proficient calligrapher. He modeled his regular and running scripts on those of Yuan (1272-1368) master Zhao Mengfu (1254-1322). His running-cursive script inherited the legacies of Tang (618-907) calligrapher Li Yong (678-747). He was also known for his landscape paintings which followed the styles of Wu Zhen (1280-1354) and Wang Meng (1308-1385). His writings are included in *The Collection of Wan'an* (sobriquet of Liu Jue).

Written in the calligrapher's late years (when he was about fifty-seven *sui*), the septasyllabic octet was a farewell poem dedicated to a departing friend. The imposing and unrestrained style, the combination of characters in a great variety of sizes, the composition of characters in uneven density are all combined to give the piece a natural and and primitive simplicity.

The calligrapher signed "in the second year of the Chenghua reign (1465-1487), it is now the summer of the *bingxu* year, Assistant Surveillance Commissioner of Shanxi supervised crop cultivation, retirement of some officials under the imperial order. Fellow townsman Liu Jue Tingmei (Liu's style name) wrote this at the Nianzi Pavilion near the residence". Seals include "Tingmei" (relief), "Tingmei of the Liu Family" (relief), and "Peng Chengsheng" (relief) at the title piece.

16.Ni Duan, Ming dynasty (1368-1644)

Liu Biao Engaging Pang Degong

Undated, hanging scroll, ink and color on silk, 163.8 × 92.4 cm

A native of Hangzhou, Zhejiang Province, Ni Duan entered the painting academy during the Xuande reign (1426-1435). An accomplished painter and calligrapher, he excelled at Buddhist paintings and bird and flowers. He modeled his landscape paintings after Ma Yuan (act. ca. 1190-1230).

The scroll illustrates a story in the Three Kingdom period (220-265). The inspector of Jingzhou, Liu Biao (142-208; post held 190-95) repeatedly extended invitations to Pang Degong (fl. late 2nd to early 3rd c.) and then, because there was no response, he personally went to inquire after him. Pang Degong was the uncle of Pang Tong (185-221), another famous strategist in this period. He was close friends of famous recluses such as Xu Shu and Zhuge Liang (181-234), both military advisors of the Kingdom of Shu (221-263). The figures are meticulously delineated and fabulously colored. The painter also depicted magnificent mountains and rivers, as well as verdant trees.

The painter inscribed: "Ni Duan from the Chu River", and affixed the seals "Painter of Jinhang" (*Jinhang huashi*, relief), "Calligraphy and Paintings of Zhongzheng (style name of Ni Duan)" (*Zhongzheng shuhua*, relief), and "Modeling First after Nature" (*yishi zaohua*, relief). Collectors' seals include "Qianlong Personally Appreciated" (*Qianlong yulan zhibao*, relief) and others.

17.Shen Zhou (1427-1509), Ming dynasty (1368-1644)

Landscape after Dong Yuan and Juran

Dated 1473, hanging scroll, ink on paper, 163.4 × 37 cm

Shen Zhou was born into a family of scholar painters. In his early years, he inherited the family painting style while studying with the Ming dynasty (1368-1644) master Du Qiong (1396-1474). Later he studied extensively the styles of Song (960-1279) and Yuan (1206-1368) painting masters and developed an individual style. He was well versed in both bird-and-flower paintings and landscapes. In his early years he took elements from Dong Yuan (d. 962) and Juran (act. ca. 10th c.) as well as Wang Meng's (1308-1385) meticulous brush style. In his forties, he turned to Huang Gongwang (1269-1354) for inspiration and created many freehand landscape sketches. Broad and blunt brushwork characteristic of Wu Zhen (1280-1354) is found in Shen Zhou's late works created after his sixties. When his landscape skills reached maturity, he exercised a combination of forceful and imposing features seen in Song dynasty (960-1279) Academy paintings and in those of the Ming dynasty "Zhe School" and the restrained brush lines characteristic of Yuan dynasty (1272-1368) landscapes. He is credited with founding the prominent "Wu School", and, together with Wen Zhengming (1470-1559), Tang Yin (1470-1523) and Qiu Ying (ca. 1505-1552), was called "Four Masters of the Wu School".

Created in 1473 (the ninth year of the Chenghua reign [1465-1487]), when Shen Zhou was about forty-seven *sui*, the scroll is dedicated to a certain Mindu, a friend of the painter. Because "Wu School" painters showed remarkable appreciation of the style of Five Dynasties (907-960) painting masters Dong Yuan and Juran, they often modeled their paintings after these two ancient masters. According to the painter's inscription on the upper left corner, he painted the landscape after Dong Yuan and Juran at the request of Mindu. Shen arranged verdant forest and grandiose mountains in a long and narrow two-dimensional space. Pines and rocks on slanting and uneven slopes are depicted in the foreground; in the middle distance is an expanse of water on which two figures are fishing in small boats. From outside the scroll, a bridge spans across the lake connecting the other shore. A scholar is walking on the bridge holding a staff. Thatched cottages scatter along the shore. The landscape extends into distance with layer upon layer of mountains. The valley in the middle of the scene is ingeniously arranged into an s-shape to alleviate the possible crowdedness from the lofty mountain ranges on both sides, with noticeable emphasis on the visual effect of high distance (*gaoyuan*) and deep distance (*shenyuan*). The painting features meticulous and closely-woven texture strokes, and well-knit, repeated ink washes. The tapering end of the brush strokes are carefully concealed to create an elegant but vigorous painting. Although obviously influenced by styles of ancient masters, the painter applied his idiosyncratic mellow and minimal brush strokes with ample ink to convey vividly the life led by "Wu School" scholars.

Aside from the painter's inscription, there are also his relief seal "Qinan" (Shen Zhou's style name) and five collectors' seals.

18.Zhou Chen (act. late 15th-early 16th c.), Ming dynasty (1368-1644)

The Merriment of Fishermen

Undated, handscroll, ink and color on paper, 32 × 239 cm

A native of Wu County (today's Suzhou, Jiangsu Province), Zhou Chen was a preeminent painter in the Ming dynasty who excelled at painting landscapes, figures, birds and flowers. He inherited the stylistic legacies of Southern Song (1127-1279) academy painters such as Li Tang (ca. 1050-after 1130) and Ma Yuan (act. before 1189-after 1225), and incorporated into his creations the idea of literati paintings. His virtuosity and individuality can be seen in the dynamic brush lines and clear and close-knit compositions that characterize his paintings. Zhou later taught Tang Yin (1470-1523) and Qiu Ying (ca. 1505-1552), both prestigious painters of the Ming dynasty.

The painting depicts scenes of the daily life and work of fishermen in the Jiangnan region (a geographic area to the south of the lower reaches of the Yangtze River). The painter represented in meticulous and vivid detail a great variety of actions of the fishermen such as catching fish with bamboo baskets, casting nets, angling, fishing shrimps, repairing mesh nets. Their ingenuousness and unsophisticated temperament as well as their positive attitude that guides them to seek happiness from work are both brilliantly captured by the painter. Technically speaking, the figures are carefully delineated and then colored. The draperies are conveyed by brush lines resembling nail head and mouse tail. The ripples and the rocks are textured with strokes with ample ink. In terms of Zhou Chen's virtuoso and clever use of brush, he clearly inherited the legacies of the realistic painting styles of the Song (960-1279) masters.

The painter signed "Dongcun (his sobriquet) Zhou Chen" and affixed the intaglio seal "Ji". There is also a colophon by Wang Chang and his relief connected seals "Shu" and "An".

Wen Peng (1498-1573) inscribed the title *Merriment of the Fishermen in the Jiangnan Countryside* (*jiangxiang yule*) in clerical script, and affixed the relief seal "Seal of Wen Peng", and the square, intaglio seal "Qiekuai Studio" (*Qiekuai zhai*). He also inscribed in the colophon a ci poem by Five Dynasties (907-960) poet Li Xun (act. ca. late 8th c. and early 9th c.) in cursive script with the intaglio seal "Shoucheng (Wen Peng's style name) of the Wen Family" and the relief "Seal of Wen Peng".

Collectors' seals include: the rectangular intaglio "Seal of Authentication by Cao Buxun from Yangyi" (*Yangyi Cao Buxun jianding yin*), the square intaglio "Precious Treasure of the Rain Pavilion" (*Yulou zhenwan*), the square relief "Precious Treasue of the Hall of Faith and Harmony" (*Zhenhe tang zhenwan*), and the square intaglio "Paintings and Calligraphy Authenticated by Shi Ximei" (*Shi Ximei jianshang tushu*), and the square intaglio "Seal of the Pavilion of Antique Fragrance" (*Guxiang ge yin*).

19.Zhu Jianshen (1448-1487), Ming dynasty (1368-1644)

Auspicious Omen of the New Year

Dated 1481, hanging scroll, ink and color on paper, 59.7 × 35.5 cm

With the temple name Emperor Xianzong and the reign title Chenghua (1465-1487), Zhu Jianshen was a son of Emperor Yingzong (1436-1449) of the Ming dynasty. He was well versed in poetry, composing essays as well as painting, especially deities and miniature landscapes. He occasionally indulged in painting and then bestowed his works on court officials.

The scroll depicts Zhong Kui, the legendary exorcist, staring at approaching bats. With his one hand holding a *ruyi* scepter, his other hand rests on the shoulder of a goblin who carries a tray with persimmon (pronounced "shi" in Chinese) and cypress twigs (cypress is pronounced "bai" in Chinese). The two motifs are intended as a verbal play alluding to the auspicious saying "may everything be as one wishes" (pronounced "baishi ruyi", thus, "bai" is represented by the cypress twigs, "shi" by persimmon, "ruyi" by the *ruyi* scepter).

Before the Ming dynasty, it was an important custom to hang the portrait of Zhong Kui in the New Year season, because it was believed that the portrait could help to exorcise evil spirits. It was not until the end of Ming dynasty and the beginning of the Qing dynasty (1644-1911) that the custom was moved to the Dragon Boat festival. In this sense, this painting can be regarded as a court painting celebrating the New Year and praying for heavenly blessings. The painting is skillfully rendered. The draperies are conveyed by modulated brush lines imbued with strength and vigor. The figures are slightly exaggerated but dramatically vivid, manifesting the virtuosity of the emperor-painter.

20.Guo Xu (1456-1532), Ming dynasty (1368-1644)

The Ballad of the Pipa Lute

Undated, hanging scroll, ink on paper, 154 × 46.6 cm

A native of Taihe, Jiangxi Province, Guo Xu spent his early years studying the Confucian classics but later turned to poetry and painting. For many years he roamed around the country. As a painter, he enjoyed equal fame with his contemporaries such as Wu Wei (1459-1508), Du Jin (act. 15th c.), and Shen Zhou (1427-1509). During the Hongzhi reign (1488-1505), the emperor heard of his reputation as a proficient painter and summoned him to the capital to give him an official title. He declined the offer. Guo Xu painted a wide range of themes, among which he showed the best talent in landscape and figures. His works feature both meticulous delineation and freehand style, both well executed. The veiled strength and vigor in his brush strokes render his painting elegant and graceful. He liked to inscribe poems that complemented the content of the painting, poems that are both meaningful and thought-provoking.

With freehand figures Guo Xu illustrated the poem *The Ballad of the Pipa Lute* by Tang-dynasty poet Bai Juyi (772-846). The painter used simple and straightforward line-drawing technique to depict the two figures. The singer is seen from the side, with tall coiffure and long, elegant garments. In spite of her beauty, her face shows signs of melancholy. In her arms she carries a *pipa* lute (the name of a musical instrument that is generally known as "balloon-guitar"); her figure is both gentle and graceful. The poet is portrayed sitting beside the lady, with both hands resting on his knees. He faces her in a very attentive manner, as if he is listening carefully to the recounting of her misfortune in a chaotic age. The painter used fine brush lines to delineate the figures, achieving excellent proportions and a simple, elegant style. Although among Guo Xu's works, it can be categorized with paintings of the meticulous style, it reveals Guo's pursuit of minimalism. Using the imagery as a narrative medium, the painter focused on the two protagonists in the story, while omitting all other background objects and environment described in the original poem. It illustrates perfectly the lines in the poem: "A thousand pleas, ten thousand calls, and at last she appeared/but even then she held the lute so it half hid her face." (Trans. modified by Burton Watson in John Minford & Joseph S.M. Lau ed. *An Anthology of Translations: Classical Chinese Literature*, vol. I: *From Antiquity to the Tang Dynasty*. [New York: Columbia University Press, 2000], pp. 890-891.) The inscribed poem is rendered in running cursive script, the characters are executed with modulated brush strokes and cleverly arranged to achieve a kind of visual rhythmic beauty.

The inscription on the upper part of the scroll is Bai Juyi's *The Ballad of the Pipa Lute*. The painter signed "painted and inscribed by Qingkuang" ("Taoist Priest Qingkuang" is the sobriquet of Guo Xu), and affixed the relief square seal "Renhong" (his style name). There is another seal but its content is illegible.

21.Wu Wei (1459-1508), Ming dynasty (1368-1644)

The Great Ultimate

Undated, hanging scroll, ink on silk, 138.6 × 81 cm

A native of Jiangxia (today's Wuhan, Hubei Province), Wu Wei studied painting from a very early age. He moved to Nanjing at the age of seventeen and was highly favored by the officials. He was twice summoned to the Palace, and given official posts such as Judge in the Imperial Bodyguard (*jinyiwei zhenfu*). The emperor bestowed upon him the title "The Topmost Painter" (hua zhuangyuan). Yet a person of uninhibited temperament, he was unwilling to be controlled by the court. Thus he settled in Nanjing and made a living by selling his paintings. Well versed in landscape and figure painting, he modeled his landscape paintings after Dai Jin (1388-1462) and inherited the legacies of the "Academy style" of the Southern Song dynasty (1127-1279). Based on previous legacies, he developed a highly individualistic style featuring simple, uninhibited imagery, epitomizing the styles of various ancient masters. Many of his early figure paintings feature meticulous line drawing, resembling the style of Northern Song (960-1127) painter Li Gongling (1049-1106). Later he painted many ink monochrome landscapes with minimal and unrestrained brushstrokes, which originated from the works by Southern Song Academy masters Ma Yuan (act. before 1189-after 1225) and Xia Gui (act. early 13th c.) as well as the "abbreviated brush" (*jianbi*) style. After Dai Jin, he is considered the most prominent master of the "Zhe School". His paintings reinforced the popularity of vigorous and imposing brush strokes and ink-splashing techniques. Later, many disciples of the "Zhe School" modeled their paintings after Wu Wei, resulting in widespread popularity of his style.

An immortal is depicted standing under a tree, unfolding a scroll featuring *Taiji*, or the Great Ultimate, which is represented by a full circle with radiating ink washes alluding to the primal chaos. The mysterious smile probably suggests his understanding of the Great Ultimate through mediation. The slightly bald immortal is portrayed in a humorous and vivid way with squinting eyes, bulbous nose, and curving up lips.

The painter took painstaking effort to depict the immortal's face, while the draperies, trousers as well the shoes are only suggested with a few brush strokes. His paintings are a development based on Liang Kai's "abbreviated brush" figure paintings. The background trees and rocks are conveyed with tapering brushstrokes and ink wash, obviously influenced by the style of Ma Yuan and Xia Gui. It is recorded that Wu Wei was famous for his indulgence in drinking and unconditional and unrestrained conduct. Once when he was received by the emperor, he overturned the ink, and improvised a painting *Pine and Wind*. The background trees and rocks, the minimal composition, the brush strokes resembling cursive script, unrestrained use of ink are all in accordance with the description concerning Wu Wei's painting style in historical records.

The painter signed in the lower left corner: "Little Immortal" (*Xiaoxian*, the sobriquet of Wu Wei) and affixed his relief seal "Little Immortal Wu Wei". According to *The Calligraphy and Painting Record of the Studio of Sealing the Books* by Wen Jia, the painting was once in the collection of Ming official Yan Song (1480-1565).

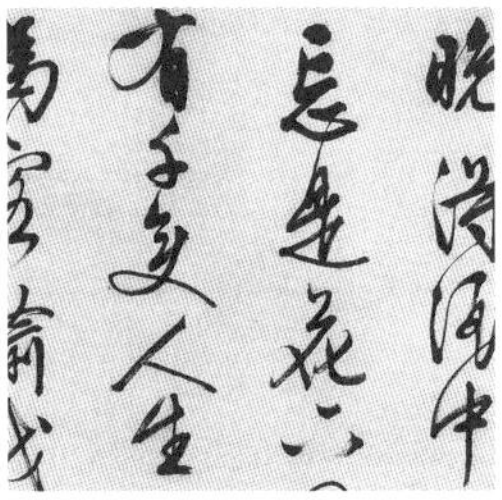

22.Wen Zhengming (1470-1559), Ming dynasty (1368-1644)

A Pentasyllabic Octet in Running Script

Undated, hanging scroll, ink on paper, 131.5 × 63.5 cm

Best known by his courtesy name Zhengming rather than his original name Bi, Wen Zhengming was a native of Changzhou (today's Suzhou, Jiangsu Province). He started reading poetry and literary classics at a very early age and developed exceptional interest in calligraphy and painting. His calligraphy followed the style of Li Yingzhen (1431-1439), his essay writing took inspiration from Wu Kuan (1435-1504) and his painting was modeled on Shen Zhou (1427-1509). Wen's efforts at a bureaucratic career were ill-fated as he failed the civil service recruitment examination ten times. His last try at the age of fifty-three was twenty-seven years after his first failure. The following year, at the age of fifty-four, he was finally recommended and appointed to a post in the Hanlin Academy. He stayed for three years before retiring at the age of fifty-seven, and then returned home immersing himself in calligraphy and painting.

The scroll is signed "Zhengming", with an intaglio seal "Wen Zhengming seal" (*Wen Zhengming yin*) and a relief seal with his style name "Hengshan".

The scroll is inscribed with Wen Zhengming's calligraphy of a poem of his composition called *Facing the Wine* (*Duijiu*). The poem is included in *Collection of Putian* (*Putian ji*). This manuscript fuses the calligraphy conceptions of Wang Xizhi (303-361, or 321-379) and Zhao Mengfu (1253-1322). The strokes are straight and smooth and upright with clear and flexible pauses and transitions, revealing a courtly flavor.

23.Wen Zhengming (1470-1559), Ming dynasty (1368-1644)

Ten Chants on Tea Sets

Dated 1534, handing scroll, ink on paper, 136.1 × 26.8 cm

Best known by his courtesy name Zhengming rather than his original name Bi, Wen Zhengming was a native of Changzhou (today's Suzhou, Jiangsu Province). He started reading poetry and literary classics at a very early age and developed exceptional interest in calligraphy and painting. His calligraphy followed the style of Li Yingzhen (1431-1439), his essay writing took inspiration from Wu Kuan (1435-1504) and his painting was modeled on Shen Zhou (1427-1509). Wen's efforts at a bureaucratic career were ill-fated as he failed ten times the civil service recruitment examination. His last try at the age of fifty-three was twenty-seven years after his first failure. The following year, at the age of fifty-four, he was finally recommended and appointed to a post in the Hanlin Academy. He stayed for three years before retiring at the age of fifty-seven, and then returned home immersing himself in calligraphy and painting.

The painting depicts two thatched cottages situated in shade at the foot of a verdant mountain. The owner of the house sits cross-legged, accompanied by books and teapots, while a young page is brewing water next door. According to the inscription, the time is three days before the "Grain Rain Festival" (*guyu*, the sixth solar term) when Tianchi, Huqiu and other places in Suzhou were holding various gatherings for tasting tea. An unexpected illness prevented the artist from joining the activities. Instead, his friends brought him some superior tea to taste, which occasioned this painting. He tasted and evaluated the tea, enjoying the leisure of a peaceful life. Suddenly he recalled the poem *Miscellaneous Chants on Tea: Tea Sets* (*Chazhong zayong:chaju*) of Pi Rixiu (791-864) and *Ten Chants on Tea Sets* (*He chaju shiyong*) of Lu Guimeng (act. ca. 9th c.). Both were poets of the Tang dynasty. Cherishing their delicate sentiments, Wen versified the circumstance and mood into ten poems. The painting is fully composed. It's vertical format with inscriptions displayed in the upper half and imagery in the lower half draws viewers to deep reverie. The brush strokes are exquisite and dynamic, the ink wash is pale yet delicate. The painting has an elegant scholarly style.

Above the painting, the ten pentasyllabic octets were inscribed by Wen Zhengming. The poems are all related to tea, including tea connoisseurship, tea sprouts, tea box, tea cottage, tea stove, tea vessel, tea bowl, and brewing tea. The painting was affixed with connected seals reading "Zheng" and "Ming". Wen Zhengming stated in his inscriptions that he finished the painting in 1534, the thirteenth year of the Jiajing reign (1522-1566) when Wen Zhengming was sixty-five *sui*.

24.Tang Yin (1470-1523), Ming dynasty (1368-1644)

Palace Ladies of the Former Shu State (Four Beauties)

Undated, hanging scroll, ink and color on thin silk, 124.7 x 63.6 cm

Tang Yin was born into a merchant's family in Suzhou. He attempted a local civil service examination in 1498 in Nanjing and took top honors. The following year, when he went to Beijing for the national examination, he was implicated in a case of bribery, fell into disgrace and was banned for life from taking the imperial examinations. After his return to Suzhou, he made a living by selling his paintings. He was a versatile painter proficient in a variety of themes, including landscape, bird and flowers, and figures. His early paintings showed his debt to Shen Zhou (1427-1509) and Wen Zhengming (1470-1559). In his thirties, he studied under Zhou Chen (act. ca. 1500-1535) and inherited the technical painting legacy from what Dong Qichang would call the "Southern School" (*nanzong*). Later Tang Yin incorporated various styles of Song (960-1279) and Yuan (1206-1368) painting masters into his own original style. He painted both meticulous and freehand landscapes. The free sketch painting style was influenced by his teacher Zhou Chen and derived from the imposing Southern Song (1127-1279) academic style, tinged with his typical delicacy and elegance. Tang's fine brushwork paintings were highly original and imbued with scholar-amateur spirit. This group of landscapes is characterized by simplicity, clarity and ingenuity. His figure paintings feature a variety of techniques, including fine outline and dark color, fine outline and pale color, outline drawing without color, and ink monochrome free sketch. He was one of the "Four Masters of the Wu School", together with Shen Zhou (1427-1509), Wen Zhengming (1470-1559), and Qiu Ying (ca. 1505-1552). An accomplished poet, he was known as one of the "Four Literary Masters of the Jiangnan Region", which also included Xu Zhenqing (1479-1511), Zhu Yunming (1460-1526), and Wen Zhengming (1470-1559).

In the inscription, the artist criticized the carefree life that the last monarch of the Former Shu State (891-925) led with palace ladies. After the inscription he affixed two name seals.

The painting was known as *Palace Ladies of the Later Shu State* (the State of Latter Shu State was ruled under the Meng Family, 925-965) since it was first titled by Wang Keyu (b. 1587) in his painting catalogue *Coral Net: Painting Catalogue*. However, according to recent studies, what the painting depicts took place in the inner court of the Former Shu under the reign of Wang Yan (r. 918-925). Therefore, it is now titled *Palace Ladies of the Former Shu State*.

A figural painting with vivid colors and fine lines, it depicts palace ladies with clear eyes, bright teeth, made-up faces with rosy cheeks. The fine yet dynamic brush lines and the bright colors give the painting a noble ambience. The artist applied layers of white powder to the foreheads, noses, and chins of the ladies, accentuating their heavy and exquisite makeup. The ladies wear golden lotus corona and Taoist robes decorated with colorful motifs. They are plump yet still look graceful and charming. The brush lines are long, thin, and sinuous, like lute strings dropped on the table. The gorgeous dress suggests the jealousy and competition between palace ladies. The painting incorporates the Tang dynasty (618-907) lady painting style which was invented by Zhang Xuan and Zhou Fang, while demonstrating the delicate and dainty style of women typical of the Ming dynasty (1368-1644). Indeed it is a masterpiece of Tang Yin's paintings of women.

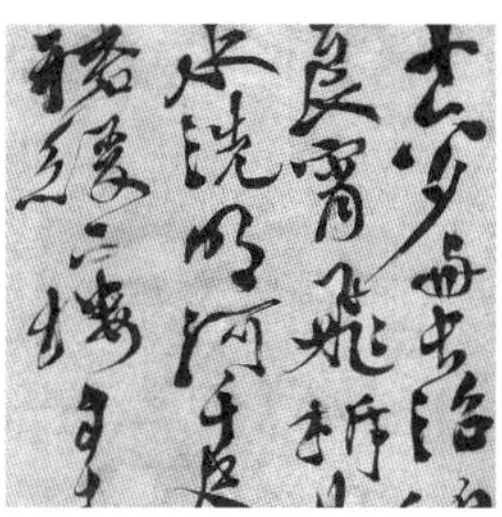

25.Xu Wei (1521-1593), Ming dynasty (1368-1644)

A Septisyllabic Octet in Running Script

Undated, hanging scroll, ink on paper, 125.5 × 33.5 cm

Xu Wei, courtesy name Wenchang with sobriquets "Tianchi Shanren" and "Qingteng Daoshi", was a native of Shanyin (present-day Shaoxing, Zhejiang Province). He was a legendary Ming artist with extraordinary accomplishments in literature, calligraphy, painting and drama. His calligraphy echoed the styles of Su Shi (1037-1101) and Mi Fu (1051-1107) while he carved out his own features with untrammeled strokes. His floral paintings drew on the freehand brushwork of preceding bird-and-flower masters such as Liang Kai (act. early 13th c.), Lin Liang (ca. 1436-1487) and Shen Zhou (1427-1509). However he boldly combined the techniques of wild cursive script and freehand ink-splash painting, revolutionizing traditional bird-and-flower painting to express strong, turbulent feelings. His works had a profound influence on subsequent Ming and Qing painters such as the "Eight Eccentrics of Yangzhou", as well as modern artist including Qi Baishi (1864-1957). Xu Wei was accorded the same status as Chen Daofu (Chen Chun, 1483-1544). Together they were nicknamed with the first two characters of their sobriquets: "Qingteng Baiyang".

The scroll is signed "Tianchi daoren Xu Wei" and affixed with two name seals reading "Wenchang" and "Quanqi". The scroll is inscribed with a poem by Xu Wei which is included in the seventh volume of *Trilogy of Xu Wenchang* (*Xu Wenchang sanji*). Several words and sentences are different from the printed edition of the texts.

Xu Wei's calligraphy features a bold and unrestrained style imbued with calm, elegant and forceful strokes, which was highly praised by other calligraphers. His friend and fellow townsman Tao Wangling (1562-1609) wrote a biography for Xu Wei titled *The Biography of Xu Wenchang* (*Xu Wenchang zhuan*) which commented on Xu Wei's running script and cursive script: "Xu Wei is expert in running script and cursive script, which are exquisite and splendid". The brush strokes in this scroll are not as unrestrained and continuous as those of cursive script; but they are more flexible and smooth than those of regular script. The artist freely varied the character patterns without any preciosity, demonstrating a simple and natural style.

26.Ma Shouzhen (1548-1604), Ming dynasty (1368 -1644)

Orchid, Bamboo, and Narcissus

Undated, hanging scroll, ink on paper, 85.3 × 47.2cm

Ma Shouzhen was born in Jinling (today's Nanjing of Jiangsu Province). She was a famous songstress and painter. Being smart and astute, she made light of wealth and valued righteousness. She was talented in versifying and painting, especially in painting orchids, bamboo and scholar rocks that prevail in literati painting.

With skilled strokes, the Ma Shouzhen inscribes features of orchids and bamboo that seem to sway in a cool breeze. Orchids and bamboo were favorite subjects of songstress painters for several reasons. First, orchid, bamboo, pine tree, and plum blossom have been praised by literati as the "four gentlemen" (*si junzi*). Painting orchid and bamboo could show the noble and unsullied feelings of the artist. Second, the charming but quiet orchids and bamboo stand for particular attitudes of women performers. Third, and the most important, as a communicative cultural method between literati and song girls, orchids and bamboo can be quickly painted because of their relatively simple structures. Several casual but enjoyable brush strokes can create a satisfying result. For these reasons, many women painters of orchids and bamboo emerged in the Ming dynasty, of whom Ma Shouzhen is one of the most famous. She was especially famous in the Jiangnan region for her specialty in painting orchids. She styled herself "Orchid of the Xiang River" (Xianglan).

Ma Shouzhen concentrated on revealing the internal spirit of the orchid and bamboo. Her lines and ink application seem very casual, but in fact, they are technically accomplished. Orchids painted by Ma Shouzhen, unlike the meticulously depicted ones by Wen Chu (ca. 1594-1634) and other young lady painters, were unusually natural and elegant, which is quite similar to some male literati painters of the "Wu School", such as Wen Zhengming (1470-1559). Her paintings reveal the inclination of women painters to cater to male artists, and their appropriation of the achievements made by male painters.

27.You Qiu (act. ca. late 16th c. - ca. early 17th c.), Ming dynasty (1368-1644)

Hongfu Falling in Love with General Li Jing

Dated 1575, hanging scroll, ink on paper, 113 × 46 cm

You Qiu, courtesy name Ziqiu with style name Fengqiu, was a native of Changzhou (today's Suzhou, Jiangsu Province) living in Taicang (located in today's Jiangsu Province). He was active during the Jiajing (1522-1566) and Wanli reigns (1573-1620), yet his birth and death were not clearly documented. He was said to be the nephew of Qiu Ying (ca.1505-1552). Born of humble origins, for a long time You Qiu made a living selling his paintings. Noted for his exquisite painting skills, You Qiu befriended celebrities of Suzhou literati circles, including Wang Shizhen (1526-1590) and his brother Wang Shimao (1536-1588), Zhang Fengji (1528-1641), and Zhou Tianqiu (1514-1595). Besides his devotion to landscape painting, he also created figure paintings, including the sub-genre of women. He was especially acclaimed for his outline paintings which were produced without color, shading or wash. His painting technique was a distant continuation of Liu Songnian (act. ca. late 12th c) of the Song dynasty (960-1279) and Qian Shunju (ca. 1239-1299) of the Yuan dynasty (1272-1368), and emulation of his putative uncle Qiu Ying. His paintings feature a delicate, elegant and transcendent effect.

Hongfu is a figure in the *Legend of the Man with the Curly Beard* (*Qiuranke zhuan*), a Tang dynasty (618-907) legend. Originally called Zhang Chuchen, she served as a maid of Yang Su (d. 606), a powerful aristocrat in the last years of the Sui dynasty (581-618). Hongfu became well known for the red whisk (*hongfu*) that she always held in her hand. Li Jing (571-649), the then commanding officer of Mayi and later the Minister of War for the Tang empire, begged for an audience with Yang Su. When Li Jing came, Hongfu found that Li Jing had great ambitions and she admired him so much that she dressed as a man and snuck off with Li at night. Later they married, and Hongfu assisted Li Jing in accomplishing great things. The theme of this story – a beauty having the good sense to recognize a hero – was wide spread. This painting depicts the scene when Li Jing was visiting Yang Su. It shows many people in various manners. The figures were painted with the technique of outline-drawing. The court ladies in the picture have graceful composure.

The artist signed as follows: "Painted in the summer of the *yihai* year of the Wanli reign, You Qiu of Changzhou [today's Suzhou in Jiangsu Province]". He also affixed two name seals. The *yihai* year of the Wanli reign was 1575.

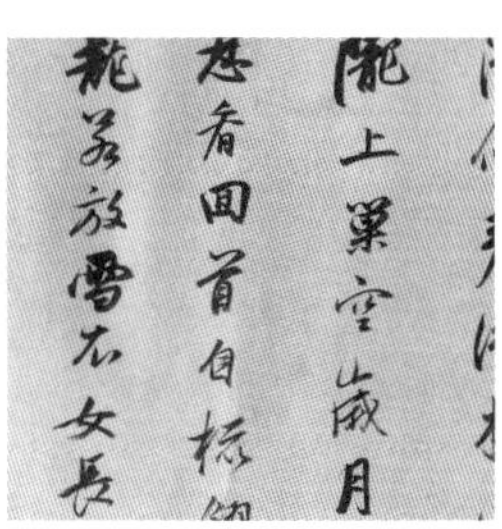

28.Dong Qichang (1555-1636), Ming dynasty (1368 -1644)

Copying the Four Calligraphy Masters of the Song Dynasty

Undated, handscroll, ink on silk damask, 29.3 × 258.7 cm

A native of Huating (today's Songjiang, a part of Shanghai), Dong Qichang earned his "presented scholar' (*jinshi*) degree in the Imperial Examination of 1588, the sixteenth year of the Wanli reign (1573-1620). He served in posts as high as the Minister of Rites (*libu shangshu*). A prominent collector and connoisseur, he is noted especially for his theories on Chinese painting. Following the Chan Buddhist formulation of gradual and sudden enlightenment, he divided painters into the denigrated gradualist Northern School (mostly court painters and professionals) and the inspired, sudden-enlightenment Southern School (mostly poets and officials who painted). He excelled at calligraphy and once stated that his inspiration was drawn from intuitive and spontaneous understanding. Stressing imitation as well as innovation, his paintings are characterized by *faux naïf* and delicate handling of ink and brush. Backed by his high political status and authority as a connoisseur, his aesthetic theories profoundly influenced later generations of painters and succeeded in dominating Qing dynasty (1644-1911) artistic circles. His works include *Random Notes from the Chan Studio of Paintings* (*Huachanshi suibi*), *Poetry Collection of Rongtai* (*Rongtai ji*) and *Essence of Painting* (*Hua zhi*).

The artist signed the calligraphy and affixed his name seal. The scroll is inscribed with ten quatrains including ones by Cai Xiang (1012-1067), Huang Tingjian (1045-1105), Mi Fu (1051-1107), Zhang Xu (658-748), and Zhou Yun. Although Dong Qichang writes that he transcribed the poems in the style of the Four Calligraphy Masters of the Song dynasty (960-1279), mentioning Su Shi (1037-1101), Cai Xiang, Huang Tingjian, and Mi Fu, judging from his calligraphy styles, he did not deliberately imitate any particular one of the four, which demonstrates an innovative feature of his calligraphy. He once said, "With gifted talents, copying should deliver the spirit of the original calligraphers. But it cannot imitate too much or too little". The scroll was finished in Dong Qichang's late years.

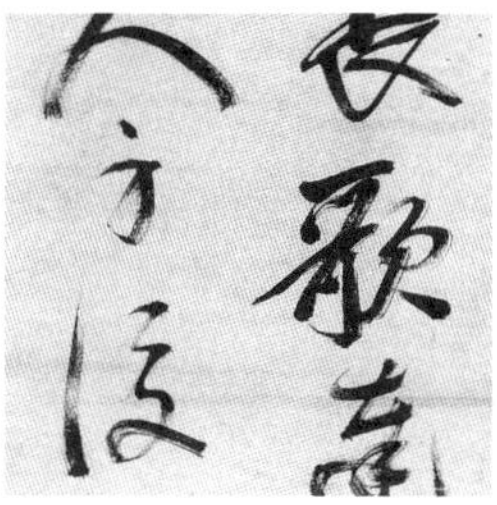

29.Mi Wanzhong (1570-1628), Ming dynasty (1368-1644)
A Septisyllabic Couplet in Running Script
Undated, hanging scroll, ink on paper, 166.8 × 42.8 cm

Mi Wanzhong was a native of Anhua in Shaanxi Province. He moved to Beijing and served as an Imperial Bodyguard (*jinyiwei*). He was the descendant of Mi Fu (1051-1107). He received the *jinshi* degree in the highest level of civil service recruitment examinations in 1591 (the twenty-third year of the Wanli reign), and held the post of Surveillance Commissioner (*anchashi*) of Jiangxi Province. In 1625 (the fifth year of the Tianqi reign), Mi Wanzhong was impeached by Ni Wenhuan, a partisan of the notorious eunuch Wei Zhongxian (1568-1627), was convicted and removed from his post. In 1628 (the first year of the Chongzhen reign), he resumed the official post of "Vice Minister of the Court of the Imperial Stud" until his death later that year. Mi Wanzhong was especially interested in collecting, appreciating and painting scholar rocks. He was expert in painting landscapes, flowers, and bamboo. In calligraphy, his running script and cursive script inherited the spirit of the Mi Family, which enjoyed equal reputation and popularity with Dong Qichang. The two were called "Dong in the South and Mi in the North". Much of Mi Wanzhong's calligraphy work has survived.

The scroll is signed "Written by Mi Wanzhong", with two intaglio seals: "Mi Wanzhong, courtesy named Zhongzhao" and "Living between the West Mount and the North Sea" (*Jiazai xishan beihaijian*). Zhu Mouyin of the Ming dynasty said of Mi Wanzhong's calligraphy that it captured the essence of his ancestor Mi Fu.

30.Li Liufang (1575-1629), Ming dynasty (1368-1644)
Ink Play of Tanyuan
Dated 1627, hanging scroll, ink on silk damask, 129 × 57.5 cm

Li Liufang was a native of She County of Anhui Province, but he migrated to and lived most of his life in Jiading (today's Shanghai). He passed the imperial examinations at the provincial level in 1606 and received the *juren* degree. As one of the "Nine Friends of Painting" (*huazhong jiuyou*), and appropriating the technique and style of Wu Zhen (1280-1354), he was a master of landscapes painting. His paintings from life are also interesting for they incorporate the styles of masterworks of the Song (960-1279) and the Yuan (1272-1368) dynasties, and have a dynamic inner spirit. Li Liufang was well versed in poetry, calligraphy, and seal cutting. He wrote *Collection of Tanyuan* (*Tanyuan ji*) and *Inscriptions and Colophons of the Painting of Recumbent Wandering of the West Lake* (*Xihu woyoutu tiba*).

This painting depicts an empty pavilion, tall trees, river bank, and rocks in the foreground, and mountain ranges covered with luxuriant trees in the background. The lines are flexible and the movements of the brush smooth, creating a serene and spacious feeling. The layout of the foreground view and the technique of painting trees show the artist's debt to Ni Zan (1301-1374), except for the more saturated ink application. The trunks were freely outlined and the leaves were dotted forthrightly. The style of the painting is metaphorical. As for the mountain rocks, they were painted either with parallel or cross "hemp fibre" texturing strokes, and the style is vigorous and swift, washed with light ink suffused with water. It catches the gist of Wu Zhen's painting style.

The painting scroll was signed "Painted in the autumn day of the *dingmao* year at the Frank Ink Studio [Moshuai zhai] of Tanyuan".

The *dingmao* year was 1627, the seventh year of the Tianqi reign of the Ming dynasty. Li Liufang was fifty-three *sui* (by traditional account).

31.Wen Chu (ca. 1594-1634), Ming dynasty (1368-1644)
Flowers
Dated 1631, 4 from the 8 leaves in the album, ink and color on paper, 27.8 × 42.8 cm

Wen Chu was the great-great-granddaughter of the eminent artist Wen Zhengming (1470-1559). A native of Changzhou (today's Suzhou in Jiangsu Province), she married Zhao Lingjun, the son of the Song imperial descendent and scholar artist Zhao Huanguang (1559-1626). An intelligent woman, Wen Shu was good at painting flowers and insects with delicate color wash but no outline delineation. Rocks and aged pine trees in her paintings, however, are rendered in an experienced and dynamic brush style. Her bird-and-flower paintings were so influential on woman painters that she inspired many imitators.

This album contains eight leaves which respectively depict flowers including crab apple flower, China pink, wild daisy, and sword-leaved cymbidium. The flowers are not solely presented in the painting, but with sprays, lake rocks, and butterflies as surroundings. Although most sprays, leaves, and petals are washed with the "boneless" technique, veins of the petals and leaves are still delineated with fine lines. The artist not only focused on the careful application of mellow colors, but also the proper technique to represent plants, objects, and living creatures. The emphasis on color and the delicate brush style reveal Wen Chu's debt to her ancestor Wen Zhengming.

Liu Zhisi (1900-1937) wrote a colophon at the end of the album.

On the leaf that depicts the sword-leaved cymbidium, the artist gave the date "the *xinwei* year, the twelfth month, Wen Chu of the Zhao family of Tianshui." The *xinwei* year was 1631, the fourth year of the Chongzhen reign, when the artist was thirty-seven *sui* (by traditional account).

32.Wu Bin (act. ca. late 16th-early 17th c.), Ming dynasty (1368-1644)

Portrait of Samantabhadra

Dated 1602, hanging scroll, ink and color on paper, 127.5 × 66.2 cm

The painting depicts the Samantabhadra (Chinese translation "Puxian", meaning "Universal Worthy") Bodhisattva on a white elephant preaching to his disciples. The bodhisattva sits with both legs crossed, wearing a red scarf on his head, a white robe, and a red kasaya. He holds a short Buddhist staff, lowering his head slightly to the right side and making eye contact with the disciples standing there. The five disciples surrounding him are all portrayed standing, but in varied types of kasaya and with different apparatus.

The disciple at the lower right side of Samantabhadra wears a dark colored, wide sleeved Buddhist robe covered with a red kasaya. Judging from the Sanskrit text that he holds, he should be consulting the Bodhisattva about the doctrines of the Buddhist sutra. Two others stand behind Smantabhadra. One is in white robe with crossed collars and holding a round alms bowl; the other is in pink with round-collared robe and holding a Buddhist staff. The disciple standing at the right side behind Samantabhadra wears a pink, round-collared robe covered with a red kasaya with his right shoulder exposed. He carries a tripod table in his arms. The disciple standing at the right side in front of the Samantabhadra wears a red, cross-collared robe, lowering his body to arrange flowers on an exquisitely made bronze stand.

The story Samantabhadra riding a white elephant was originally recorded in the *Sutra of the Lotus Blossom of the Subtle Dharma* (also known as the *Lotus Sutra*). The motif has been popular since the Northern and Southern Dynasties (420-589). But different from the traditional evocation, the elephant in this painting is submissively lying on the ground, Samantabhadra is portrayed as a male figure instead of a female Bodhisattva, and around Samantabhadra are all his disciples. It reflects the new pattern of religious imagery that emerged in the late Ming dynasty.

The artist dated the painting at the lower left corner: "the first month of the winter in the *renyin* year", and affixed two of his seals. The *renyin* year is 1602, the thirtieth year of the Wanli reign.

33.Yang Wencong (1579-1649), Ming dynasty (1368-1644)

Immortal in a Village

Dated 1642, hanging scroll, ink on paper, 131.8 × 51.2 cm

Yang Wencong was a painter in the Ming dynasty, a native of Guiyang. He stayed in Jinling (today's Nanjing of Jiangsu Province), away from his hometown. Serving in the Ministry of War, Yang Wencong was good at poetry and painting. As one of the "Nine Friends of Painting" (*Huazhong jiuyou*), he was expert in painting landscapes. The *Collection of Xunmei Hall* (*Xunmeitang ji*) is one of his monographs.

This painting depicts a scene of living in seclusion in deep mountains: dangerous peaks, steep cliffs, river banks thick with trees, a pavilion along the river, open lakes and some distant islets. A virtuous intellectual is sitting facing the river, looking thoughtful. This painting mainly used dry brush and light ink. The outlines of the mountains and rocks were sketched in a fresh and vigorous style. The principal part of the trees and rocks were painted by using texturing method, setting a delicate and remote tone for the whole painting. The poem on the upright echoes to the "L" shaped composition. The delicate calligraphy and the painting are neatly integrated. This painting's artistic conception is unearthly, and its style is beautiful and graceful. The artist signed "Painted at the Light and Free Pavilion of the Ou River in the mid-spring of the *renwu* Year, Yang Wencong", with two relief seals reading "Yang Wencong" and "Dragon Friend" (*Longyou*). Besides, there are four intaglio collectors' seals.

34.Wang Shimin (1592-1680), Qing dynasty (1644-1911)
A Pentasyllabic Poem in Clerical Script
Undated, hanging scroll, ink on silk, 193.4 × 49.8 cm

A native of Taicang, Jiangsu Province, Wang Shimin, courtesy name Xunzhi with style name Yanke, was born the grandson of Wang Xijue, a Prime Minister of the Ming dynasty (1368-1644). In 1601 during the Wanli reign (1573-1620), he earned his "Presented Scholar" (*jinshi*) degree by passing the Imperial Examination. In the early years of the Chongzhen reign (1628-1644), he was appointed the Chief Minister of the Court of Imperial Sacrifices (*taichangsi qing*) and thus was know as Wang Fengchang after his post. Wang Shimin excelled in poems, essays, calligraphy and painting, and assembled an extensive art collection. His genius lay in landscape painting, and he thoroughly studied masterpieces of Song dynasty (960-1279) and Yuan dynasty (1272-1368). Under the great influence of Dong Qichang (1555-1636), Wang Shimin spared no effort in copying ancient artworks. He was the first of the early Qing dynasty "Four Wangs". Late in his life, he initiated the "Loudong School".

This poem with four lines and seven characters per line was written by Wang Shimin to offer birthday congratulation to the "Old Man named Pan Ru". The structure of characters is upright and foursquare, and the movement of the brush is forceful. Different from the traditional clerical-script style that emphasized "silkworm head and swallow tail" (*cantou yanwei*), this calligraphy incorporates the regular-script style in the clerical script, a technique typical of Ming dynasty (1368-1644) calligraphers.

The scroll was signed "Congratulations on the birthday of the old man Pan Ru. By Wang Shimin, the West Hut Old Man".

35.Wang Jian (1598-1677), Qing dynasty (1644-1911)
After Ni Zan's Pavilion, Stream, and Mountains
Dated 1670, hanging scroll, ink on paper, 81.3 × 51.2 cm

Wang Jian, courtesy name Xuanzhao, was a native of Taicang (today's Jiangsu Province). Because he served as Magistrate of Lianzhou Prefecture in the late period of the Ming dynasty (1368-1644), he was also respectfully called "Wang Lianzhou". He was particularly hailed for his landscape paintings that were in the lineage of Five Dynasties (907- 979) painting master Dong Yuan (d. 962) and the "Four Masters of the Yuan" headed by Huang Gongwang (1269-1354). He was honoured as one of the "Four Wangs" together with landscape painters Wang Shimin (1592-1680), Wang Hui (1632-1717), and Wang Yuanqi (1642-1715). The "Four Wangs" initiated a return-to-antiquity movement, which contributed to the standardization of techniques and processes for traditional Chinese landscape paintings. However, this orthodox movement also inhibited further development of Chinese landscape paintings. Two of Wang Jian's monographs have survived. They are *Collection of the Ranxiang Hut* (*Ranxiang'an ji*) and *Painting Colophons of the Ranxiang Hut* (*Ranxiang'an huaba*), both named after his sobriquet "Ranxiang Anzhu".

This picture depicts the autumn scenery of the Jiangnan region: a tranquil lake in autumn, sparse forest, and distant mountains. Wang Jian, as a life-long follower of the bland and natural painting style of Ni Zan (1301-1374), took delight in hunting down Ni's works and imitating his elegant yet unostentatious painting styles. The painting is the most representative one of Wang's many copies of Ni's *Pavilion, Stream, and Mountains* (*Xiting shanse tu*). In this version Wang showed both riverbanks, forcefully and succinctly painted the mountains, stones and trees and used inks of different gradation. It speaks volumes for Wang at a ripe old age having gained mastery in imitating Ni's style.

The artist inscribed the painting with a self-composed poem. He signed and dated the painting as follows:"The first day of the second lunar month of the *gengxu* year, by Wang Jian". The painting bears two of his name seals.

The *gengxu* year refers to 1670, the ninth year of the Kangxi reign, when Wang Jian was 73 sui.

36.Wang Hui (1632-1717), Qing dynasty (1644-1911)
Reading by Windows in a Mountain Cottage
Dated 1666, hanging scroll, ink on paper, 160 × 42 cm

With courtesy name Shigu and with various style names including Gengyan sanren, Jianmen qiaoke, Wumu shanren, and Qinghui laoren, Wang Hui was a native of Changshu, Jiangsu Province. Drawn to paintings from his earliest years, he was schooled successively by Zhang Ke (b. 1635), Wang Jian (1598-1677) and Wang Shimin (1592-1680). On the foundation of these inherited styles, he toured famous landscape sites and progressively established his personal painting style characterized by elegant and variegated effects. He proposed the painting principle that "great paintings can only be produced by modeling after the brushwork of the Yuan (1272-1368) dynasty painters, internalizing the ideas of the Song (960-1279) dynasty artists and being enriched with the poetry of the Tang (618-907) dynasty." In 1690, the twenty ninth year of the Kangxi reign (1662-1722), Wang Hui was summoned to the Forbidden City by the Emperor to direct the painting of *The Kangxi Emperor's Southern Inspection Tour* (*Nanxun tu*). His work was well received by the Kangxi Emperor who inscribed a four-character title " Landscape Clear and Radiant " (*shanshui qinghui*) on it. "From then on, he called himself Master Clear and

Radiant. He and three other artists are collectively honoured as the "Four Wangs". The others are Wang Shimin, Wang Jian and Wang Yuanqi (1642-1715). Wang Hui mentored numerous disciples who formed the "Yushan School" and their legacies significantly influenced later generations of painters.

Clouds, waterfalls, and pavilions, painted in a "high-distance" view, are dimly discernible in the lush trees. Hence a majestic mountain scene comes to life. At the lower right corner of the painting a man is reading by the window in a mountain cottage. Although it only takes up a fraction of the whole picture, as the punch line it highlights the title "Reading by Window in a Mountain Cottage", adding a lively scene of reading to the carefree natural atmosphere. The inscription tells us that the artist painted the picture to congratulate his friend Wang Shan (1644-1728) on his success in the Imperial Examination after years' of toil so he infused the strokes of his painting with joy. He adopted the style of Wang Meng (1301-1385) of the Yuan dynasty, vibrant yet lucid strokes and rich yet distinctive color gradations. From his early years, this painting captures Wang Hui's study of Wang Meng.

The painting is signed " Painting of 'Reading by Windows in a Mountain Cottage' for Mr. Zaoru, painted by Wang Hui of Yushan, the ninth day of the ninth lunar month of the *bingwu* year." Both intaglio and relief vermilion seals read "Wang Hui".

The *bingwu* year refers to 1666, the fifth year of the Kangxi reign, when Wang Hui was thirty-five *sui*.

37.Yun Shouping (1633-1690), Qing dynasty (1644-1911)

Skyscraping Cliffs and Falling Rapids

Undated, hanging scroll, ink and color on paper, 105 × 43 cm

A native of Wujin (today's Changzhou, Jiangsu Province), Yun Shouping was given the courtesy name Zhengshu and the style name Nantian. In his early years, he devoted himself to landscape paintings in the lineage of Wang Meng (1308-1385) of the Yuan dynasty (1272-1368). His paintings were fashioned in a fresh, elegant and simple style, reflecting a detached and leisurely atmosphere. Later he elected to paint birds and flowers. His paintings were distant continuations of Xu Chongsi (act. ca. 11th c.) of the Northern Song dynasty (960-1127) and emulations of artists of the more recent Ming dynasty (1368-1644). He focused on painting his subjects as close to their original appearance as possible and developed the "boneless technique" which emphasizes color and wash over brush line. He sought to convey the mystery of nature and the soul of objects. Yun Shouping rarely employed brush lines to paint birds, flowers and fish. Instead he primarily depicted objects directly by means of ink wash and dots. His painting style exerted a great influence in bird-and-flower paintings of later generations. He is credited with beginning "the orthodox School of realistic painting" and with establishing "the Changzhou School". Yun Shouping, Wu Li (1632-1718), Wang Shimin (1592-1680), Wang Jian (1598-1677), Wang Hui (1632-1717), and Wang Yuanqi (1642-1715) were collectively acclaimed as the "Four Wangs and Wu-Yun" or the "Six Masters of the Qing dynasty".

The artist painted precipitous cliffs and vines wrapping around trees, creating an elegant ambience. Most of the rocks and trees are boldly rendered in Huang Gongwang's hemp-fiber texturing style, while certain parts are shaded with ink wash. Seemingly he painted it effortlessly and spared a lot of ink, but it has diverse layers. The painting bears no date, but judging from the sharp and forceful style, it must be painted in Yun Shouping's middle age.

The artist inscribed the painting with a poem of his own composition, and signed his name "Yun Shouping of Piling".

38.Wang Yuanqi (1642-1715), Qing dynasty (1644-1911)

Complete Spirit and Sufficient Momentum

Dated 1708, hanging scroll, ink on paper, 137.2 × 71.8 cm

Born in Taicang, Jiangsu Province, Wang Yuanqi was given the courtesy name Maojing with a style name Lutai. He was the grandson of Wang Shimin (1592-1680), the leading painter of the "Orthodox School" of the Qing dynasty. In 1670, the ninth year of the Kangxi reign (1662-1722), he won the "Presented Scholar" (*jinshi*, or Metropolitan Graduate) degree by passing the Imperial Examination. Noted for his devotion to painting, Wang Yuanqi was summoned to serve the Qing imperial court. With the favor of the emperor, he rose to a position of eminence. Later he was assigned to supervise the execution of the painting *Grand Pageant for the Imperial Birthday* (*Wanshou shengdian tu*) to commemorate the emperor's sixtieth birthday. In his heyday, Wang Yuanqi served as the Vice Minister of Revenue (*hubu shilang*). Thus he was nicknamed "Wang Sinong". Excelling in landscape paintings, he preferred employing the technique of dry brush and dense ink. Characterized by archaic and unadorned style, his paintings have a pure and simple charm. Wang Shimin (1592-1680), Wang Jian (1598-1677), Wang Hui (1632-1717) and Wang Yuanqi were collectively honoured as the "Four Wangs of the Qing dynasty." Their paintings inherited the theories and practices of Dong Qichang (1555-1636) of the Ming dynasty (1368-1644). The "Four Wangs" pursued the amalgamation of ancient styles and techniques, and established the "Orthodox School". The numerous painters following Wang Yuanqi formed the "Loudong School", which virtually dominated contemporary painting circles. His masterpieces include *Literary Notes by the Window on Rainy Days* (*Yuchuang manbi*) and *Inscriptions and Colophons of Saohua Hut* (*Saohua'an tiba*).

Wang Yuanqi created this painting in the styles of Dong Yuan (d. 962) and Juran. He inscribed that it was done for "Mingji", the courtesy name of one of his four principal disciples Jin Yongxi. Wang taught Mingji to model on the works of Dong and Juran by the principle of "Complete Spirit and Sufficient Momentum" (*shenwan qizu*), because he deemed paintings by Dong and Juran as powerful and expressive. It was hard for a beginner to reproduce these styles unless he was imaginative, creative and skillful. The picture is just about mountains made of stones, but the artist painstakingly and dexterously created the spirit and strength. The painting, which crowns his artistic achievement, was a model painting for his students and also one of the masterpieces of his late days.

At the upper right corner, the painting bears the artist's signature: "The fifteenth day of the twelfth lunar month of the *wuzi* year, by Wang Yuanqi". The *wuzi* year corresponds to 1708, the fourty-seventh year of the Kangxi reign, when Wang Yuanqi was sixty-seven *sui*.

39.Fu Shan (1606-1684), Qing dynasty (1644-1911)

A Tang Poem in Seal Script

Undated, hanging scroll, ink on silk damask, 143 × 48.3 cm

A native of Yangqu (today's Taiyuan, Shanxi Province), Fu Shan (courtesy name Qingzhu, style names Zhenshan, Danya zi, and Zhuyi Daoren) was nominated to take the Erudite Literatus examination (*boxue hongci*, a special one offered to men of extraordinary literary talent, to serve in such compiling agencies as the Hanlin Academy). However, he declined the invitation, and stayed aloof from politics all of his life. He was an eclectic artist accomplished in classic texts, medicine, painting, poetry and essays. As a calligrapher, he excelled in a great variety of scripts, such as the seal, clerical, regular, running, and cursive scripts. In particular he was noted for cursive script featuring imposing, casual, and vigorous strokes. A master in calligraphy circles in the early Qing dynasty, Fu Shan sought to achieve an unadorned and genuine style of art.

The scroll inscribes a pentasyllabic octet *Written on the Road in Dengfeng as a Retinue* (*Hucong dengfeng tuzhongzuo*) by Song Zhiwen (656-712) of the Tang dynasty. It exemplifies Fu Shan's seal-script works. The calligrapher strived to break away from the conventional square and neat characters championed since the Tang (618-907) and Song (960-1279) dynasties by disciples of Li Yangbing (act. ca. 2nd half of the 8th c.) and Li Si (280-208 BCE), and created a highly idiosyncratic style featuring innovative brushwork and composition.

The calligrapher wrote "Inscribed by Shan" (*Shan shu*) and affixed the intaglio seal "Seal of Fu Shan".

40.Kuncan (1612-1692), Qing dynasty (1644-1911)

The Heavenly-capital Peak of Mount Huang

Dated 1661, hanging scroll, ink on paper, 84 × 42.8 cm

Kuncan's mother died in his childhood. In his early teens, he became a Buddhist monk on his own volition and adopted this name. After the Ming dynasty (1368-1644) collapsed, he moved to and settled in Nanjing. While practicing Buddhism, Kuncan developed his landscape painting skills. He formed his unique landscape style by synthesizing brush styles of Wang Meng, Shen Zhou (1427-1509), and Wen Zhengming (1470-1559) and incorporating his own understanding. Kuncan favored shorthair brushes with dry ink, and preferred lines to ink blocks when shaping the subjects. He is honored as one of the "Four Monks of the Qing" along with Zhu Da (Bada shanren, 1626-1705), Hongreng (1610-1663), and Shitao (Zhu Ruoji, Buddhist name Yuanji, 1642-ca. 1707).

The painter inscribed two poems composed by himself. The title of the painting comes from the first two words of the first poem. It can be inferred from the poems that the scroll probably depicts the Heavenly-capital Peak (*Tiandu feng*) of Mount Huang. The painter modeled his landscape on the style of the "Four Masters of the Yuan Dynasty (1272-1368)", among whom the influence from Wang Meng is particularly significant. The well-stacked composition, robust brush lines, and excellent ink wash and coloration give the imposing painting a serene ambience. The landscape and the poems complement each other and transform the scenery into a vivacious world of nature and human beings. On the other hand, the depiction of mist and clouds places the viewer in a dreamy wonderland. The space left untouched which signifies mist and clouds (the traditional Chinese painting technique called "liubai") and the panoramic composition are some of the unique characteristics of traditional Chinese paintings. The scroll was created in 1661 (the eighteenth year of the Shunzhi reign [1644-1661]), when the painter was about fifty *sui*, and at the very peak of his artistic creativity.

41.Fan Qi (b. 1616), Qing dynasty (1644-1911)

Fishermen's Joy at the Willow Village

Dated 1669, handscroll, ink on silk, 28.6 × 167 cm

A native of Jinling in today's Nanjing of Jiangsu Province, Fan Qi was a famous painter as was his elder brother Fan Yi. On the basis of the painting techniques of Song dynasty and Yuan dynasty, Fan Qi's painting style was powerful and brisk. He and other artists including Gong Xian (1618-1689), Gao Cen (1621-1691), and Wu Hong (1615-1680) were altogether called the "Eight Masters of Jinling" (*Jinling bajia*).

The painting inscribes a scene of a fishing village as "Seeing green willows and calm river water, I can hear the sound of fishermen singing".*Tittle-tattle in the North of the Pond* (*Chibei outan*) by Wang Shizhen (1634-1711) recorded as follows:"Willow Village is located in the Heng Mountain range," suggesting that the Willow Village once truly existed. It is in today's Hebei Province. This painting was requested by Fan Qi's friend Liang Yemei, also known as

Liang Yunzhi, who was a native of Zhengding in Hebei Province. He asked Fan Qi to draw this painting for easing his homesickness. As one of the most famous painters in the Jiangnan region, Fan Qi gave full play to his imagination, leading him to depict the watery region in the north as one in the south. The romantic poetry with smoke and mist make the real life dreamy. The composition of the picture is concise and the theme is distinct. Neat and strict strokes, careful texturing method and elegant colors make this painting one of Fan Qi's masterworks.

The painting has a relief seal "Qi" and an intaglio seal "Huigong". Seven artists in the Qing dynasty including Chen Xi and Liang Qingbiao (1620-1691) inscribed poems on the painting, leaving altogether preface and postscript sixteen seals; the frontispiece and the front and back "water boundary" are inscribed with poems by Cao Rong (1613-1685), Xu Zhuo (1624-1713) and Gu Baowen of the Qing dynasty, with a total of nine seals; the end paper is inscribed with poems of eleven artists including Wang Shizhen and Wang Maolin (1640-1688), leaving "Fanyuan Authenticated and Collected" (*Fanyuan kaocang*) and other seals altogether thirty-five.

The painting was finished in 1669, the eighth year of the Kangxi reign, when the author was fifty-four *sui* (by traditional account).

42.Zhu Da (Bada Shanren, 1626-1705), Qing dynasty (1644-1911)

Lotus, Rocks, and Bird

Undated, hanging scroll, ink on paper, 127 × 46 cm

A member of the Ming (1368-1644) imperial clan, Zhu Da was a descendant of Prince Ning who had a designated territory in Nanchang, Jiangxi Province. The Ming dynasty was conquered by the Manchu Qing regime when Zhu Da was not yet twenty. Therefore, his works often expressed his hatred of the Qing and nostalgia for the Ming. His bizarre, clumsy landscape style was derived from the plainness and understatement typical of Huang Gongwang (1269-1354) and refined ink-saturation of Dong Qichang (1555-1636). He excelled at depicting fish, insects, flowers, and quadrupeds to symbolize or imply his own thoughts. In his late years, Zhu Da adopted the sobriquet "Bada Shanren", which was written in cursive script so that, paradoxically, the signature looks both like the phrase "crying for it" (*ku zhi*) and "laughing at it" (*xiao zhi*). Such a design might be understood as Zhu Da's observation on his life experience.

The painting depicts a water bird roosting on a rock which is the focus of the whole painting. The bird has a unique image that it stands on one foot with a dismal expression. It appears to be resting, but he is more likely seeing the world in a cold, dispassionate way. The painting reveals, to some extent, the author's desolate and lonely circumstance, and the strong anti-Qing hope to revive the Ming dynasty, and the helpless mood when the Qing dynasty was becoming more and more stabile.

The painting was signed "By Bada Shanren" (*Bada shanren xie*), with two intaglio seals: "Can be an Immortal" (*Kede shenxian*) and "Bada Shanren". There are three collectors' seals including "Rare Curios of the Xuzhai Studio" (*Xuzhai zhenwan*).

43.Shitao (Zhu Ruoji, Buddhist name Yuanji, 1642-ca. 1707), Qing dynasty (1644-1911)

Facing Chrysanthemums

Undated, hanging scroll, ink and color on paper, 99.5 × 40.2 cm

With the family name Zhu and a given name Ruoji, Shitao was a descendent of Prince Jingjiang of the imperial clan of the Ming dynasty (1368-1644). Shitao was quite accomplished in poetry and essays. He was noted for painting orchid, bamboo, and figures. But it was in landscapes that his genius lay. A firm believer in the principle "seek out all exotic mountains and make them parts of drafts", he rejected the contemporary Orthodox style. His paintings feature fresh compositions, vigorous and untrammeled brush strokes. Subjects were often rendered with diverse techniques. For example, to created different types of lines, he used both the middle and the side of the brush tip, or moved the tip either along or against the direction that the shaft was leaning, or fashioned the hair of the brush in a point, or splayed, or blunt. He was also good at using bald, dry, wet, broken, and round (non-angular) strokes. His literary works include *Quotations of the Monk Kugua* (*Kugua heshang huayulu*). Shitao, Kuncan (1612-1692), Hongren (1610-1663), and Zhu Da (1624-1705) were collectively honored as the "Four Monks of the Early Qing dynasty".

The painting depicts a courtyard, in which a pair of pine trees entwines and plum blossoms and bamboo flourish. In the house, a distinguished scholar is admiring chrysanthemums. Outside the cottage, a mountain range twists as it rises into the distance and a river flows from afar, providing the recluse with isolated surroundings from the troubled world. Unlike the untrammeled brushwork typical of Shitao, the painting is executed with fine lines and rhythmic dots. It is a rare painting created when Shitao was living in Yangzhou.

The artist signed the painting and affixed two name seals on it. The painting also bears two collection seals including one that reads “Authenticated by Tang Yun”.

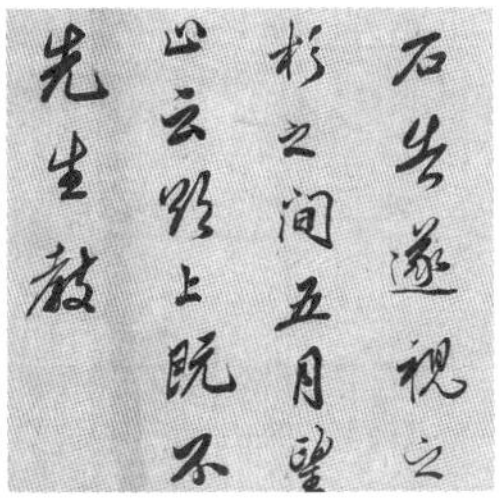

44.Zha Sheng (1650-1707), Qing dynasty (1644-1911)

Imitating Mi Fu (1051-1107) in Running Script

Undated, hanging scroll, ink on silk damask, 144.6 × 45.5 cm

Zha Sheng is a native of Haining in Zhejiang province. He passed and received the *jinshi* degree in the highest level of imperial examinations in 1688 (the twenty-seventh year of the Kangxi reign) and served in an official post as Vice Supervisor of the Household (*shaozhanshi*). Excelling in poetry, Zha Sheng was so talented that he, Zha Shibiao and Zha Shenxing were called "Three Zhas" (*Sanzha*). He wrote a book "Anthology of the Hall of Simple and Remote" (*Danyuantang ji*).

This calligraphy is a freehand copy of Mi Fu's "Sweet Dew Tablet" or the "Ganlu Manuscript" (*Ganlu tie*), in which Mi Fu records the event when he got a rare stone of the highest grade from Shanghuang Mountain in 1102 (the first year of the Chongning reign). Mi Fu's original work is in the collection of the National Palace Museum in Taiwan. Zha Sheng's writing style is similar to that of Dong Qichang (1555-1636). His strokes are smooth and vivid.

The scroll has an intaglio seal, "Haining Zha Sheng" (*Haining zhashengshan mingsheng yin*), and a relief seal, "Seal of the Junior Compiler" (*Taishi zhizhang*). Besides, there are two collectors' intaglio seals:"Appreciated by Zaixiang" (*Zaixiang xinshang*) and "Calligraphy and Painting in the collection of the Loft of Zither Entertainment" (*Qinyuloucang shuhua*).

45.Hua Yan (1682-1756), Qing dynasty (1644-1911)

A Blackbird on a Rose Bush

Undated, hanging scroll, ink on paper, 127.1 × 55.5 cm

Hua Yan was born in the coastal province Fujian in east China but spent most of his life in Yangzhou selling paintings to earn a living. He was able to paint a wide range of subject matter, especially bird-and-flower. He got inspiration from the brightly colored "boneless style" flower paintings of Yun Shouping (1633-1690) and captured the essence of Song dynasty fine-line bird-and-flower paintings. Into his own work he incorporated spontaneous brush lines. Hua's works exercised great influence over his peers and later generations.

Hua Yan was a professional painter in the region of Yangzhou. In painting flowers and birds, he was expert at capturing the most vivid scenes of nature. Here, on a bright and enchanting spring day, a blackbird rests on a rose branch. Its silvery singing not only endows the silent painting with a richer feeling but also illustrates the poetic couplet "the fragrance of flowers intoxicates the sun; the songs of birds eulogize the spring". The brushstrokes and ink are used in a casual but attractive way; the colors are simple but elegant; the figures are natural but lifelike; the composition is sketchy but lyrical. All these factors showcase the author's extraordinary attainments in painting flowers and birds, as well as his unique painting style.

The painting is signed "By Xinluo Shanren in Xie Tao Library" (*Xinluo shanren xieyu Xietaoguan*), with an intaglio seal "Hua Yan" and a relief seal "Buyi sheng".

46.Fang Cong (act. mid 18th century), Qing dynasty (1644-1911)

Travelers in an Autumn Mountain

Undated, hanging scroll, ink on paper, 186.6 × 153.3 cm

Fang Cong was a native of Hang County (today's Hangzhou) of Zhejiang Province. During the Qianlong reign (1736-1795) he rose to the official post of Palace Provisioner (*neiting gongfeng*). His teacher was Zhang Zongcang (1686-1755), from whom Fang Cong learned the art of landscape painting.

This painting is one of Fang Cong's masterpieces. It depicts rows of mountains, autumn trees, streams, and small bridges, amid which travelers are walking. The whole layout is clever and the composition is strict. The houses and travelers all seem to be painted following the Yuan dynasty (1272-1368) painters. Above all, the painting could be accepted and appreciated by both educated and uneducated people.

It was signed "Respectfully Painted by Fang Cong", with a relief and an intaglio seal both reading "Servitor Fang Cong" (*Chen Fang Cong*). In addition, it has a poem inscribed by the Qianlong Emperor in 1772. There are altogether nine collectors' seals including "Qianlong Personally Appreciated" (*Qianlong yulan zhibao*) and "Jiaqing Personally Appreciated" (*Jiaqing yulan zhibao*).

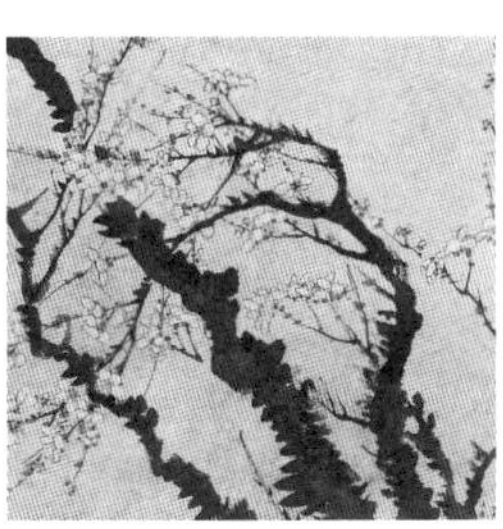

47.Wang Shishen (1686-1762), Qing dynasty (1644-1911)

Plum Blossom

Dated 1735, hanging scroll, ink on paper, 93.4 × 52.9 cm

A native of Shexian County, Anhui Province, Wang Shishen spent most of his life in Yangzhou, Jiangsu Province. He excelled at painting orchids and bamboo, and was particularly proficient in painting plum blossoms. Brushed with sparse strokes, his paintings deliver an unworldly charm. In terms of calligraphy, he inherited and was especially skilled in clerical script which was prevalent in the Han dynasty (206 BCE-220 CE). Meanwhile, his seal cutting carried on the tradition of the "Xin'an School" (*huipai*), with unique techniques and carving style. Wang's left eye went blind due to illness when he was 54. Ten years later, he lost sight in both eyes but never stopped studying calligraphy and painting. As Jin Nong (1687-1763) once said about him, "Blind are his eyes, but not his mind." Wang is generally named as one of the "Eight Eccentrics of Yangzhou" (*Yangzhou Baguai*).

The painting depicts an exuberant plum tree with pure white blossoms. The entwined branches rise in a kind of whirlwind symbolizing that the plum blossom is the noble gentleman among flowers. Pale ink delineates the outlines of the plum blossoms which are rendered with exquisite strokes, while the trunk was finished one sweep of heavy ink. The contrast between the black trunk and white blossoms does not efface the sense of layers in the simple painting.

The painting was signed "Painted in the Shade beside Chaolin Study by Wang Shishen on the eighth day of the seventh lunar month of the *yimao* year [1735], Yongzheng reign", with an intaglio seal reading "Private Seal of Shishen" (*Shishen siyin*), a relief seal "Jinren" and an intaglio seal "Bingyinren". The bottom right corner was inscribed by Pan Gongshou (1741-1794): "By Recluse Gongshou on the second day after the Double Ninth Festival in the *renyin* year of the Daoguang reign [1842]", with a relief seal "Gongshou".

The "yimao year" refers to 1735, the thirteenth year of the Yongzheng reign, when the artist was fifty sui and his left eye, although ill, had not yet gone blind.

48.Jin Nong (1687-ca. 1763), Qing dynasty (1644-1911)

Figures and Landscapes

Undated, album of 12 leaves, ink and color on paper, 24.3 × 31.2 cm

Jin Nong was a native of Hangzhou, Zhejiang Province. In 1736, he was recommended for the Erudite Literatus (*boxue hongci*, a special examination given to men of extraordinary literary talents, to serve in compiling agencies such as the Hanlin Academy). He accepted the invitation but failed the exam. Later he traveled around the country and finally settled in Yangzhou, a city that attracted many artists. Jin Nong sold paintings to make a living. A versatile artist, he specialized in poetry and connoisseurship. He was addicted to antique things. In calligraphy, he imitated epigraphic works dating from the third century to the sixth century, creating a highly individualistic style called "lacquer script" (*qishu*). He is consistently included in a later grouping of artists called the "Eight Eccentrics of Yangzhou".

The album depicts a wide range of subjects, including Buddhist figures, landscape, and historical legends. The mountain rocks are renderedin spontaneous brush strokes and are washed with pale colors. While leaves of the willow trees, other unidentified trees, and the banana plant are depicted with the method of "outlining leaves" (*jiaye fa*), which is to outline the shape of the leaves before applying colors, the lotus leaves are painted with the brush entirely laid on the paper to make oval-shaped dots. The Buddhist figure, secular figures, and the mountain ghosts are portrayed in an intentionally clumsy brush style. The odd presentation of the imagery with clumsy brush lines and mellow colors provide viewers with great visual pleasure.

The twelve leaves are "A Buddhist Figure in Outline Drawing Technique" (leaf 1), "Worshipping Buddha" (leaf 2), "Autumn Forest " (leaf 3), "Gathering Water Chestnuts" (leaf 4), "Verdant Mountain and Sand Dune in the River" (leaf 5), "Mountain Ghosts" (leaf 6), "Master Yu Chuan Brewing Tea" (leaf 7), "Blossoming Peach Tree at the Red Planked Bridge" (leaf 8), "Boating in the Willow Pond" (leaf 9), "Gazing at the Lotus Pond" (leaf 10), "Clasping Knee with Hands, Pondering " (leaf 11) , and "Mountain Monk Knocking at the Gate" (leaf 12).

The painting album bears altogether sixty-two collector's seals, including those of Zhang Zhengxue and Wu Hufan (1894-1968). It is included in the *Record of Famous Paintings Collected by the Empty Studio* (*Xuzhai minghua lu*) compiled by Pang Laichen (1864-1949).

49.Huang Shen (1687-1768), Qing dynasty (1644-1911)

Four Recluses in Mount Shang

Dated 1761, hanging scroll, ink and color on paper, 120.2 × 68.3 cm

Huang Shen was a native of Ninghua in Fujian province. When he was young, his family was poor; he moved to Yangzhou where he sold his paintings to make a living. He once studied painting from Shanguan Zhou (1665-1749) and became good at figures, flowers and birds, landscapes and buildings. In his middle age, Huang Shen began using wild-cursive-script brush style to paint, formulating his painting style as "appearing to be a draft upon first viewing, the painting has only several strokes that are hard to distinguish; but observing it from a dozen feet, you can see the spirit and meaning".

This painting depicts the story of the revered Lord Dongyuan, Qi Liji, Lord Xiahuang, and Lu Li, who lived in the last years of the Qin dynasty (221-206 BCE) as recluses in Mount Shang (southeast of today's Shang County in Shaanxi Province). All aged eighty, the four old men hid in Mount Shang to escape the tyranny of the Qin reign. People at that time called them the "Four Grey-haired Men of Mount Shang" (*Shangshan sihao*). In the early years of the Western Han dynasty (206 BCE- 8 CE), the emperor Gaozu summoned them many times but was refused. Later, the emperor wanted to abolish Liu Ying (211 BCE-188 BCE), heir to the throne, and designate Concubine Qi's son King Zhao as the heir ignoring strong opposition from his ministers. In order to stop the emperor, the Empress, Lady Lü (241 BCE-180 BCE), taking the suggestion of Zhang Liang (250 BCE-186 BCE), treated the "Four Recluses" with great respect and succeeded in having them persuade the emperor not to abolish the heir apparent. Thinking that the prince had been successful in soliciting the help of the "Four Recluses", the emperor cancelled the plan. In this painting, towering mountains, flying waterfalls and flowing streams make up a quiet and pleasant world. The four figures' distribution is well-proportioned, with vivid and natural expressions. The brushstrokes are very smooth but not excessive. It is a masterpiece made by

Huang Shen in his twilight years.

The "xinsi" year refers to 1761 (the twenty-sixth year of the Qianlong reign) when Huang Shen was seventy-five *sui*.

50.Giuseppe Castiglione (Chinese name Lang Shining, 1688-1766), Qing dynasty (1644-1911)

Flowers and Birds

Undated, album, ink and colors on silk, 32.6 × 28.6 cm

Born in Italy, Giuseppe Castiglione received systematic training in Western painting when he was young. In 1715, he arrived in China as a Jesuit missionary, and served as a court painter for half a century through the late Kangxi reign (1662-1722), the entire Yongzheng reign (1723-1735), and the first half of the Qianlong reign (1736-1795). Mastering architectural design, he participated in the expansion of the imperial resort called the Garden of Perfect Brightness (*Yuanming yuan*). The Qing emperors greatly favored him, appointing him an official of the third-rank. Castiglione specialized in bird-and-flower, and animal paintings as well as portraits. Four "Western Painters" created new court painting styles: Castiglione, the French missionary Jean-Denis Attiret (Chinese name Wang Zhicheng, 1702-1768), the Bohemian missionary Ignatius Sichelbart (Chinese name Ai Qimeng, 1708-1780), and the Italian missionary Joannes Damascenus Saslusti (Chinese name An Deyi, d. 1781).

This album includes paintings of peonies, orchids, poppies, daylilies, lotus, plum blossoms and other beautiful flowers as well as vivid butterflies and birds. The composition of these paintings followed that of traditional Chinese bird-and-flower paintings, that is, to let imagination support the reality and underline the objects which are being painted. Technically the painting makes use of light and shade contrast and perspective which was emphasized in European painting. And it depicts the quality and volume of the petals, blades and feathers of birds with exquisite brushwork, presenting an art style which was different from traditional Chinese bird-and-flower paintings. This "combination of Chinese and western elements"(*zhongxi hebi*) became an unique feature of Qing dynasty court painting that was much admired by the imperial family.

The album was signed "Respectfully painted by Servitor Lang Shining" (*Chen Lang Shining jinghua*), with a relief seal "Lang Shining" and a intaglio seal "Painted from Life" (*Xiesheng*). These two seals are found on every leaf of the album. There are also many collectors' seals such as "Record of Reading at the Hall of Joyful Longevity" (*Leshoutang dushuji*), "The Son of Heaven, Rare Since Antiquity" (*Guxi tianzi*), "Qianlong Personally Appreciated" (*Qianlong yulan zhibao*), "Commemorating Eighty Years of Age" (*Bazheng maonian zhibao*), "Jiaqing Personally Appreciated" (*Jiaqing yulan zhibao*) and "Authentication and Collection Seal of the Hall of Mental Cultivation" (*Yangxindian jiancangbao*). In addition, there are poems inscribed by Liang Shizheng (1697-1763), the cabinet minister (*Neige dachen*) of the Qianlong reign, on every leaf of the album.

51.Xu Yang, Qing dynasty (1644-1911)

Chat at a Mountain Villa

Undated, hanging scroll, ink and color on silk, 189.3 × 73.7 cm

Xu Yang was a native of the Wu County (today's Suzhou) of the Jiangsu province. He was especially good at painting figures, ruled-line architectural paintings, birds and flowers, and grass and insects. In 1751 (the sixth year of the Qianlong reign), when the Qianlong Emperor visited Suzhou, Xu Yang offered his paintings which led to an invitation to join the imperial painting academy. He was granted the title of Provincial Graduate (*juren*)by the Qianlong Emperor.

This painting depicts high mountains, solid rocks, rising clouds and mist, green pines and trees, streams, wooden gates, and a slab bridge leading to a serene forest and valley where virtuous intellectuals are talking. The "high distance" composition, the fullness of the painting and the sense that the scene changes with each step reflect the concept of pursuing a quiet and leisure life. The painting is in the blue-and-green landscape style. Azurite, malachite and other pigments accentuate the volume of the mountain rocks and finely convey the flow and dynamism of the stream. The style of this painting is based on court paintings of the Southern Song dynasty (1127-1279). It incorporates the technique of freehand brushwork, making the painting not only decorative but also a vivid represention of nature. It reflects the features of the landscape paintings of the Qing court.

Xu Yang signed the painting and affixed a vermillion seal. The painting bears an imperial collection seal reading "Personally Appreciated by Qianlong".

52.Li Fangying (1695-1755), Qing dynasty (1644-1911)

Plum Blossoms

Dated 1754, hanging scroll, ink on paper, 125.6 × 42.9 cm

A native of Nantong, Jiangsu Province, during the early Yongzheng reign (1722-1735), Li Fangying was recommended for the title "Worthy and Excellent" (*xianliang fangzheng*); the title was bestowed on men within and without the civil service who were recommended by eminent officials and succeeded in an examination presided over by the Emperor. He served successively as the Magistrate of Lanshan, Shandong Province, as well as Magistrate of Hefei, Anhui Province. Not willing to ingratiate himself with his superiors, he was expelled from office. Although living in Nanjing, he often went to Yangzhou, selling his paintings to earn a living. Listed as one of the "Eight Eccentrics of Yangzhou" (*Yangzhou Baguai*), he was proficient in painting pines, bamboo, orchids and chrysanthemum, particularly excelling in painting plum blossoms.

When dynastic artists painted plum blossoms, they either presented them in abundance or sparse. The plum trees in their paintings often had wildly twisted branches. Li Fangying loved painting plum blossoms the most. He once wrote a poem: "I may not depict the plum blossoms at an appropriate time, don't blame me for being hesitant about laying down the ink-loaded brush. Tens of thousands of flowers stretch their branches before me, yet only two or three delight me". From this poem, we can see that the painter created an artistic image better than the natural plum blossoms. Because it inspires the imagination, Zheng Banqiao (1693-1765) raved about this poem.

The plum blossoms on the broken branches in the painting have strong characteristics: the branches grow wildly while the plum blossoms are elegant and give out faint fragrance and throw sparse shadows. It has a unique manner of loftiness and pride. Yuan Mei (1716-1797), one of Li Fangying's close friends once commented that "the unyielding character leads him to be the root of the plum tree, and he keeps his talent for painting those plum blossoms", which explained why Li Fangying had this style of painting. Li Fangying was so drawn to plum blossoms that he specially made a seal bearing the phrase "Soul Mate for Life" (*Pingsheng zhiji*), and he used plum blossoms to symbolize his honest, upright and unyielding character. Yuan Mei wrote that "his character made him liable to be attacked, yet he would never yield". Yuan Mei's words indeed tell us what Li Fangying was like.

The painting was signed "Painted by Li Fangying at Jie Garden in Jinling [today's Nanjing of Jiangsu Province] in the tenth month of the nineteenth year of the Qianlong reign". There are seals such as "Dream in a Dream" (*Mengzhongzhimeng*), "Exchanging Rice for Making a Living" (*Huanmi hukou*), "Ying", and "Wind and Rain Outside a Small Window" (*Xiaochuang fengyu*). The collection seal is "Chu Zhen".

The nineteenth year of the Qianlong reign corresponds to 1754, when Li Fangying was sixty *sui*.

53.Liang Shizheng (1697-1763), Qing dynasty (1644-1911)
Poems of Yuan Dynasty in Running Script
Undated, hanging scroll, ink on paper, 129 × 56.8 cm

Liang Shizheng was a native of Qiantang (today's Hangzhou), Zhejiang Province. In 1730 (the eighth year of the Yongzheng reign), he received the *tanhua* degree (quasi-official designation of the Metropolitan Graduate, or *jinshi*, who ranked third in the final pass list posted after the last stage of the civil service recruitment examinations) in the national civil service recruitment examination, and served as the Junior Preceptor of the Heir Apparent (*taizi shaoshi*), the Minister of Personnel (*libu shangshu*), and the Grand Secretary (*daxueshi*), and was highly appreciated by the Qianlong Emperor (r. 1736-1795). Liang Shizheng participated in compiling several books including *Pearl Forest of the Secret Hall* (*Midian zhulin*), *The Precious Collection of the Stone Moat* (*Shiqu baoji*) and the *Mirror of Antiquity of the Western Qing* (*Xiqing gujian*). The author of the monograph *Arrow Sound Anthology* (*Shiyinji*), he was expert in calligraphy. Liang Shizheng was highly respected at the time.

Liang transcribed a poem from "Five Poems Inscribed for the Pavilion of Joy and Fragrance" composed by the Yuan dynasty (1272-1368) poet Wang Shixi. In calligraphy, Liang first modeled on Liu Gongquan (778-865), then turned to Zhao Mengfu (1254-1322) and Wen Zhengming (1470-1559). In his twilight years, he imitated Yan Zhenqing (709-785) and Li Yong (678-747). The strokes in this scroll are stretched with tight character structures and vigorous strength.

The scroll was sighed "Liang Shizheng", with an intaglio seal "Liang Shizheng", a relief seal "Xianglin" (Xianglin is the courtesy name of Liang), and a reliefn oval seal reading "Seal of the Attendant Guarding in Front of Twelve Towers" (*Shi'erlouqian shicong yin*).

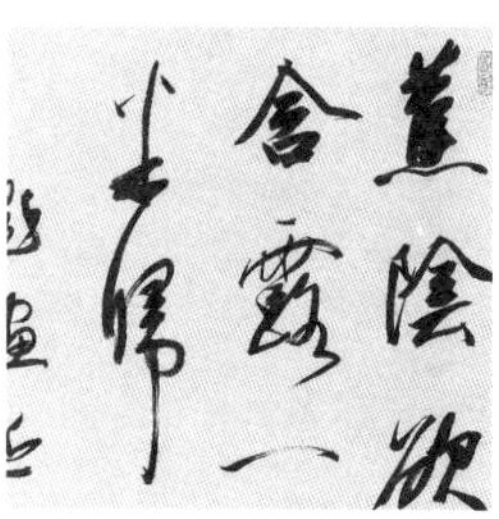

54.Wang Wenzhi (1730-1802), Qing dynasty (1644-1911)
A Poem Inscribed on Painting in Running Script
Undated, hanging scroll, ink on paper, 132 × 40.3 cm

A native of Dantu (today's Zhenjiang, Jiangsu Province), Wang Wenzhi carried out an expeditionary mission to the kingdom of the Ryukyus in 1755 (the twentieth year of the Qianlong reign [1736-1795]). Thereafter his reputation as a calligraphy master became known outside China. After winning third place in the Imperial Examination of 1760 (the twenty-fifth year of the Qianlong reign), he was appointed the Junior Compiler (*bianxiu*) under the Hanlin Academy, and later promoted to Reader-in-waiting (*shidu*) and dispatched to Yunnan Province as the District Magistrate of the Yaoan County. He asked for a sick leave from office and never returned to government services. Travelling around Jiangsu and Zhejiang Provinces, he became chief lecturer of the Confucian academies in Hangzhou and Zhenjiang. A proficient scholar, musician, and antiquarian, he modeled his calligraphy after the style of Wang Xizhi (303-361, or 321-379) and Wang Xianzhi (344-386). As years passed by, he was also influenced by the calligraphy of Mi Fu (1051-1107), Zhao Mengfu (1254-1322), and Dong Qichang (1555-1636). In his late years, he turned to the style of Zhang Jizhi (1186-1268) for inspiration. Most of his works feature calm, simple brushstrokes and handsome characters. In calligraphy circles, he enjoyed equal status with Liu Yong (1720-1804), Weng Fanggang (1733-1818), and Liang Tongshu (1723-1815). His writings include *Poetry Collection of the Dream Pavilion* (*Menglou shiji*) and *Colophons of the Hall of Hasty Rain* (*Kuaiyu tang tiba*).

On the scroll Wang Wenzhi transcribed a poem of his own composition. The lanky characters are smoothly and vigorously executed, manifesting the idiosyncratic style of the calligrapher.

The calligrapher singed: "Wang Wenzhi of the Dream Pavilion" and affixed the intaglio seals "Seal of Wang Wenzhi" and "Having Sailed the Seven Seas" (*Cengjing canghai*). There is also a relief seal "Mountain Studio of Persimmon Leaves" (*Shiye shanfang*) on the title sheet.

55.Yuan Yao (d. ca. 1778), Qing dynasty (1644-1911)

Landscape and Pavilions

Undated, hanging scroll, ink and color on silk, 202 × 120 cm

Yuan Yao was a native of Jiangdu (today's Yangzhou, Jiangsu Province). The account of Yuan's life is rarely seen, but it can be inferred from his works that he was born in the later period of the Kangxi reign (1662-1722) and died around 1778. Yuan was proficient in painting landscapes and buildings. Similar to that of Yuan Jiang (act.ca.1671-1746), his painting style was neat and magnificent. Yuan Yao's finest works outstripped the paintings created by Yuan Jiang. Also skilled in painting flowers and birds, Yuan Yao once pursued his artistic career as a painter along with Yuan Jiang in Taiyuan, Shanxi Province, and died of illness in Yangzhou in his later years.

This painting is a large-scale work created by Yuan Yao in his middle age. The lofty mountains, steep hills, cliff rocks, verdant trees, and magnificent buildings and pavilions coexist in the quietly beautiful environment portrayed. The brushwork is precise and exquisite. The landscape is meticulously painted, with the application of ink vibrantly changing between heavy and light. Looking clear and elegant, the painting renders a unique charm.

The painter inscribed: "The wind sweeping through the tower heralds a rising storm in the mountains. Painted based on ideas by Yuan Yao on a full moon day of the *jimao* year in Hanshang", and affixed with two intaglio seals: "The Seal of Yuan Yao", and "The Zhaodao (the style name of the painter)".

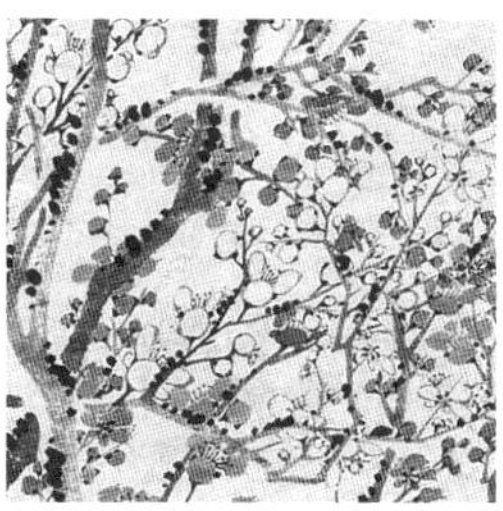

56.Luo Pin (1733-1799), Qing dynasty (1644-1911)

Ink Plum Blossoms

Dated 1779, hanging scroll, ink on paper, 125.5 × 42.5 cm

A native of Shexian County, Anhui Province, Luo Pin was studious and prodigiously talented. He learned poetry and paining from Jin Nong (1687-1763), and excelled in painting figures, landscape, birds and flowers. Influenced by Shitao (Zhu Ruoji, Buddhist name Yuanji, 1642-ca. 1707), Hua Yan (1682-1756) and Jin Nong in term of the painting techniques, he mastered the essence of their antique and elegant painting style. Luo caused a great sensation in the literary community for creating the work *Ghost Amusements*. Apart from Luo himself, Luo's wife Fang Wanyi (1732-1779) and his children were also adept at painting ink plum blossoms. They were known as "Luo Family Plum Painters".

The painting depicts plum blossoms in full bloom in the chilly season of winter. The petals are either dotted in the"ink washing" style typical of Zhao Mengfu (1254-1322) or delineated in the "outlining" style typical of Wang Mian(1287-1359). The ink-monochrome plum blossoms are associated with their noble quality, which were praised by Wang Mian in his septasyllabic quatrain *Ink Plum Blossoms (Momei)*. The last two lines read:"No need to praise [their] beautiful color; only the fragrance wafts all over the world." Such evocation of the plum blossoms reveals the artist's effort on presenting the sublime idiosyncrasy of plum blossoms best known in works by Ge Changgeng (b.1194) of the Southern Song dynasty (1127-1279).

According to the inscription at the upper left corner, this painting was created in the first month of the winter season in the *yihai* year (1779), the forty-fourth year of the Qianlong reign (1736-1795).

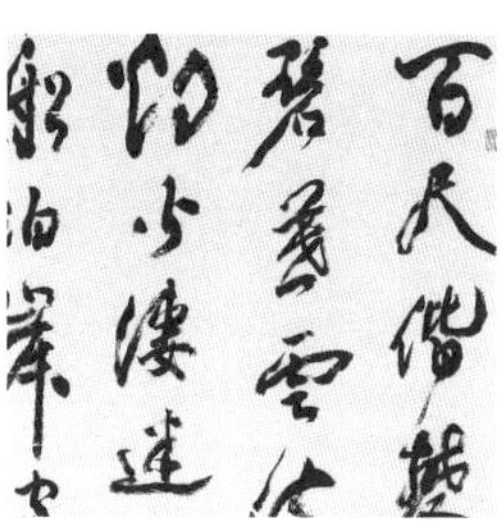

57.Deng Shiru (1743-1805), Qing dynasty (1644-1911)

A Poem in Running Cursive Script

Dated 1802, hanging scroll, ink on paper, 172.8 × 100.3 cm

A native of Huaining, Anhui Province, Deng Shiru was a well-known master of epigraphy during the Qianlong (1736-1795) and Jiaqing (1796-1820) reigns. In his childhood he became keen on stone carving, and later, when he was about twenty *sui*, Deng called on renowned Jiangnan collector Mei Liu. Mei presented his large collection of old books related to epigraphy to Deng to copy and emulate. Eight years later, Deng completed his study at the Mei residence and spent another three years at the office of Bi Yuan (1730-1797), the Governor-General of Jiangsu and Jiangxi Provinces. Deng specialized in calligraphy and seal cutting. Skilled in various scripts, he was particularly proficient in seal and clerical scripts, and formed his own unique style by drawing upon the strengths of different calligraphers. His works exerted an enormous influence upon the calligraphic community in the mid and late Qing dynasty. His biography is included in *Draft Qing History* (*Qingshi gao*).

Created in Deng's late years, at the age of fifty-six *sui*, the scroll transcribes a septasyllabic octet.The calligrapher was proficient in seal, clerical, running, regular and cursive scripts, particularly known for his works in seal script. However, only a few of Deng's calligraphic works in running cursive script are extant today. Based on seal and clerical scripts, this forcefully and elegantly brushed calligraphy also reflects the features of that typified by inscriptions carved on the stone stele of the Northern Wei dynasty (386-534). Kang Youwei (1858-1927) spoke highly of Deng's cursive script in *Extension of the Pair of Oars for the Boat of Art* (*Guang yizhou shuangji*), which fully demonstrated Deng's remarkable and admirable achievement in the art of calligraphy in running cursive script.

58.Qian Dian (1741-1806), Qing dynasty (1644-1911)

Handwriting in Seal Script

Dated 1798, hanging scroll, ink on paper, 125 × 56.7 cm

Born in Jiading, Jiangsu Province, Qian Dian served as an Assistant Department Magistrate (*zhoupan*) of Qianzhou. He was a nephew of the renowned Qing calligrapher Qian Daxin (1728-1804). He was a scholar in the famous Qianjia School, a research community during the Qianlong (r. 1736-1795) and Jiaqing (r. 1796-1820] reigns that worked to rejuvenate Chinese classical studies through textual criticism, Qian authored many books, focusing on textural criticism of Confucian classics. Skilled in calligraphy, he was especially proficient in seal script resembling iron wire (*tiexian zhuan*). After Qian Daxin gave him the *Stele of the Town Deity's Temple* by Tang (618-907) calligrapher Li Yangbing, he practiced the seal script of the stele day and night. Thanks to his diligence, he became well-known for his accomplishment in seal script. Also adept at seal cutting, Qian was a capable painter of plum blossoms, orchids, bamboo and rocks. In old age he wrote and painted with his left hand after the right half of his body was paralyzed.

Created in 1798 (the third year of the Jiaqing reign), when the calligrapher was about fifty-eight *sui*, the scroll contains transcriptions of two essays from *The History of the Sui Dynasty* (*Suishu*). The inscription by Sun Xingyan (1753-1818) on the scroll elaborated on Qian's achievements in seal script and the evolution of his calligraphic style: "My friend Qian Xianzhi (the style name of Qian Dian) is unrivalled among his contemporaries in seal script. It seems that his attainment even surpasses that of Vice-minister of Personnel (*libu yuanwailang*) Wang Shu (1668-1743). He inherited the brush style of Li Si and Li Yangbing, holding the brush upright, centering the tip of the brush (*zhongfeng*), and raising the wrist. He likes to transform the shapes of characters-long, narrow characters, squat characters, leaning and oblique characters. He writes as he pleases. This is an example of seal script with his own variations. After Xianzhi was ill, half of his body was paralyzed. I joked with him, saying that recently when I see him writing, he always leans to one side, seeming to be quite at ease. He also took pleasure in geomancy. Later he wrote seal script with his left hand. His writing is still exceptionally neat and beautiful. The Director Fengqing likes this piece. Therefore [he] sent it to him as a present. Xingyan records."

The calligrapher inscribed "Seal script written by Master of Ten Orchids (*Shilan zhuren*, the sobriquet of Qian Dian) in the tenth month of the third year of the Jiaqing reign", and affixed a relief seal "Personal Seal of Qian Dian", and an intaglio seal "Liangshan jizun". Collectors' seals include the relief seal "Calligraphy, Paintings, and Epigraphy in the Collection of Xu Fu of Jiading" (*Jiading Xu Fu shoucang shuhua jinshi*).

59.Aisin Gioro Yongxing (1752-1823), Qing dynasty (1644-1911)

Transcribing a Eulogy by Zhao Mengfu in Regular Script

Undated, handscroll, ink on paper, 32.8 × 89 cm

The eleventh son of the Qianlong Emperor (r.1736-1795), Aisin Gioro Yongxing was conferred the title of Prince Cheng. Skilled in calligraphy from a very young age, Yongxing was much favored by the Qianlong Emperor. Initially modeling the calligraphy of Zhao Mengfu (1254-1322) and Ouyang Xun (557-641), Yongxing also exposed himself to the works of calligraphers in previous dynasties, and "grasped the essence of the brushwork of ancient masters". Particularly proficient in regular and running scripts, he was also adept at seal and clerical scripts. He was called, together with Liu Yong (1720-1804, or 1719-1805), Weng Fanggang (1733-1818) and Tiebao (1752-1824), "Four Master Calligraphers of the Qianlong Reign (1736-1795)".

The handscroll transcribes a eulogy by Zhao Mengfu in regular script. The characters are forcefully brushed and rigorously structured, embodying classic regular script of the Tang-dynasty (618-907) style.

The inscription indicates that the handscroll was in the collection of Xu Zonghao (1880-1957). Born in Changzhou, Jiangsu Province, Xu lived in Beijing for a long time. A well-known painter, seal cutter and antiquarian, he specialized in painting landscapes, orchids and bamboo. He enjoyed high prominence as a bamboo master and even wrote an instruction manual on bamboo painting techniques. His poetry is collected *in Poetry Grass by the Recluse of Rock and Snow* (*Shixue shicao*, "Recluse of Shixue" is the sobriquet of Xu Zonghao.) Possessing a rich collection of antiques, Xu donated over five hundred artworks including calligraphy, paintings and ink rubbings to the Palace Museum in his will.

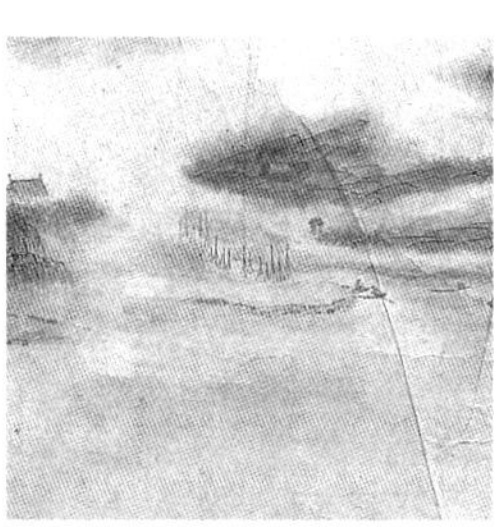

60.Zhang Yin (1761-1829), Qing dynasty (1644-1911)

Three Mountains in Jingkou

Dated 1827, handscroll, ink and color on paper, 29.3 × 193 cm

Born in Dantu (today's Zhenjiang, Jiangsu Province), Zhang Yin was a Tribute Student (*gongsheng*) under the Directorate of Education (*guozi jian*) who was skilled in poetry and painting landscape, flowers, bamboo and rocks, as well as Buddhist figures. He first modeled his landscape paintings after Wen Zhengming (1470-1559), and later turned to Shen Zhou (1427-1509) for inspiration. Going beyond the set pattern of works by Wang Shimin (1592-1680), Wang Jian (1598-1677), Wang Hui (1632-1717) and Wang Yuanqi (1642-1715), Zhang formed his own painting style characterized by meticulous touches of paint and elegant coloration. Never willing to paint casually, Zhang often stayed at a place for months until he deemed his creations satisfactory. His many disciples formed the "Jingjiang School" (a.k.a. "Dantu School"). Proficient in painting pines, Zhang, together with his contemporary artist Gu Heqing, earned the reputation of "Zhang the Pine Painter and Gu the Willow Painter" (*Zhangsong Guliu*).

The painting is dated to 1827 (the seventh year of the Daoguang reign [1820-1850]), when Zhang Yin was about sixty-seven *sui*. Unrolled horizontally, the scroll faithfully represents the well-known scenery of "three mountains in Jingkou" located in Zhang's hometown. The three mountains refer to Beigu, Jiao and Jin, which stand facing one another. With steep cliffs, Mount Beigu is located on the south of the Yangtze River; with barely visible temples among verdant trees, Mount Jiao towers aloft in the middle of the river, standing firm as a solitary rock in mid-stream; the Jin Mountain, however, looks like "a lotus in the river". The temples and pavilions are portrayed snuggling up to embrace the mountain as if they were naturally formed. Based on the realistic style typical of Song (960-1279) paintings, this work is meticulously brushed and renders a refreshing appeal. The ink wash with tonal gradation, as in the painting technique of "repeated ink wash" (*jimo fa*), lends antique and vigorous charm to the mountains and trees. As a portrayal of real scenery with distinct regional characteristics, this painting is of great significance for later generations to study the topography of the three mountains.

The painter wrote: "Three Mountains in Jingkou, submitted to Master Yunting for his pleasure. The seventh lunar month of the dinghai year, Zhang Yin from Dantu." and affixed an intaglio seal "Seal of Zhang Yin". Collectors' seal include a rectangular relief seal "Seal of Calligraphy and Paintings in the Collection of Wu Yingnan of Junzhou", and a rectangular relief seal "Leiluo".

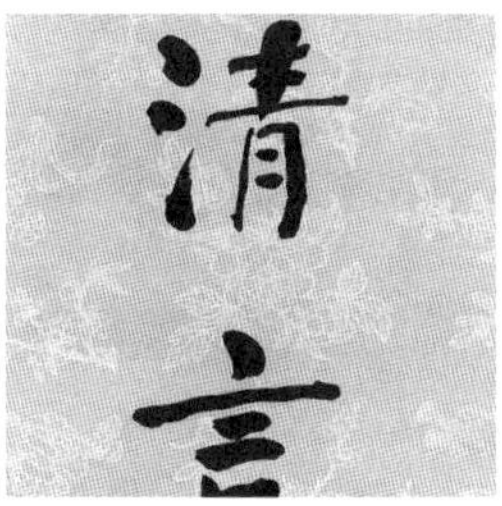

61.He Shaoji (1799-1873), Qing dynasty (1644-1911)
Eight-character Couplet in Regular Script
Undated, couplet, ink on paper, 191.4 × 42.8 cm

He Shaoji was a native of Daozhou, Hunan Province. He earned the *jinshi* degree in 1836, and was appointed Junior Compiler (*bianxiu*) while acting as Assistant Compiler (*xiexiu*), and later Compiler-in-chief (*zongcuan*) of the Historiography Institute which was located in the Hall of Martial Valor (Wuying dian). He presided over imperial examinations on the provincial level in Fujian, Guizhou and Guangdong Provinces, and served as the Provincial Education Commissioner (*xuezheng*) of Sichuan. After resignation, he lectured in various academies in Shandong, Changsha and Zhejiang. Erudite and versatile, he took a liking to epigraphy and formed a unique calligraphic style of his own.

He started learning calligraphy by emulating the style in *Epitaph of Zhang Xuan* of the Northern Wei (386-534), and later modeled his script after Yan Zhenqing, large seal script (*zhuanzhou*) of the Zhou (1027-256 BCE) and Qin (221-207 BCE) dynasties, as well as stone tablet inscriptions of the Han (206 BCE-220 CE) and Southern and Northern dynasties (420-589). In his old age, he was fond of imitating Ouyang Xun's calligraphic style. Although this scroll is in regular script, the characters are loosely structured and slightly slanting. The strokes are elegantly and freely brushed, manifesting the individualistic charm of his style.

The painter affixed two intaglio seals: "The Seal of He Shaoji" (relief) and "Zizhen" (the style name of the calligrapher).

62.Mo Youzhi (1811-1871), Qing dynasty (1644-1911)
A Transcription in Clerical Script
Undated, hanging scroll, ink on paper, 124 × 31 cm

A native of Dushan, Guizhou Province, Mo Youzhi earned his *juren* degree in 1831 (the eleventh year of the Daoguang reign [1820-1850]) and served in the position of county magistrate. Once being an advisor to Zeng Guofan (1811-1872), Mo later settled in Nanjing. Skilled in poetry, he was also proficient in epigraphy and equally famous with Zheng Zhen (1806-1864). Mo was adept at calligraphy, specializing in seal and clerical scripts.

The scroll transcribes an excerpt from a book *Kong Congzi* authored by Kong Fu (ca. 264-208 BCE) who lived in the Qin dynasty (221-207 BCE). Incorporating the characteristics of the clerical script and stone-tablet inscriptions of the Northern Wei dynasty (386-534), the brushwork is imbued with strength and vigor, revealing the substantial influence of epigraphic studies.

The calligrapher affixed the intaglio seal "Seal of Mo Youzhi", and the relief seal "Zixi" (Mo's style name). There is also an intaglio collector's seal reading "Authenticated by Longyou".

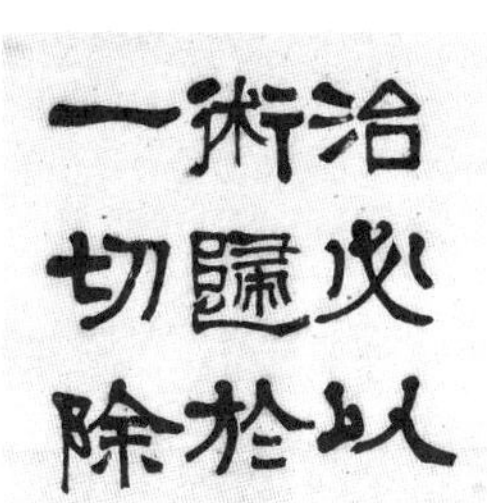

63.Fei Danxu (1801-1850), Qing dynasty (1644-1911)
A Small Portrait of Chen Yunke
Dated 1833, hanging scroll, ink and color on paper, 85 × 59.5 cm

Fei Danxu was born in Wucheng (today's Huzhou, Zhejiang Province), and learned painting form his father. Proficient in painting women, Fei was celebrated for his simple and elegant brushwork. The women he created look graceful but weak, appearing to be wasting away. His portrait paintings are widely known for their vividness. Modeling his works after the painting style of Yun Shouping (1633-1690), Fei was also skilled in painting landscape and flowers with neat and unrestrained brushwork. A man of remarkable artistic accomplishments, he was acquainted with many literary men in Shanghai as well as Jiangsu and Zhejiang Provinces.

Created in 1833 (the thirteenth year of the Daoguang reign [1820-1850]), when the painter was about thirty-three *sui*, the scroll represents Chen Yunke wearing a broad smile and sitting on a flat rock, surrounded by bamboo and rocks. In the traditional manner of figure painting, Chen's face is delineated with fine strokes and pale color wash. His eyebrows and eyes are rendered in gentle and meticulous lines, and his nose looks substantially three dimensional. The draperies are delineated with smooth and elegant lines. The hard rocks are textured with dilute ink wash, and the straight bamboos washed alternately with dark and light ink. The rocks and bamboo are cleverly arranged to highlight the protagonist of the painting, placing him in a central position, manifesting his lofty aspiration and easy mindset.

The painter wrote: "Created in the eleventh month of the winter of the *guisi* year, a portrait of Mister Yunke, Xiaolou (his sobriquet) Fei Danxu", and affixed his relief seal "Zitiao" (Fei's style name). Collectors seals include: "The Seal of Xu Zonghao", "Seal of Secret Manuals of the Studio of Rocks and Snow" (*Shixue zhai miji yin*), and another two seals.

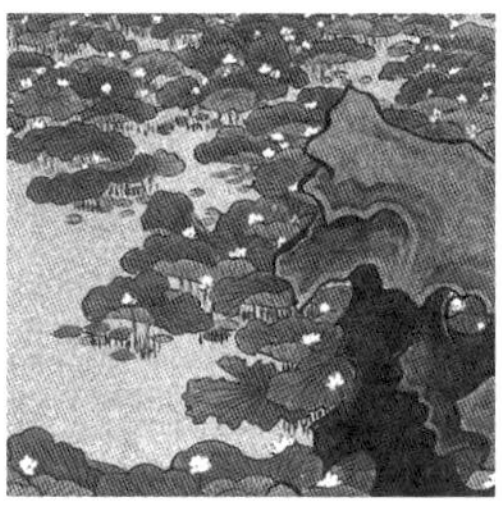

64.Ren Xiong (1823-1857), Qing dynasty (1644-1911)

Ten Magnificent Landscapes

Undated, album with 10 leaves, ink and color on golden paper, 26.3 × 20.5 cm

Born in Xiaoshan, Zhejiang province, Ren Xiong lived in Shanghai selling paintings to earn a living. He first imitated the works of past calligraphy masters, and later viewed numerous excellent calligraphy works and paintings by prestigious artists when visiting the residence of Yao Xie (1805-1864) in Ningbo. With this experience, he became increasingly proficient in painting. Excelling in both freehand and meticulous painting, he painted a wide range of subjects, particularly figures and Taoist stories. He imitated the paintings of Chen Hongshou (1598-1652), a well-known painter of late Ming dynasty (1368-1644). Ren's works are characterized by the slight exaggeration and distortion of figures. As a key representative of the "Shanghai School" in modern times, Ren Xiong ranked with Ren Xun (1835-1893), Ren Yi (1840-1896) and Ren Yu (1854-1901) as the "Four Rens of Shanghai", and also with Zhu Xiong (1801-1846) and Zhang Xiong (1803-1886) as the "Three Xiongs of Shanghai".

The title of each painting has a character meaning "ten thousand" (wan). The album includes *Building with Ten-thousand Poetry Scrolls*, *Ten-thousand Lotus*, *Ten-thousand Snowy Mountains*, *Ten-thousand Precipitous Peaks*, *Ten-thousand Bamboo in Clouds and Rain*, *Green Layers of Ten-thousand Pines*, *Ten-thousand Autumn Trees*, *Ten-thousand Torrents*, *River of Ten-thousand Leagues*, and *Ten-thousand Branches of Fragrant Snow*. The paintings depict natural scenes in Suzhou or images from the artist's imagination. For instance, the *Ten-thousand Precipitous Peaks* and *Ten-thousand Branches of Fragrant Snow* resemble the scenery of Suzhou's Heavenly Peace Mountain and Fragrant Snow Lake. *The Ten-thousand Lotus* presumably depicts a scene of the West Lake in Hangzhou. Moreover, *the Ten-thousand Bamboo in Clouds and Rain* is an imaginative treatment of islands and Xiao Xiang scenery. The artist uses larger numbers like "ten" and "ten thousand" to emphasize that his paintings comprehensively depict all beautiful scenes under heaven. The exquisite brushwork and ingenious compositions contribute to the drama of these images. The gold-flecked paper highlights the splendor of blue and green in the paintings.

65.Xugu (1824-1896), Qing dynasty (1644-1911)

A Portrait of the Revered Mr. Peng

Undated, hanging scroll, ink and color on paper, 125.2 × 63.6 cm

Xugu was the Buddhist name of Zhu Xubai. He served as a colonel in the Qing army and fought against the peasant Taiping Rebellion army before he was sicken by the brutal slaughter, embraced Buddhism and became a monk. Xugu was skilled in painting portraits, landscapes, vegetables, fruit, and fish, favoring dry brush with dark ink. Traveling between Yangzhou, Suzhou, and Shanghai, Xugu sold paintings to support himself. He developed close friendships with Ren Yi (1840-1896) and Hu Gongshou (1823-1886), the three of whom were members of the "Shanghai School" in the late Qing dynasty.

The portrait represents the gentleman Peng holding a chrysanthemum while sitting on a garden rock. His facial features, with three-dimensional visual effects, are finely and distinctly rendered, demonstrating a learned and refined temperament of the subject. When depicting lakeside rocks, Xugu either deliberately left some blank space or employed heavy and light ink wash. The dynamically varying tones reflect the structural beauty of rocks, which, should have holes (*tou*), be riddled (*lou*), be thin (*shou*), and have wrinkles (*zhou*) as well as their natural forms. In sharp contrast to the free brushwork applied to the lakeside rocks, neat ink wash and dots was used for the towering pines, roaming cranes, blooming clusters of chrysanthemum and verdant trees. It shows that the painter was a versatile master of both free sketching and meticulous fine-line paintings.

66.Zhao Zhiqian (1829-1884), Qing dynasty (1644-1911)

Ancient Cypress and Lingzhi Fungus

Undated, hanging scroll, ink and color on paper, 140.8 × 37.8 cm

Zhao Zhiqian was a native of Kuaiji (today's Shaoxing in Jiangsu Province). In 1859 (the ninth year of the Xianfeng reign [1851-1861]), he passed the civil service examination at the provincial level. Mastering calligraphy, painting, and seal carving, Zhao migrated to Shanghai in his late years and sold his painting for a living. Zhao Zhiqian's flower paintings are characterized by uninhibited brushwork and beautiful coloration. He carried on the styles of Xu Wei (1521-1593) and Cheng Daofu (1483-1544) of the Ming dynasty (1368-1644) while incorporating epigraphic lines in his paintings, creating a new style in the late Qing dynasty.

The scroll depicts a towering cypress, the stout trunk of which is heavily gnarled. The overlapping and shady foliage grow robustly in the spring, reflecting the indomitable life force of the cypress. The small *lingzhi* fungus under the cypress is also rich in vitality.

With strong calligraphic brushwork, the branches are forcefully delineated through shading in dark ink that vividly conveys the stalwartness of the ancient tree. With lively brushwork and charm, the leaves, grass and ganoderma under the tree are washed and dotted with the boneless technique (*mogu fa*) of Yun Shouping (1633-1690). A contrast is formed between the gently delineated plants and the coarse tree trunk, creating visual depth and dimension in the painting. The scroll typifies Zhao's works in which epigraphic lines are incorporated into the painting.

67.Wu Changshuo (1844-1927), Qing dynasty (1644-1911)

Magnolia

Dated 1909, hanging scroll, ink and color on paper, 174.8 × 47.5 cm

A native of Anji, Zhejiang Province, Wu Changshuo excelled in calligraphy, and seal carving. He didn't start painting until middle age, learning from a wide range of painting styles including those of Xu Wei (1521-1593) and Shitao (Zhu Ruoji, Buddhist name Yuanji, 1642-ca. 1707). He also turned his calligraphic skills to painting by incorporating seal, clerical, and wild cursive scripts in his paintings. His deliberately archaic, dramatically individualistic and vigorous style earned him an enviable reputation in international artistic circles and established him as the leading figure of the "Shanghai School".

Created in 1909 (the first year of the Xuantong reign [1909-1911]), when the painter was about sixty-six *sui*, the scroll represents magnolias blooming beside rocks. A sharp black-and-white contrast is formed between the magnolias delineated with monochrome outlines and the rocks conveyed through ink wash, making the overall pictorial composition both simple and forceful. Wu employed the brushwork seen in epigraphy to depict the magnolias and rocks. A charming effect of "bold and sweet" was created as he used his vigorous and skillful brushwork for the simple and free style of bird-and-flower paintings, serving as a contrast to the forceful calligraphy. The scroll is a masterpiece characterized by the organic integration of poetry, calligraphy and painting.

图书在版编目（CIP）数据

故宫书画馆．第九编：英汉对照／聂卉主编；华宁等撰文．—北京：故宫出版社，（2018.11重印）
ISBN 978-7-5134-0042-8

Ⅰ．①故… Ⅱ．①聂… ②华… Ⅲ．①汉字—书法—作品集—中国—古代 ②中国画—作品集—中国—古代
Ⅳ．①J222.2

中国版本图书馆CIP数据核字（2010）第162596号

故宫书画馆·第九编

故宫博物院编
主　　编：聂　卉
编　　委：金运昌　张　震　李艳霞　李　湜　华　宁
英文翻译：李　杨　李　莺　庄　颖
英文审稿：姜斐德
摄　　影：胡　锤　冯　辉　赵　山
图片资料：故宫博物院资料信息中心

出 版 人：王亚民
责任编辑：徐小燕
整体设计：北京颂雅风文化艺术中心
　　　　　王　梓
出版发行：故宫出版社
　　　　　地址：北京东城区景山前街4号　邮编：100009
　　　　　电话：010-85007808　010-85007816　传真：010-65263565
　　　　　邮箱：ggcb@culturefc.cn
制版印刷：北京雅昌艺术印刷有限公司
开　　本：889×1194毫米　1/16
印　　张：14.375
字　　数：45千字
图　　版：157幅
版　　次：2010年9月第1版
　　　　　2018年11月第4次印刷
印　　数：6001-8500册
书　　号：ISBN 978-7-5134-0042-8
定　　价：240.00元